A ALMA DO NOVO
CONSUMIDOR

ACADEMIA BRASILEIRA DE MARKETING

David Lewis & Darren Bridges
A ALMA DO NOVO CONSUMIDOR

M.BOOKS DO BRASIL EDITORA LTDA.

Av. Brigadeiro Faria Lima, 1993 - 5º andar - Cj. 51
01452-001 - São Paulo - SP - Telefones: (11) 3168 8242 / 3168 9420
Fax: (11) 3079 3147 - E-mail: vendas@mbooks.com.br

Dados de Catalogação na Publicação

Lewis, Dr. David e Bridger, Darren
A Alma do Consumidor / Dr. David Lewis e Darren Bridger
2004 – São Paulo – M. Books do Brasil Editora Ltda.
1. Marketing   2. Administração
ISBN: 85-89384-44-6

Do original: The Soul of the New Consumer
© 2003 by Dr. David Lewis e Darren Bridger
© 2004 by M. Books do Brasil Ltda.
Todos os direitos reservados.
Original em inglês publicado por Nicholas Brealey Publishing

EDITOR
Milton Mira de Assumpção Filho

Produção Editorial
Salete Del Guerra

Tradução
Maria Lúcia Rosa

Revisão Técnica
Marina Kenan

Revisão de Texto
Silvio Ferreira Leite
Iná de Carvalho

Capa
Douglas Lucas

Editoração e Fotolitos
ERJ Composição Editorial

2004
1ª edição
Proibida a reprodução total ou parcial.
Os infratores serão punidos na forma da lei.
Direitos exclusivos cedidos à
M. Books do Brasil Editora Ltda.

Este livro foi selecionado, aprovado e recomendado pela ACADEMIA BRASILEIRA DE MARKETING

A ACADEMIA BRASILEIRA DE MARKETING é uma iniciativa e propriedade intelectual do MADIAMUNDOMARKETING, idealizada no final dos anos 90, e institucionalizada em março de 2004.

Tem como MISSÃO: identificar, selecionar e organizar as melhores práticas do MARKETING mundial e disseminá-las no ambiente empresarial brasileiro, garantindo o acesso às mesmas, muito especialmente das micros, pequenas e médias empresas, no sentido de contribuir, decisivamente, para seus sucessos e realizações na luta pela sobrevivência e crescimento.

Tem como VISÃO: tornar todas as empresas brasileiras extremamente competitivas pela adoção e implementação das melhores práticas do MARKETING, resultando, por decorrência, no desenvolvimento econômico e social do país.

Seu ENTENDIMENTO DO MARKETING: mais que uma caixa de ferramentas, é o de tratar-se de ideologia empresarial soberana e consagrada, presente nas empresas que buscam, de forma incansável e permanente, conquistar, desenvolver e preservar clientes, e crescer, sempre e, preferencialmente, através dos próprios clientes.

A ALMA DO NOVO CONSUMIDOR, de David Lewis e Darren Bridger, corresponde integralmente aos princípios e compromissos da ACADEMIA BRASILEIRA DE MARKETING.

Francisco Alberto Madia de Souza
Milton Mira de Assumpção Filho

Sumário

Prefácio xi

1 **Da Abundância à Autenticidade: O Aparecimento dos Novos Consumidores** 1
    Da escassez à abundância – da abundância à autenticidade 3
    A anatomia da alma 4
    Novos consumidores *versus* velhos consumidores 16
    Os novos consumidores somos "nós" 18
    Resumo 19

2 **Persuadindo os Novos Consumidores: A Busca da Autenticidade** ... 20
    A atração pela autenticidade 25
    Autenticidade, alienação e auto-realização 25
    Ligação e autenticidade 28
    Autenticidade, credibilidade e experiência 30
    Autenticidade e contadores de histórias 33
    Autenticidade – o passaporte de sua empresa para a prosperidade 36
    Resumo 40

3 **As Novas Formas de Escassez de Tempo, Atenção e Confiança** 41
    Escassez de tempo 42
    Escassez de atenção 54
    Escassez de confiança 60
    A escassez de tempo, atenção e confiança só pode piorar 62
    Resumo 63

4 *Tastespace*: **Criando um Shopping de Última Geração** 65
    Por que a segmentação falha 66
    A última novidade em centros de compras 73
    Data mining 74
    Redes de preferências (*Taste webs*) 76

Explorando o *tastespace* 77
Quando a intuição substitui o poder do computador 80
Resumo 81

5 Por Que o Boca a Boca Bate a Certos Tipos de Promoções: *Cool Hunters*, Conhecedores e os Novos Consumidores 82

Conhecedores – o poder por trás do sucesso de vendas 85
Cool hunters e conhecedores – os verdadeiros formadores de mercado 91
Boca a boca e certos tipos de promoções 93
Como novas idéias são adotadas – boca a boca e difusão 97
Cool hunters, conhecedores e o ciclo da inovação 98
Identificando *cool hunters* e conhecedores 99
Resumo 100

6 Envolvendo o Novo Consumidor 102

Por que os novos consumidores se envolvem 104
A ascensão de outros locais 110
A informação incentiva o envolvimento 113
Por que os funcionários devem estar tão envolvidos quanto os novos consumidores 114
Resumo 115

7 Céu-Inferno do Varejo: Por Que os Novos Consumidores Detestam "Ir às Compras" 116

Quão estressante é fazer compras? 119
O que torna as compras tão estressantes? 120
Por que os velhos e os novos consumidores se estressam em situações diferentes 122
Congestionamento e estresse de ir às compras 125
Novos consumidores e o estresse da escolha 127
Superando a barreira do estresse no varejo 128
De volta ao futuro – o novo mundo e o varejo de entretenimento 131
Resumo 133

8 Novos Consumidores — Novos Comerciais: Por Que Propagandas na Televisão Devem Mudar ou Acabar 134

O nascimento dos comerciais de televisão 136
Os novos consumidores televisuais 139

	O gênio dos comerciais de televisão	143
	Criando comerciais agradáveis e com credibilidade	146
	Novos consumidores – novos comerciais	149
	Resumo	157
9	**Vencendo Corações e Mentes: Fidelidade Autêntica *Versus* Fidelidade Aparente**	**159**
	Os novos consumidores são irremediavelmente desleais?	161
	Fidelidade autêntica *versus* pseudofidelidade	161
	Construindo a fidelidade *on-line*	167
	Gerando a fidelidade autêntica pela supersatisfação	170
	Barreiras à supersatisfação	173
	Construindo a fidelidade autêntica com base na autenticidade	174
	Resumo	176
10	**Dando Controle à Alma**	**177**
	Controle em transações comerciais	179
	Dando controle aos novos consumidores	179
	Consumidores como produtores	183
	A alma é o mercado — o mercado é a alma	185

Apêndice
O Programa de Pesquisa do *Mind Scan* ... 186

- Como o *Mind Scan* funciona ... 187
- Nossos cérebros elétricos ... 187
- Diferenças entre o lado esquerdo e o lado direito do cérebro ... 189

Notas ... 190

Bibliografia ... 195

Índice Remissivo ... 209

Prefácio

No início do século XXI, consideramo-nos cada vez menos como cidadãos do mundo e mais como clientes de um mercado global. Nas nações industrializadas, as discussões dos "direitos", talvez com mais intensidade, refletirão nosso papel de consumidores, em vez de nossos direitos básicos humanos e civis.

Somos os Novos Consumidores – com mentalidade independente, individualistas e bem-informados. Temos muito dinheiro e pouco tempo. Bombardeados pelas mensagens comerciais, permanecemos profundamente desconfiados de certas promoções e profundamente desleais com seus fornecedores. Somos os consumidores cujas decisões de compra, muitas vezes por impulso, determinam o sucesso ou o fracasso de empresas de todos os tamanhos.

O que distingue os Novos Consumidores dos que vieram antes de nós não é a idade cronológica, mas procedimentos em relação ao consumo. As atitudes do antigo consumidor foram forjadas pelas forças de produção de massa, marketing de massa e consumo de massa. As atitudes dos Novos Consumidores têm sido modeladas pelas mudanças econômicas e sociais sísmicas que começaram a transformar as sociedades industrializadas do final da década de 1960 em diante.

Esse aumento da influência e do poder dos Novos Consumidores tem sido espelhado pelo crescimento exponencial do poder e da riqueza das corporações. Das cem maiores entidades econômicas do mundo, metade já não é mais países, mas corporações. A fusão da AOL com a Time Warner em 2000, por exemplo, criou uma corporação no valor de $ 350 bilhões, equivalente ao produto interno bruto da Índia ($ 357, 4 bilhões) e mais que o PIB combinado da Hungria, Ucrânia, República Checa, Nova Zelândia, Peru e Paquistão!

Em parte, o surgimento, tanto do consumidor como do poder corporativo, reflete a importância crescente de informações como base econômica para crescimento e influência. Assim como a imprensa escrita minou a autoridade absoluta da Igreja 500 anos atrás, a Internet ameaça minar os estados-nações e até o poder de gigantes corporativos, cujas políticas estão sendo ditadas, cada vez mais, pelo poder de forças de mercado. Depois do fracasso das conversações sobre o clima mundial em Haia, em novembro de 2000, George Kelly, diretor da Global Climate Coalition, do grupo de lobby industrial dos Estados Unidos, admitiu que o fracasso era menos importante do que acreditavam muitos observadores, uma vez que: "É o setor privado, e não o governo, que está desenvolvendo novas tecnologias. E as empresas estão sendo pressionadas pela forte demanda de consumo, sem se considerar governos ou regras impostas".[1]

Como exemplo da voz crescente que os consumidores terão no mercado, considere o software Freenet (freenet.sourceforge.net), que torna possível a troca direta de arquivos entre PCs conectados à rede, sem a necessidade de qualquer intermediário. Ao contrário do programa Napster – criado em 1999 por Shawn Fanning, 17 anos – que permite a troca ilegal de músicas, mas identifica o usuário, o Freenet impossibilita descobrir quem colocou ou transferiu arquivos. As informações podem ser passadas com total anonimidade. "As implicações – sugere o escritor Mark Fischetti – vão longe. Os delatores têm a possibilidade de colocar na Internet documentos incriminatórios sem temerem represálias e dissidentes de estados totalitários poderiam divulgar com segurança a retórica antigovernamental".[2]

Durante anos, desde que identifiquei os Novos Consumidores – e me identifiquei com eles –, tenho seguido sua escalada rumo à proeminência econômica e observado sua influência crescente no mercado. Meus colegas e eu exploramos seus motivos e, em mais de mil levantamentos de pesquisa, examinamos suas respostas a tudo, desde comerciais de televisão até em relação ao estresse causado pelas compras em shopping centers e supermercados.

Equipamos compradores voluntários com minicâmeras, para registrar suas experiências. Monitoramos reações corporais como pressão sangüínea e batimentos cardíacos, enquanto eles manobravam carrinhos ao longo de corredores de supermercados lotados ou aguardavam na fila dos caixas. Em nosso laboratório, analisamos a atividade elétrica do cérebro, enquanto eles assistiam a comerciais de televisão e relacionamos suas respostas a cenas individuais nos anúncios.

Nos capítulos que seguem, descrevo as conclusões da pesquisa, explico o significado de nossas observações e sugiro etapas práticas que os fabricantes, fornecedores e prestadores de serviços devem seguir, a fim de enfrentar os desafios e aproveitar as oportunidades representadas pelo surgimento dos Novos Consumidores.

Em grande parte como resultado do crescimento da Internet, os Novos Consumidores estão aptos a se tornar bem-informados sobre empresas, produtos e serviços, mais do que em qualquer período da história comercial. Podem investigar grandes sociedades anônimas, reunir pessoas que tenham reclamações a fazer, ou dissidentes, constituindo uma força genuína de mudança, e comparar preços, qualidade e tempos de entrega no mundo.

Além de quererem informações, em uma era de ofertas massificadas, os Novos Consumidores procuram autenticidade em muitos dos produtos e serviços que compram. Como explico no Capítulo 1, essa busca pelo autêntico é dirigida parcialmente por uma necessidade de expressar a individualidade por meio da propriedade de bens e serviços que sejam, de alguma forma, inovadores, originais e diferentes.

Examino não meramente as opções de compra dos Novos Consumidores, como também sua alma. O uso que faço da palavra "alma", nesse contexto secular, pode parecer estranho e inadequado. No entanto, para muitos Novos Consumidores, a compra de produtos e serviços tem substituído amplamente a fé religiosa como fonte de inspiração e consolo. Para um grupo ainda maior, suas decisões de compra são dirigidas por um desejo psicológico profundamente enraizado, que desenvolve e aumenta sua noção de individualidade. Suas opções são definidas por aqueles constructos essenciais pelos quais a identidade e a estima são formados.

Os Novos Consumidores formam um grupo do qual você, como fabricante, prestador de serviços ou especialista em marketing só não tomará conhecimento se ignorar o perigo e o custo que isso representa. São pessoas das quais dependerá não só a prosperidade de sua empresa, como também sua própria sobrevivência, pois elas detêm o poder de construir ou quebrar qualquer negócio, de qualquer tamanho, a qualquer momento.

David Spangler, diretor de pesquisa de mercado da marca Levi's, afirma: "Eles vão dominar o país".

Agradecimentos

Muitos livros são, em graus variados, esforços de colaboração entre os autores, seus redatores e editores. É o caso de *A Alma do Novo Consumidor*, em que as sugestões práticas e criativas de nosso diretor editorial Nick Brealey tiveram um papel significativo na definição do texto final. Por isso, e também pelo apoio e incentivo, somos extremamente gratos.

Gostaríamos de estender nossos agradecimentos sinceros a Sue Coll, da Nicholas Brealey, por suas sugestões sempre construtivas, e à nossa editora incansável, Sally Lansdell, pela contribuição significativa à forma final do manuscrito.

Agradecemos também à ICL, e especialmente a Yvette Asscher, gerente de marketing da Retail Systems Division, por me fornecerem idéias valiosas sobre o futuro do varejo. Da mesma forma, somos gratos a Jon Bareham, professor-titular de marketing da Brighton University, pelas idéias tão perceptivas sobre tendências em varejo. E ao dr. Kathy Hammond, especialista em comportamento de consumo, diretor da Future Media Research, na London Business School, cujas respostas a muitas de nossas perguntas suavizaram os primeiros estágios da pesquisa. Ao dr. Doug Stewart, da University of Greenwich, e ao dr. James Demetre, psicólogo de desenvolvimento na mesma universidade, que foram suficientemente generosos para encontrar espaço em suas agendas lotadas e nos dar informações, conselhos e orientação. O professor Burton Brodo, da Drexel University, Filadélfia, foi generoso demais ao responder longamente nossos questionamentos. Somos gratos à Young & Rubican e Pirelli e à Royal Insurance, por nos permitirem usar fotos tiradas de seus comerciais de televisão.

Queremos agradecer ainda a Mark Wentworth por seu tempo, ajuda e incentivo nas pesquisas sobre o fascinante tópico *cool hunters*, e a Cynthia Hemming, que conhece profundamente a área e é diretora administrativa de meu escritório de consultoria, por sua colaboração e enorme paciência, enquanto o livro estava sendo escrito.

Muito obrigado a Julian Grainger, do National Film Institute, e ao diretor de cinema Tony Cornford, por suas contribuições sobre a natureza mutável dos comerciais de televisão.

Finalmente, um agradecimento a todo o staff da David Lewis Consultancy, especialmente ao gerente de TI James Breen, por sua assistência nas pesquisas deste livro.

1

Da Abundância à Autenticidade: O Aparecimento dos Novos Consumidores

> *Na segunda metade do século XX, aprendemos gradualmente a falar e a pensar uns nos outros e em nós mesmos, menos como trabalhadores, cidadãos, pais ou professores e mais como consumidores.*
> Yiannis Gabriel e Tim Lang, *Consumidores Incontroláveis*

O poeta e autor norte-americano Shel Silverstein cunhou a palavra *Tesarac* para descrever aqueles períodos da história em que ocorrem mudanças sociais e culturais. Durante um Tesarac, a sociedade se torna cada vez mais caótica e confusa, antes de se reorganizar de uma forma que ninguém seria capaz de prever com exatidão ou antecipar facilmente. É uma época em que, nas palavras de Shelley Turkle, do MIT: "As ocorrências antigas estão mortas ou morrendo e não se pode antever facilmente o que acontecerá em seguida".

Silverstein acredita que as mudanças, manifestadas à medida que a sociedade viaja pelo Tesarac, são tão profundas que ninguém nascido em um lado dessa "prega no tempo" será capaz de entender plenamente como era a vida anterior a elas. Uma visão parecida foi expressa por Peter Drucker. Em seu livro *Post-Capitalist Society*, ele descreve como, a cada poucos séculos, a sociedade ocidental atravessa um "divisor". Cita as mudanças ocorridas na Europa do século XVIII, quando o centro da vida comunitária passou do campo para a cidade. Membros de agremiações de artífices se tornaram o grupo social dominante, o ensino saiu de monastérios isolados para as novas universidades localizadas no coração da vida urbana, o latim cedeu lugar ao vernáculo e Dante estabeleceu os alicerces da literatura européia. "Dentro de poucas décadas – diz Drucker –, a sociedade reorganiza sua visão do mundo, seus valores básicos, sua estrutura política e social, suas artes, suas instituições principais. Cinqüenta anos mais tarde, há um Novo Mundo. E as pessoas nascidas naquele tempo nem conseguem imaginar o mundo em que seus avós viveram e seus pais nasceram."

Ainda estamos passando pelo Tesarac e não podemos prever com exatidão qual será o resultado. O que já está evidente, no entanto, é que os fabricantes e fornecedores, presos no lado errado dessa dobra no tempo, se verão cada vez mais sobrecarregados pela vastidão das mudanças que ela significa. Seus concorrentes mais flexíveis, mais bem informados e astutos, que passaram pelo Tesarac e entendem a natureza da Nova Economia, serão capazes de assimilar a mudança e passar para níveis de sucesso ainda não sonhados.

Antes do Tesarac, uma força significativa que impulsionou o consumo foi o desejo de ascender socialmente pela aquisição de bens materiais como um carro novo, uma televisão, freezer e móveis que identificariam o indivíduo como membro da classe média. Hoje, em sua maioria, os consumidores já esgotaram, em grande parte, os artigos que *precisam* adquirir e estão focalizando o que *querem* comprar, ou seja, buscam oportunidades e experiências que, segundo eles, lhes proporcionarão uma vida mais feliz, mais rica e recompensada. Na Nova Economia, as empresas com maior probabilidade de sucesso são aquelas que tornam mais simples e mais vantajoso, para os Novos Consumidores, esse investimento de tempo, atenção e dinheiro.

No mundo do Velho Consumidor, todo aspecto importante de uma transação, desde o preço pago até os canais de distribuição disponíveis, foi ditado pelos fabricantes e fornecedores. Na Nova Economia, o poder passa cada vez mais aos consumidores, que são progressivamente mais capazes de escolher não só o que compram, como também como e onde essas compras são feitas – e até mesmo, no caso de alguns produtos, decidir o quanto estão dispostos a pagar por eles.

Veja a PriceLine.com, uma empresa da Internet, aberta no final de 1998 com uma capitalização de mercado de $ 20 bilhões, cujo objetivo é reunir compradores e vendedores em uma arena onde quem estabelece o ritmo é o cliente. Em vez de os consumidores irem atrás dos fornecedores, os fabricantes e prestadores de serviços acessam agora a PriceLine.com para encontrar os consumidores. O cliente é quem decide o preço, e sua proposta pode ser aceita ou não.

Muito bem divulgada, a estratégia da PriceLine focalizou, inicialmente, bilhetes aéreos. Os candidatos a passageiros diziam quanto estavam dispostos a pagar por determinada viagem, garantindo – por meio de um cartão de crédito – que aceitariam o melhor assento disponível, não importando a hora do vôo. As empresas com lugares vagos em aeronaves destinadas àquela rota faziam uma oferta para aquele pretendente, resolvendo seu problema quase minuto a minuto. Uma vez que em qualquer dia há cerca de meio milhão de assentos vazios só no espaço aéreo norte-americano, é preferível um passageiro que pague pouco a uma poltrona desocupada.

DA ESCASSEZ À ABUNDÂNCIA, DA ABUNDÂNCIA À AUTENTICIDADE

Nos últimos anos, houve o aumento considerável de um grupo de consumidores que está adquirindo importância econômica crescente e apresenta atitudes, aspirações e padrões de compra diferentes de qualquer grupo anterior. Representando uma força potente no mundo desenvolvido, na próxima década essas pessoas passarão a dominar o consumo na América do Norte, Europa e Ásia. De suas decisões de comprar ou não dependerá não apenas a prosperidade, como também a sobrevivência de muitas empresas.

Estes são os Novos Consumidores.

Novos, por apresentarem um estilo de consumo inteiramente distinto, e Consumidores, em vez de clientes, porque essa outra abordagem influencia cada aspecto de sua decisão de compra: desde escolher a marca do feijão, entre outras, na gôndola do supermercado, até aceitar ou não mudanças sociais, políticas de governo, crenças espirituais e ideologias.

Os Novos Consumidores transcendem todas as idades, os grupos étnicos, e até mesmo a renda. É exato dizer que você os encontrará entre aqueles que ultrapassaram os 50 anos ou no meio de jovens adultos ambiciosos com menos de 30. Quando a empresa fonográfica norte-americana Camelot analisou seu histórico de vendas, descobriu que os maiores consumidores de rap e música tecno não eram jovens, mas avós que compravam CDs para dar de presente aos netos. Com base nesse conhecimento, criou um informativo para manter o grupo em contato com as últimas tendências da música pop. Seu volume de negócios subiu quase 40%.

Quando começaram a emergir, os Novos Consumidores eram predominantemente masculinos. Mas o crescente poder econômico das mulheres, como produtoras de riquezas e pessoas capazes de tomar decisões de consumo, leva à conclusão de que atualmente há um equilíbrio na participação de ambos os sexos no mercado.

Como vivem em economias que satisfazem rápida e facilmente suas necessidades básicas, os Novos Consumidores estão, de longe, mais preocupados em satisfazer seus desejos. Assim, focalizam freqüentemente produtos e serviços distintos, inovadores e originais. Como resultado, tendem a rejeitar artigos produzidos e comercializados em massa, em favor de produtos e serviços que consideram de algum modo autênticos.

Independentes, individualistas, envolvidos e bem-informados sobre consumo, eles já se classificam como participantes significativos de um mercado cada vez mais fragmentado e em fragmentação. Da globalização à digitalização, das novas tecnologias de varejo às compras pela Internet, cada aspecto da economia alterou radicalmente não só a maneira como os Novos Consumidores compram, como também o que compram e por quê.

Não importa o produto que você fabrica ou o serviço que você vende. Se não entender não só o comportamento desses consumidores radicalmente diferentes, mas também sua alma, suas estratégias de marketing, que antes eram bem-sucedidas, desabarão diante da desconfiança e do desinteresse deles, e seus lucros afundarão.

Fabricantes e prestadores de serviços, cuja mentalidade ainda gira em torno de noções voltadas para produção de massa, marketing de massa e consumo de massa, já estão verificando quedas nas vendas e desgaste no valor da marca. Em 1999, por exemplo, a Levi's – que apenas dois anos antes tinha sido classificada como a oitava maior marca do mundo – anunciou que pretendia fechar a metade de suas fábricas norte-americanas, após um declínio de 13% nas vendas.

Por todos esses acontecimentos e pelo fato de que muitos especialistas em marketing se declaram cada vez mais descrentes quanto ao futuro até de marcas bem-posicionadas, o assunto será discutido em detalhes neste livro. Nossa constatação clara é que impérios globais como a Levi Strauss, a Kelloggs, Woolworth, Marks & Spencer e até a Coca-Cola – cujos lucros dispararam 27% no quarto trimestre de 1999 – não têm dado a devida atenção às atitudes e aspirações desses Novos Consumidores.

A ANATOMIA DA ALMA

O Novo Consumidor que surge no outro lado do Tesarac é mostrado na Figura 1.

Os Novos Consumidores nasceram em uma sociedade que se distanciava lentamente de anos de austeridade causados pela Grande Depressão dos anos 20 e 30 e, posteriormente, pela Segunda Guerra Mundial. A escassez pós-guerra e o racionamento colocaram o grande poder nas mãos de fabricantes e fornecedores. Durante mais de uma década após o término da guerra, os clientes, que se tornaram obedientes e conformistas em decorrência de anos de restrições, compravam, satisfeitos, o que os produtores se dignavam a lhes vender. Mesmo quando a escassez diminuiu, os fabricantes continuaram a supor que a produção e o marketing de massa lhes permitiriam continuar a regular o consumo em larga escala. Esse ponto de vista encontrou forte apoio dos anunciantes, que assumiram o básico papel de fazer a ponte entre os produtores e o consumo de massa. Em uma palestra, ao assumir a presidência do American National Council on Family Relations, no final da década de 1940, por exemplo, o sociólogo Clark Vincent explicou que a família poderia ser considerada menos como "unidade de produção" e mais como "'unidade viável de consumo".[1]

Figura 1   A Alma do Novo Consumidor

Enquanto os Velhos Consumidores ficavam cerceados pela escassez de dinheiro, opção e disponibilidade, o Novo Consumidor confronta-se com a falta de tempo, atenção e confiança.

Enquanto os Velhos Consumidores eram sincronizados, em geral alheios à produção, conformistas e, com freqüência, lamentavelmente desinformados, os Novos Consumidores são individualistas, envolvidos, independentes e geralmente bem-informados.

Talvez a mudança mais significativa, discutida detalhadamente no Capítulo 2, seja que, embora os Velhos Consumidores fossem amplamente motivados por uma necessidade de conveniência, os Novos Consumidores são dirigidos pela busca da autenticidade.

Por serem tão individualistas, não há dois Novos Consumidores que tenham exatamente as mesmas atitudes em relação ao consumo. Os que são descritos a seguir, que conheço bem de minha pesquisa, ilustram com precisão as novas características que podem ser observadas.

Sam é produtor de rádio, tem 27 anos e mora com Jô, sua namorada. Ambos trabalham intensamente em horários altamente irregulares, o que significa tempo livre escasso e necessidade de compras em lojas 24 horas e pela Internet.

"Minha tendência é ir a grandes supermercados, pois eles oferecem uma variedade ampla de produtos – diz Sam – e o maior benefício de fazer compras às duas da manhã é que você nunca pega fila. Odeio quando os corredores estão lotados e você tem de ficar esperando para passar pelo caixa. Costumo largar o meu carrinho e ir embora, quando as filas são longas demais."

Para se divertir, Sam faz canoagem sozinho, em longas expedições, aproveitando a solidão no rio, após trabalhar com pessoas a semana toda. "É meu jeito de relaxar" – explica.

Sam é atraído por qualquer novidade legal, mesmo que não esteja na moda. Quando todo o mundo começa a usar ou a vestir, tende a passar para algo novo. "Eu me mantenho informado sobre lançamentos e verifico os rótulos de produtos desconhecidos" – comenta. "Gosto de inventar e odeio que me digam o que pensar."

Ao procurar móveis e ornamentos para seu apartamento, Sam e Jô visitam lojas comuns, com artigos de segunda mão, em vez de grandes estabelecimentos, com produtos sofisticados. Buscam itens que de alguma forma sejam originais ou únicos, embora não necessariamente caros. "Adoro peças antigas, autênticas, em um apartamento moderno" – argumenta. "Dá uma noção de equilíbrio e continuidade."

Para Ann, 36 anos, diretora de uma empresa, o visual, o estilo e a sutileza, assim como o que é subestimado, são essenciais para que seja atraída por um produto. "Compro roupas de Jil Sander, Max Mara e Nichole Fahri, mas não quero que as pessoas necessariamente reconheçam a grife."

Ann mantém-se bem-informada lendo revistas como *Marie Claire* e *Good Housekeeping*. É assinante, porque raramente tem tempo para sair e comprá-las e também porque a assinatura sai mais barata. Confessa-se fanática por carros, dirige uma BMW série 5 e também assina revistas de veículos e informática.

"Compro todos os meus CDs pela Internet, além de equipamentos eletrônicos, pois tenho mais opções e é mais barato. Também compro verduras e legumes orgânicos, que são entregues uma vez por semana e ainda estão com terra."

Para se divertir, Ann gosta de música muito antiga e também ouve compositores minimalistas do século XX como Steve Reich. "Há uma semelhança entre a estrutura do seu trabalho e, por exemplo, os cantos gregorianos. Acho a repetição, acompanhada de ligeira mudança, extremamente desestressante."

> Com mentalidade independente, Ann prefere fazer compras sozinha. "Não tenho necessidade de aprovação ou desaprovação de alguém quanto ao que compro. Tomo decisões com muita rapidez e nunca vou de loja em loja para comparar produtos. Na maioria dos casos, sei imediatamente se um determinado artigo é ou não 'a minha cara'."
>
> A paixão de Ann é colecionar objetos de prata, um hobby que ela logo frisou que havia começado muito antes de virar moda. 'A prata é sempre extremamente autêntica, sem nunca parecer ostentatória', explica ela.

Escassez de tempo

Os Novos Consumidores reclamam constantemente das poucas horas que têm para atender a todas as demandas. Infelizmente, trabalhar mais tempo não significa que todo o serviço esteja sendo feito. Um estudo da American Management Association mostrou que quase a metade de todos os gerentes médios diz ter mais trabalho do que tempo para realizá-lo. Isso pode ajudar a explicar por que oito de dez Novos Consumidores temem desequilíbrios causados pelo pouco tempo que têm para se dedicar aos relacionamentos, família, hobbies e atividades de lazer. Os resultados são níveis crescentes de estresse e um desejo de economizar tempo a todo custo, mesmo que isso envolva pagar assistência adicional ou serviços extras. Embora tais pressões afetem igualmente a todos, os Velhos Consumidores têm uma probabilidade maior de aceitar a situação, enquanto os Novos buscam ativamente, embora nem sempre com sucesso, reduzir esse ônus. Intolerantes a atrasos, e freqüentemente ricos, muitos Novos Consumidores estão dispostos a pagar pelo privilégio de não esperar. As organizações que podem fornecer a gratificação quase instantânea de necessidades, 24 horas por dia, ganharão a fidelidade de uma parcela significativa de Novos Consumidores que dispõem de pouco tempo.

Uma empresa que cresceu muito atendendo à demanda insaciável de se ter algo "agora" foi a Viking Direct, a maior fornecedora de materiais de escritório do mundo. Aberta na década de 80, tem mais de 2,5 milhões de clientes ativos em 19 países, incluindo, além dos Estados Unidos e Austrália, o Reino Unido, Europa, Oriente Médio, África e Ásia. "O fator preponderante de nosso sucesso é a dedicação em atender ao cliente fanático", diz Brian Poll, diretor de projetos de merchandising da empresa[2]. Parte desse trabalho consiste em satisfazer às necessidades dos clientes, oferecendo retorno rápido (*by-return*). Os pedidos são entregues no dia seguinte, enquanto os consumidores que moram próximo a um depósito os recebem freqüentemente no mesmo dia.

Outra organização que está ganhando com a falta de tempo dos Novos Consumidores é a Screwdriver, estabelecida em 1996 no Reino Unido, especializada em ajudar as pessoas a montar móveis comprados de empresas como a Ikea. Seu fundador, Jack Bock, descobriu que metade de todos os móveis vendidos deve ser montada pelo comprador e percebeu que havia milhares de clientes sem tempo e dispostos a pagar pelo serviço. Tinha razão. Sua empresa, agora, movimenta um volume anual de negócios superior a 1 milhão de libras.

Escassez de atenção

A escassez de tempo significa também que os Novos Consumidores sofrem de escassez de atenção. A não ser que sejam capazes de entender algo com rapidez e facilidade, muitas vezes sua dificuldade será ignorada, principalmente quando as informações não estiverem claras. Em parte como resultado da escassez de tempo, os Novos Consumidores mais jovens desenvolveram maior capacidade de leitura visual que qualquer geração anterior. Eles são capazes de entender e apreciar imagens complexas, em rápida mudança, encontradas em jogos de computador, vídeos de música pop, muitos comerciais e filmes de televisão. São seqüências de mensagens visuais que mudam rapidamente e deixariam perplexas as gerações anteriores de espectadores. De fato, as habilidades perceptivas desses adolescentes são avançadas a tal ponto que eles poderiam ser chamados mais adequadamente de *videolescentes*. Como também são capazes de identificar as estratégias que os anúncios escondem, os métodos convencionais de persuasão correm o risco de não convencê-los.

Nos próximos 10 anos, as empresas terão de conceber formas novas e atraentes de propaganda com base em imagens, em vez de palavras, a fim de captar um pouco da escassa atenção do Novo Consumidor, ponto que discutiremos em detalhes no Capítulo 8. Como exemplo, podemos citar um anunciante que está pensando seriamente em usar laser para projetar slogans na superfície da Lua!

Escassez de confiança

Embora os Novos Consumidores não sejam nem mais nem menos confiáveis que os Velhos em suas relações pessoais, é quase improvável que ofereçam confiança incondicional aos fornecedores. A pesquisa do Henley Centre, por exemplo, mostrou que, embora nove de dez pessoas confiem em seu cônjuge ou parceiro, e oito de dez confiem em seus filhos, menos de um terço (27%) confia em seus varejistas ou fabricantes, enquanto apenas 14% confiam no governo ou nos anunciantes!

A insatisfação é o resultado com mais possibilidade de acontecer entre os Novos Consumidores, cujos estilos de vida se caracterizam por grandes expectativas e um desejo de gratificação imediata. Ao considerar normais a alta qualidade e o valor do dinheiro, estão continuamente procurando produtos ou serviços com os adicionais mais valorizados. Uma vez que a fidelidade demora a ser conquistada, a empresa que primeiro se instala em determinado segmento costuma colher as maiores recompensas, contanto que mantenha os níveis mais altos de qualidade e serviço.

A busca da autenticidade

No coração da alma do Novo Consumidor reside um desejo de autenticidade. "As pessoas são impulsionadas para a autenticidade," diz o jornalista Bryan Appleyard. "Trata-se de uma vocação que passou a ser a ortodoxia moral crucial de nosso tempo."[3] Nessa busca, elas estão dispostas a enfrentar até inconveniências, às vezes indo muito longe para comprar o que desejam. O inventor James Dyson, por exemplo, enfrenta muitos problemas para obter o que considera ser o azeite mais autêntico. "Dirijo uma boa distância para comprá-lo de La Famille Chancel, no Château Val Joannis, em Pertuis, próximo a Aix-en-Provence. É saboroso e aromático. Você pode tomá-lo como vinho."[4]

Tanto a Nikon quanto a Leica produzem câmeras excelentes, de alta qualidade, usadas por fotógrafos profissionais e amadores do mundo todo. No entanto, enquanto as Nikons geralmente são consideradas simples máquinas fotográficas boas, a Leica atingiu uma aura de autenticidade que lhe permite uma grande valorização. Oskar Barnack, um engenheiro alemão, projetou a Leica pouco antes da Primeira Guerra Mundial. Entusiasta do montanhismo, queria levar em suas expedições uma câmera portátil, no tempo em que imperava a fotografia em grande formato. Sua idéia inovadora foi criar uma câmera que, em vez das placas incômodas, usava as tiras de filme 35 mm fabricadas para a indústria cinematográfica. Em 1924, seu amigo Ernst Leitz colocou o protótipo em produção e nasceu a fotografia moderna. Hoje, o mais recente modelo da Leica, com várias lentes, pode custar mais de $ 10.000 apesar, ou devido ao fato de não ter muitas das especificações de alta tecnologia encontradas na maioria das modernas câmeras japonesas, como foco e rebobinador automáticos.

Quando foi introduzida no mercado, em 1954, uma Leica M3 era vendida por apenas algumas centenas de dólares. Hoje, em perfeitas condições, a mesma câmera alcançaria $ 5.000 ou mais. Comparativamente, uma Nikon F4, mesmo sendo boa como é, praticamente não teria valor.

Em parte, a "autenticidade" percebida na Leica, em relação a outros modelos, pode residir no fato de que ela tem sido usada por fotógrafos consagrados internacionalmente como Henri Cartier-Bresson e Lord Snowdon. Entretanto, isto se deve especialmente a sua engenharia e qualidade de fabricação excepcionais. A Leica, como todos os outros produtos e serviços exclusivos e originais, possui o que os japoneses chamam de *miryokuteki hinshitsu*, a qualidade que fascina, em vez da simples *atarimae hinshitsu*, a qualidade esperada.

A *atarimae hinshitsu* representa o mínimo absoluto que os Novos Consumidores aceitarão – algo a menos e eles se sentirão enganados. Mas é pela *miryokuteki hinshitsy*, a qualidade que fascina, que eles desenvolveram o apetite mais voraz. É um padrão que os fabricantes e prestadores de serviços da Nova Economia devem, cada vez mais, lutar para atingir, a fim de identificar suas marcas com a autenticidade. Somente assim poderão ter esperança de captar a atenção e conquistar a confiança de Novos Consumidores exigentes.

O aparecimento de Novos Consumidores com mentalidade independente significa que, enquanto o indivíduo reina supremo, a sociedade vê sua importância diminuída. Quando o *Titanic* afundou no filme inglês de 1958, *A Night to Remember*, o fato foi retratado como um desastre público com lições importantes para a segurança do passageiro. Ao afundar novamente, na produção de James Cameron, de 1997, representou uma tragédia pessoal, altamente romântica. "Entre esses dois filmes – diz o jornalista Bryan Appleyard –, o âmbito do público desapareceu, para ser substituído pelo âmbito individual autêntico e sua realização."

Trabalho, família e sociedade já não oferecem um meio de auto-realização tão imediato quanto no passado recente. As pessoas procuram cada vez mais a autenticidade de uma destas duas formas: pela espiritualidade e pela "terapia do varejo".

Consumindo espiritualidade

A espiritualidade se tornou uma definição para tudo que as pessoas sentem estar faltando em suas vidas, no lugar do que esperam descobrir. De acordo com Mick Brown, autor de *The Spiritual Tourist*, essa busca espiritual é "um sintoma de incerteza coletiva em uma época em que as instituições tradicionais como igreja, família e comunidade parecem estar desmoronando. Um sintoma também do crescente desencantamento com os valores de materialismo e um desgaste da ciência, que desvendou todo o mistério da existência".

Uma vez que muitos Novos Consumidores consideram as religiões tradicionais dogmáticas demais e, em alguns casos, que não oferecem uma experiência espiritual "autêntica", há um interesse crescente em relação ao que muitos teólogos consideram benefício ou mesmo pseudofé.

Wade Clark Roof comenta, em *Spiritual Marketplace*:

> *Há uma fluidez considerável. Há uma ânsia contínua para encontrar a verdade espiritual, mas agora eles têm uma noção mais clara de que algumas coisas que procuraram lhes oferecer antes, como consumo e materialismo, não funcionam tão bem... Vejo um futuro espiritual e religioso mais individualista e, talvez, mais diverso.*

Os Novos Consumidores ricos estão contratando uma variedade de conselheiros espirituais, entre eles iogues pessoais, professores de meditação, guias espirituais e xamãs modernos que se apresentam com chocalhos, tambores e incenso para purificar sua casa espiritualmente. Lojas que vendem uma infinidade de produtos da Nova Era como velas, incensos, cristais, óleos essenciais, formações rochosas, ímãs e livros sobre cada aspecto da busca espiritual estão se espalhando rapidamente pelas cidades de ambos os lados do Atlântico. Muitos desses livros, fitas e vídeos oferecem aos Novos Consumidores alienados a promessa de se sentirem mais relaxados, mais pacíficos e realizados, de descobrirem harmonia, inspiração, energia e discernimento.

A venda de livros religiosos importantes aumentou em 150% entre 1991 e 1997, em contraste gritante com o aumento de 35% em livros seculares. Mesmo guias não-religiosos de auto-ajuda se tornaram mais populares, como *Simple Abundance* e *Don't Sweat the Small Stuff*. Este último é da série Chicken Soup, a mais bem-sucedida da história editorial, com mais de 30 milhões de exemplares impressos atualmente.

É como Alvin Toffler afirma: "Hoje vemos milhões (de pessoas) buscando desesperadamente as próprias sombras, devorando filmes, peças, romances e livros de auto-ajuda, não importando o quanto sejam obscuros, desde que prometam ajudá-los a encontrar suas identidades."

Consumindo produto

Vivemos em uma sociedade onde ideais comuns e decisões políticas têm sido substituídos, em grande parte, por significados partilhados que giram em torno de nomes de marca e imagens de propaganda. Como o sociólogo John Clammer observa, "ir às compras não significa meramente adquirir coisas, mas comprar identidade."

Os Velhos Consumidores ricos costumam assumir o consumo conspícuo, exibindo Rolex de ouro, Mercedes modelo cupê, ternos de grife, banheiros de mármore com torneiras de ouro e champanha sempre no gelo. Exibem esses e outros troféus de alto preço da mesma forma que os caçadores de animais de grande porte, da geração anterior, enfeitavam sua biblioteca com as cabeças de suas presas.

Muitos Novos Consumidores abastados, em contraste, estão se abstendo de exibições ofensivas de riqueza, em favor de demonstrações mais sutis de músculo financeiro. Rolex de ouro, por exemplo, podem ser comprados praticamente no balcão de qualquer joalheria refinada, mas se você quer um relógio menos ostentador, de aço, terá de aguardar na lista de espera durante cinco anos. Em Manhattan e Washington DC, as *mountain bikes* com pneus largos e estrutura de titânio estão se tornando mais comuns que carros esporte ostentadores. Nas reuniões de negócio, ternos alinhados estão cedendo lugar aos *Gap khakis*. Nos banheiros de casas americanas finas, a tendência é usar peças de aço inoxidável no banheiro, enquanto os refrigeradores talvez passem a estocar cerveja, em vez de champanha.

Tais aquisições não representam o impacto de qualquer restrição financeira, mas a busca da autenticidade. De fato, o preço de um estilo de vida minimalista pode ser muito mais alto do que um estilo ostentador. Aquelas *mountain bikes* atraentes custam milhares de dólares. Um lavatório de aço inoxidável é dez vezes mais caro do que um modelo standard. E a cerveja no freezer provavelmente tenha sido fermentada em microcervejarias e custe tanto quanto coquetéis de champanha. Como um desenhista colocou em um cartum em *The New Yorker*, retratando alguém que conversava com um cliente potencial: "Minimalista? Não sei se seu orçamento é alto o suficiente para o minimalismo".

O consumo conspícuo, estilo Velho Consumidor, envolve tipicamente a compra de produtos não-autênticos que, por sua natureza, podem não conter noção subjacente de unidade. Os Novos Consumidores, por meio de sua ênfase na autenticidade, asseguram que, mesmo quando suas compras são totalmente diferentes, eles ainda mantêm unidade em sua originalidade e singularidade.

Os Novos Consumidores são individualistas

Em 1952, um psicólogo americano chamado Solomon Asch pediu a estudantes universitários que comparassem duas linhas, para dizer qual era mais longa, mais curta ou se uma tinha o mesmo comprimento da outra[5]. Os estudantes foram testados em grupos, mas somente um participante era genuíno. Os outros eram cúmplices instruídos a dar resposta errada idêntica em certas alternativas. Asch tinha como objetivo descobrir se um indivíduo ingênuo manteria sua resposta – correta – ou mudaria de idéia para se conformar com a opinião da maioria. Os resultados foram surpreendentes. Apesar de diferenças óbvias entre as duas linhas, quando seis outros membros do grupo insistiam que ambas eram do mesmo comprimento, 95% dos ingênuos concordavam com a visão da maioria. Eles votavam pela conformidade, contra a evidência clara dos próprios olhos. Quando se fez nova tentativa de repetir o experimento, 30 anos mais tarde, os jovens se recusaram a ser convencidos pela opinião de seus companheiros, insistindo que, mesmo sendo a única opinião contrária, ela era verdadeira.

A busca pela autenticidade obriga os Novos Consumidores a agirem sozinhos ou em pequenos grupos, em vez de acompanhar as levas sincronizadas de Velhos Consumidores. Eles devem ficar livres para investigar as freqüentes diferenças sutis que distinguem o produto autêntico do artigo produzido em massa. Nas palavras de Yiannis Gabriel e Tim Lang, os Novos Consumidores estão continuamente engajados no discurso da diferença, uma exploração das "variações do minuto, de idiossincrasias do estilo, de produtos, marca, sinais e significados... a descoberta da diferença, o estabelecimento da diferença e a apropriação da diferença". Freud usou a frase "narcisismo de pequenas diferenças" para descrever as maneiras discretas que buscamos, simultaneamente, para demonstrar nossa individualidade e participação de um grupo pequeno, mas seleto.

Na manga de um paletó do importante estilista inglês Paul Smith, por exemplo, você encontrará sempre cinco ou seis botões, em vez dos quatro usuais. O BMW M5 é um dos carros esportivos mais procurados em uma estrada, no entanto, a única característica que o distingue de um carro similar, do mesmo fabricante, é um minúsculo emblema M5 na traseira. Olhar o colarinho de uma camisa é suficiente para um conhecedor dizer se é feita a mão ou produzida em massa. "O colarinho de uma boa camisa tem certo caimento e fluidez" – diz Jeremy Hackett, fundador de uma fábrica de roupas. "O ponto deve estar sempre a meio centímetro da beirada. Se estiver perto ou distante demais, você pode dizer que não foi costurado adequadamente."[6]

Para os não-iniciados, distinções assim sutis podem passar despercebidas. Para os Novos Consumidores, as diferenças são uma questão de orgulho e garantia. Não só indicam que você pertence a um grupo exclusivo, como também carregam o selo de autenticidade.

O desejo de individualidade é, então, tanto um meio como um fim – a confirmação da autenticidade – e um fim em si mesmo, uma demonstração de originalidade pessoal.

"A América do Norte mitologicamente homogênea já era" – diz Joel Weiner, vice-presidente sênior de marketing da Kraft Foods. "Somos um mosaico de minorias."

Os Novos Consumidores estão envolvidos

Para assegurar a autenticidade, os Novos Consumidores devem se envolver mais com os processos de produção e também com o consumo, para garantir que compram exatamente o que corresponde às suas necessidades. A Ikea, por exemplo, é popular entre os Novos Consumidores, que adoram seu apelo interativo: podem pular nas camas e pegar os produtos. Gostam de seus catálogos informativos que passam informações valiosas como "esta cadeira parece o máximo, mas, se você deseja algo realmente confortável, seja para assistir à televisão, seja para a mesa de jantar, há uma mais barata que poderia atendê-lo melhor".

Para muitos Novos Consumidores, poder envolver-se transforma até as compras rotineiras de supermercado em uma busca por produtos cuja autenticidade é vista como uma forma de preservar a saúde da família ou satisfazer a seus princípios éticos:

- Aqueles ovos são realmente de galinha caipira?
- Aqueles vegetais são realmente orgânicos?
- Aquele alimento processado contém produtos transgênicos?
- Aquelas roupas foram confeccionadas por crianças?
- Aquele xampu foi testado em animais?

Os Velhos Consumidores, embora às vezes se envolvam na criação ou no consumo, geralmente são mais despreocupados e neutros. Confiam que os fabricantes e fornecedores ofereçam bens e serviços que corresponderão às suas expectativas, sem entrar profundamente na questão.

Muitos varejistas estão prosperando ao fornecer aos Novos Consumidores a chance de se envolverem com os produtos que compram. Uma das abordagens menos ortodoxas – alguns chegariam a dizer excêntrica – vem da Lush, uma empresa formada há apenas cinco anos para vender cosméticos feitos pelo processo de manipulação.

Embora seus produtos se destinem ao banheiro e não à cozinha, as lojas Lush são ambientadas em forma de um açougue estilo provençal, com madeira que lhes dá a aparência de uma *delicatessen* ou loja de queijos.

Seu fundador, Mark Constantine, começou a fabricar produtos para cabelo e tratamento de beleza à base de ervas, em 1974, vendendo-os em lojas de alimentos naturais. Sua primeira grande inovação surgiu de uma parceria criativa com Anita Roddick, fundadora da *The Body Shop*. Durante mais de 15 anos, foi o principal fornecedor da empresa.

Um dos principais aspectos da popularidade da Lush no mundo todo – além de 20 lojas no Reino Unido, possui outras na Austrália, Brasil, Canadá, Croácia, Japão,

Suécia e Cingapura – tem sido permitir que os consumidores se envolvam no processo de varejo. Mesmo o seu nome nasceu de uma competição entre clientes. Eles são incentivados a interagir com os produtos, cheirando-os e tocando-os, enquanto os retiram de balcões refrigerados. Logo experimentam a última novidade para tratamento de pele: um sabonete de limpeza facial. Os xampus e sabonetes são empilhados em estantes de madeira e os talcos decantados em recipientes agitadores, colocados dentro de tanques feitos de vidro colorido. Os colorantes para cabelo e os produtos de beleza à base de ervas são mantidos em banho-maria e vendidos quentes, enquanto informações essenciais sobre cada um deles e seus ingredientes aparecem em lousas estrategicamente posicionadas. A quantidade dos componentes também é indicada em todos os rótulos, política que a Lush segue desde que começou a atuar no varejo, em 1995.

As lojas Lush envolvem os consumidores de várias maneiras, bombardeando seus sentidos com o aroma irresistível de ervas, frutas, flores, óleos e essências, desde o momento em que colocam o pé na porta de entrada. Nos balcões, há pilhas de sabonetes em barras enormes, embrulhados em papel branco, parecendo pães finos que acabaram de ser assados. Muitos cosméticos são vendidos por peso ou tamanho, cortados das barras e entregues desembrulhados ou com um mínimo de embalagem.

Reconhecendo as preocupações ecológicas dos Novos Consumidores, compartilhadas por Mark Constantine, a Lush garante que nenhum de seus produtos é testado em animais.

Com um volume anual de vendas superior a 30 milhões de dólares, e ainda mantendo um crescimento rápido, a Lush é a ilustração perfeita de um varejista de nicho em sintonia com as aspirações e atitudes do Novo Consumidor.

Os Novos Consumidores são independentes

As compras de conveniência, por natureza própria, implicam uma abordagem conformista em relação ao consumo, uma vez que é somente por meio da produção e do marketing de massa que os bens podem estar amplamente disponíveis a preços competitivos. Os Novos Consumidores preferem decidir sozinhos o que vão comprar, rejeitando as insinuações do que devem fazer. Qualquer abordagem que lembre o artificial discurso de vendas fundamentado na afirmação dogmática, forçada, provavelmente despertará suspeita e não merecerá sua confiança.

Os Novos Consumidores afirmam sua independência desafiando o pensamento estabelecido e exigindo que o monólogo seja substituído pelo diálogo. Tolerantes quanto à ambigüidade, desconfiam das mensagens absolutas, "preto no branco", buscando continuamente o significado nas nuanças entre os extremos.

Uma vez que os Novos Consumidores insistem em tomar as próprias decisões praticamente sobre tudo, desde como encontrar a realização espiritual, até onde e quando fazer compras, as empresas de mais sucesso serão aquelas capazes de chegar até eles, em vez de esperar passivamente que batam na sua porta. Constatado o fato de que muitos Novos Consumidores não têm, como já foi mencionado, disponibilidade de tempo, tal situação levará, inevitavelmente, a um número cada vez maior de produtos e serviços disponíveis por 24 horas e com entrega praticamente imediata.

Os Novos Consumidores são bem-informados

A informação é o combustível que impulsiona o Novo Consumidor. A Internet tornou-a mais barata e acessível que nunca. A atração pela informação, pelo menos em parte, é porque ela permite maior controle dos gastos. Abre opções e dá lugar a julgamentos mais criteriosos sobre as futuras compras.

Os Novos Consumidores verificam rótulos, estudam conteúdos, comparam preços, examinam promessas, ponderam opções, fazem perguntas pertinentes e sabem quais são seus direitos legais. "A quantidade de pessoas que lê rótulos aumenta todos os anos" – diz o especialista em varejo norte-americano, Paco Underhill. "Estamos lendo rótulos com dados nutricionais. Estamos examinando cada rótulo e imaginando outros conteúdos. Em suma, estamos nos tornando consumidores melhores, mais ativos."

NOVOS CONSUMIDORES *VERSUS* VELHOS CONSUMIDORES

Em resumo, estes são os Novos Consumidores, pessoas a quem você venderá cada vez mais seus bens e serviços no futuro próximo. E você pode se incluir entre eles. A tabela abaixo resume as diferenças-chave entre os Novos e os Velhos Consumidores.

Velhos Consumidores	Novos Consumidores
Buscam conveniência	Buscam autenticidade
Sincronizados	Individuais
Envolvidos menos freqüentemente	Envolvidos
Conformistas	Independentes
Menos bem-informados	Bem-informados

Descrevendo os padrões de compra de Velhos Consumidores como sincronizados, quero dizer que é mais provável que eles sigam do que liderem, que sejam adotantes tardios de produtos e serviços inovadores e que se sintam mais à vontade e seguros com o *marketing mainstream** do que se aventurar por conta própria.

Essas características definidoras não devem ser vistas como categorias rígidas, mas sim como extremos opostos de um contínuo:

Pólo do Velho Consumidor	←→	Pólo do Novo Consumidor
Busca conveniência	←→	Busca autenticidade
Sincronizado	←→	Individual
Envolve-se com menos freqüência	←→	Envolve-se freqüentemente
Conformista	←→	Independente
Menos bem-informado	←→	Bem-informado

Embora uma minoria de consumidores possa passar a maior parte do tempo em um ou outro extremo desse contínuo, a maioria é capaz de migrar vários graus, em direção ao outro pólo, de acordo com as circunstâncias.

Em certas compras, os Velhos Consumidores, por exemplo, podem preferir a autenticidade à conveniência, assim como os Novos Consumidores às vezes optarão pela conveniência, em vez da autenticidade. Do mesmo modo, embora o desejo de se envolver com o processo de manufatura, ou o consumo, ocorra mais freqüentemente com os Novos Consumidores, ele não está totalmente ausente nos Velhos. Finalmente, ainda que produtos fabricados ou comercializados em massa sejam mais atraentes para os Velhos do que para os Novos Consumidores, estes poderão comprá-los, principalmente quando representarem boa economia de tempo.

O que diferencia os Novos dos Velhos Consumidores, portanto, não é a aceitação total, nem a rejeição completa de um dos pólos do contínuo, mas sua preferência por uma das extremidades e pelas características dos produtos ou serviços que eles provavelmente valorizam mais.

---

* *Marketing mainstream* refere-se ao marketing de linhas de produto já conhecidas e aceitas pelo público. (N. da T.)

A Alma do Novo Consumidor

OS NOVOS CONSUMIDORES SOMOS "NÓS"

O fato de você estar interessado na leitura deste livro sugere sua inclusão entre aqueles que apreciam tudo o que envolve o atendimento ao Novo Consumidor e acham a perspectiva intrigante, se não um pouco assustadora.

É intrigante devido às vastas oportunidades que oferece e assustadora porque você sabe a extensão do desafio que esses Novos Consumidores imporão às suas habilidades gerenciais, aos seus poderes de inovação e imaginação, bem como à sua coragem para aproveitar essas oportunidades.

Como explicado no prefácio, meu co-autor e eu nos consideramos Novos Consumidores. E você também pode fazer o mesmo, depois de ler um pouco sobre seus estilos de vida, atitudes e aspirações.

Mas, quer você se reconheça quer não entre eles, é essencial reconhecer o significado deles em seu negócio. Os Novos Consumidores chegaram e nada será como antes. Nos próximos anos, eles estarão dispostos a se tornar a força política e econômico-social dominante, ou a romper com qualquer empresa, de qualquer tamanho, a qualquer momento. Conscientes de que seu tempo e atenção serão escassos demais, eles desejarão que os anunciantes peçam permissão antes de se aproximarem, assim como esperarão ser recompensados por consentirem em dar uma olhada. Certas promoções que pressionam muito, provarão ser ineficazes em comparação ao boca a boca, básico, um tópico que examinaremos a fundo no Capítulo 5.

Artigos comercializados em massa serão deixados de lado e substituídos por lotes reduzidos – em alguns casos, limitados a um – de produtos altamente inovadores, originais e com a marca da autenticidade.

No momento em que produtos de alta qualidade e a preços baixos são esperados pelos Novos Consumidores exigentes, o desafio que as empresas enfrentam é perfeitamente resumido por Gary Hamel e Jeff Sampler:

> *Chega de prender as pessoas em comerciais de 30 segundos. Chega de balela. Chega de clientes ignorantes, de monopólios mais locais, de procurar custos, de "entre no carro e venha conosco". Se você está prestando atenção, deve estar suando*[7].

RESUMO

As quatro últimas décadas viram a evolução de um novo grupo de consumidores, cujo poder financeiro e influência estão dominando agora os mercados do mundo desenvolvido.

- Essa onda de mudanças, que se originou em condições sociais e econômicas alteradas após a Segunda Guerra Mundial, foi acelerada nos anos recentes com a chegada do e-commerce, o crescimento da Internet e o desenvolvimento da Nova Economia.

- Enquanto os Velhos Consumidores compravam pelo hábito e eram fortemente influenciados pela conveniência do marketing e do consumo de massa, os Novos Consumidores adotam, em relação ao consumo, uma atitude mais individual, envolvida, independente e informada.

- Enquanto os hábitos de compra dos Velhos Consumidores eram freqüentemente dominados pela escassez de produto, os Novos Consumidores sofrem de falta de tempo e de atenção. Para economizá-los, conseqüentemente, estão propensos a pagar preços mais altos.

- As empresas e os indivíduos que entendem essas necessidades, e podem atendê-las, são aqueles com mais probabilidade de prosperar na Nova Economia.

- Uma das diferenças mais significativas entre os Velhos e os Novos Consumidores é que estes desejam a autenticidade. O que isso significa na prática e os caminhos que as empresas podem percorrer nessa busca, para obter vantagens, serão explicados no Capítulo 2.

2

Persuadindo os Novos Consumidores: A Busca da Autenticidade

Só as empresas autênticas estão se mantendo. Se as pessoas acreditam que compartilham valores com uma empresa, permanecerão fiéis à marca.
Howard Schultz, *Starbucks*.

Em 1984, um ex-vendedor de plásticos chamado Howard Schultz visitou a Itália e teve uma idéia excelente. "Foi como uma epifania – relembra. Foi tão imediato e concreto, que fiquei tremendo."

Milão, uma cidade do tamanho da Filadélfia, tinha 1.500 cafés e, no país todo, havia cerca de 200 mil. Mas, o que mais fascinou e impressionou Howard Schultz foi a maneira ágil como os atendentes preparavam um café expresso ou um cappuccino:

O balconista movia-se com graça, enquanto moía os grãos de café, servia o expresso e acrescentava leite, ao mesmo tempo em que conversava alegremente com os clientes. Era um grande teatro[1].

De volta aos Estados Unidos, Schultz imaginou uma cadeia de cafés capaz de recriar a cultura das casas de café de Milão. Para assegurar que a Starbucks tivesse um caráter autêntico, desde o começo, deu destaque aos balconistas, como se eles estivessem no palco. Assegurou que fizessem seu trabalho com perfeição e inventou nomes exóticos, que pareciam italianos, para suas diversas bebidas. Um expresso duplo com leite, por exemplo, era um *doppio macchiato*.

Hoje, os lucros da Starbucks são cinco vezes maiores que a média do setor. A empresa nos ensina muito sobre o que é necessário ao desenvolvimento de um conceito de marketing adequado a tocar a alma do Novo Consumidor. Embora vendesse o que em essência era produzido e comercializado em massa, conseguiu recriar com arte o visual autêntico, o aroma e o cheiro das genuínas casas de café italianas. A decoração, que difere ligeiramente de um estabelecimento para outro, é em tons de marrom e laranja, com pequenas mesas e cestas de junco cheias de jornais. Graças ao clima tranqüilo, a Starbucks se tornou um "terceiro local" seguro (veja o Capítulo 6), uma área pública de fácil acesso e convidativa, onde os Novos Consumidores podem relaxar, encontrar amigos, aproveitar conversas agradáveis ou permanecer sozinhos, enquanto saboreiam o aroma e lêem um jornal.

O sucesso da Starbucks tem sido bom não só para Howard Schultz, como também para o comércio de café em geral, pois a noção de autenticidade que conferiu à marca foi estendida até mesmo a jarras alinhadas em gôndolas de supermercados. No início da década de 1990, apenas 3% do café vendido nos Estados Unidos tinha um preço diferenciado, ou seja, pelo menos 25% mais alto que as marcas de valor. Depois da Starbucks, a proporção está em torno de 40%.

Vijay Vishwanath e David Harding ressaltam:

> *Quando as empresas aumentam o diferencial de um produto por meio de inovações intrínsecas ou na maneira como ele é apresentado, toda a categoria pode colher recompensas e obter preços mais altos.*[2]

Como expliquei no capítulo anterior, é na busca da autenticidade que os Novos Consumidores diferem mais acentuadamente dos Velhos. Mas o que significa exatamente esse termo?

Você considera o salmão oriundo de piscicultura tão autêntico quanto aquele pescado no mar? Em caso afirmativo, sua opinião mudará se lhe disserem que a dieta do salmão criado em fazenda não fornece os nutrientes necessários para dar à sua carne a cor rosa que o distingue. Assim, ele deve ser alimentado com produtos químicos como a xanteína, para recuperar sua aparência "natural" (ou seja, autêntica)?

O *Oxford English Dictionary* define autenticidade como "genuíno, confiável, digno de confiança, verdadeiro, real, original e de crédito estabelecido", mas, como demonstrarei, a autenticidade de um produto ou serviço só pode existir, de fato, aos olhos do observador.

Anulando as fronteiras

A chave do grande sucesso comercial do filme *Bruxa de Blair*, de 1999, é que ele tinha o objetivo de enganar deliberadamente ou pelo menos confundir o público quanto à sua autenticidade.

"Queríamos saber o que aconteceria se você fizesse um filme que não desse ao público a menor idéia de que era ou não real, mesmo após a saída do cinema, pois nada no filme diz que ele é mentira" – declarou Eduardo Sanchez, co-autor e diretor do filme.

Bruxa de Blair foi filmado em Maryland com atores relativamente desconhecidos. Para dar um toque de autenticidade, seus nomes reais foram atribuídos aos personagens que representavam. Dois garotos e uma jovem, que formavam o elenco, foram abandonados em uma floresta, deixados à própria sorte, e eram deliberadamente assustados pelo pessoal da filmagem, que às vezes usava adaptações de técnicas utilizadas pelo exército norte-americano.

Com produção de US$ 22 mil, segundo dizem, equivalente a uma verba mínima em Hollywood, o filme obteve uma bilheteria superior a US$ 150 milhões, revelando-se o maior sucesso comercial da história do cinema, devido, em grande parte, à indistinção deliberada entre farsa e realismo.

"A atuação é real, a luz é real, o trabalho de câmera é real, a qualidade do videoteipe é real. O fato de todo o nosso filme ser realizado com a filmadora na mão, como em um filme caseiro, faz com que atraia as pessoas mais facilmente e consiga realmente enganá-las" – diz Sanchez.

Não menos intrigante que a construção da "autenticidade" do filme foi a maneira encontrada para gerar interesse por ele, especialmente entre os Novos Consumidores, jovens norte-americanos influenciados pelo boca a boca, em lugar de certas promoções. Esse é um assunto ao qual voltarei no Capítulo 5. A construção e subseqüente "comoditização" da autenticidade podem ser aplicadas a uma ampla variedade de produtos e serviços, como mostram os exemplos a seguir.

Criando uma cerveja autêntica

Antes da década de 1970, não havia marcas fortes de cerveja inglesa. Cada região produzia o próprio malte, cuja popularidade era uma questão tanto familiar como regional. Os homens de Yorkshire tomavam cervejas de Yorkshire porque seus pais e avós sempre tomaram. Essas cervejas eram, portanto, consideradas produtos regionais autênticos e razão de orgulho local.

O cenário mudou radicalmente com a chegada de marcas maiores, no final da década de 1970 e início dos anos 80. A autenticidade das novas marcas foi obtida com uma de duas premissas: que vieram de países tradicionais na fabricação de cerveja, como Alemanha e Dinamarca, ou de lugares como os Estados Unidos (Budweiser), Irlanda (Guinness) e Austrália (Fosters), cujos habitantes são reconhecidos como consumidores de cerveja de categoria internacional.

Graças à sua localização precisa (uma das rotas para a autenticidade, descrita mais adiante, neste capítulo), essas cervejas passaram a ser vistas como autênticas pela maioria dos consumidores. Eles ajudaram a transformar a cerveja, pouco atraente e fora de moda, em uma bebida jovem, legal, um acontecimento. As novas cervejas passaram a ser rapidamente a opção dos Novos Consumidores, que desejavam romper com a tradição e expressar sua individualidade e independência. No terceiro estágio de desenvolvimento, os fabricantes introduziram as cervejas claras, com embalagens diferenciadas. A embalagem original e inovadora de algumas, como a Sol e a Grolsch, ajudou a destacá-las (mais uma rota para a autenticidade). Outras, como a Becks, usaram garrafas com designs que, nas palavras de John Grant, "reforçaram sua autenticidade natural, da mesma forma que os jeans"[3].

Por volta de 1990, a roda completava o círculo, com forte reação do consumidor às cervejas populares, com marcas regionais, como John Smiths, Tetley's e Boddingtons (o que havia de melhor em Manchester), sendo comercializadas nacionalmente. Cada uma delas conquistou autenticidade valendo-se da imagem tradicional, que teve o dom de recuperar a masculinidade essencial da cerveja, bebida procurada por uma crescente cultura jovem, cada vez mais assertiva e "feminina".

Na ocasião em que escrevíamos este livro, a busca pela autenticidade por parte dos Novos Consumidores levou-os a escolher cervejas preparadas em microcervejarias ou produzidas em países sem tradição no ramo, como o Japão, por exemplo. No futuro próximo, no entanto, espero ver um interesse crescente no preparo de cervejas autênticas em casa, à medida que a tecnologia torne o processo suficientemente simples e rápido, atraente para os Novos Consumidores que dispõem de pouco tempo.

As falsificações autênticas de Tom Keating

Em 1976, houve um escândalo no mundo da arte, após a descoberta de que uma pintura de um artista inglês do século XIX, que pintava paisagens, Samuel Palmer, vendida em leilão por aproximadamente 10 mil libras, era falsa.

Tom Keating, um conhecido restaurador de quadros, confessou a falsificação daquela pintura, além de mais oito obras que levavam a assinatura de Palmer. Estimou que havia cerca de 2.500 falsificações suas em galerias e coleções particulares no mundo todo. Ele foi preso e julgado, mas todas as acusações foram retiradas mais tarde, devido à sua saúde precária.

O aspecto mais intrigante dessa história não é que muitos críticos e colecionadores conhecedores de pintura foram enganados pelas falsificações de Keating, mas que suas pinturas logo se tornaram valiosas e muito procuradas, não como trabalhos autênticos de pintores famosos, mas como falsificações autênticas de um falsificador famoso.

Se você consegue ter falsificações genuínas, também pode transformar o *kitsch* em arte autêntica, simplesmente alterando a maneira como ela é feita?

Flores artificiais – arte autêntica ou *kitsch* seleto?

Alguns anos atrás, em uma palestra sobre autenticidade, na Flórida, pedi aos participantes para citarem produtos que não consideravam autênticos. Uma viúva rica, com seus 60 anos, mencionou sua profunda aversão por flores artificiais, que ela considerava um exemplo supremo de tudo o que é inautêntico.

Ao aceitar o convite para visitar seu exuberante apartamento de frente para o mar, fiquei surpreso ao encontrar buquês de botões artificiais decorando todos os cômodos. Quando questionei sua clara contradição, ela respondeu, em tom confrontador, que se referia, por "inautêntico", ao tipo produzido em massa, grosseiro, disponível em lojas populares. Os botões dela, disse-me indignada, eram obras de arte, confeccionados em cera, um a um, e custavam uma pequena fortuna.

O potencial de marketing da pseudo autenticidade na Nova Economia é bem-ilustrado por planos de construir, por US$ 600 milhões, uma réplica exata do Titanic[4].

Duas empresas, uma sul-africana e outra suíça, estão atualmente em estágios avançados de projetos que visam construir uma embarcação que siga o projeto original do Titanic da forma mais exata possível. Seus planos incluem dotar o navio de motores a vapor acoplados a modernos motores a diesel. Uma das principais razões para a perda de mais de 1.500 vidas, em 1912, foi que a embarcação original era equipada com barcos salva-vidas em número insuficiente. Para manter a exatidão da réplica, muitos dos barcos salva-vidas serão escondidos atrás de telas de metal. Com o objetivo de acrescentar mais autenticidade ao projeto, a empresa suíça comprou o nome, que pertencia à White Star Line, proprietária do malfadado original. Por sua vez, a sul-africana RMS Titanic Shipping Holdings fez contato com Harland & Wolff, o estaleiro de Belfast que construiu o navio naufragado.

Os patrocinadores esperam não só a venda de todos os lugares reservados aos passageiros, como estimam que poderão ganhar mais US$ 100 milhões em merchandising, que inclui tudo, de camisetas a bonés.

A ATRAÇÃO PELA AUTENTICIDADE

Por que os Novos Consumidores anseiam tanto possuir e experimentar o autêntico, mesmo quando essa autenticidade é conseguida com dificuldade e se mostra totalmente artificial?

A resposta mais óbvia é que os produtos e serviços "autênticos" valorizam o dinheiro, pois apresentam qualidade superior, são mais confiáveis e provavelmente mantenham seu valor com o tempo, ou até mesmo aumentem a recompensa do investimento. Embora essa análise pareça completamente verdadeira, não é a única consideração a ser feita, nem a mais importante, em várias situações. Muitos produtos que os Novos Consumidores rejeitam como inautênticos apresentam a mesma qualidade e confiabilidade, além de valorizar o dinheiro, da mesma forma que aqueles portadores de uma aura de autenticidade.

Além disso, as variações de design e manufatura, que distinguem os dois, são em geral tão sutis – lembre-se do "narcisismo de pequenas diferenças" de Freud, ao qual me referi no Capítulo 1 – que apenas um especialista notaria qualquer diferença. Subjacente à atração pela autenticidade, portanto, há algo muito mais essencial para a alma dos Novos Consumidores: a auto-realização. Em busca do autêntico, os Novos Consumidores na verdade estão procurando se descobrir. Não como as pessoas que sentem ser neste momento, mas como homens e mulheres que gostariam de ser, ampliando o sentimento de que têm o poder para essa transformação.

AUTENTICIDADE, ALIENAÇÃO E AUTO-REALIZAÇÃO

À medida que o Ocidente começou a passar pelo Tesarac, as regras e convenções sociais, que durante décadas ajudaram as pessoas a estabelecer e a manter sua noção de identidade, começaram a ser derrubadas, provocando um distanciamento entre dois aspectos-chave da auto-imagem. De um lado dessa divisão está nossa individualidade real, a pessoa que percebemos ser, e do outro está nossa individualidade ideal, a pessoa pela na qual lutamos para nos transformar. Essa individualidade ideal serve como um sinalizador que nos orienta para nossos objetivos na vida. Nas palavras do psicólogo de Harvard, Gordon Allport:

> *Pode-se dizer que toda personalidade madura viaja para um porto, um destino previamente selecionado, ou para vários portos em sucessão, de modo que sua individualidade ideal atua com o fim de manter o curso idealizado*[5].

O psicólogo americano Abraham Maslow, fundador da escola humanista de psicologia, define como auto-realização essa luta contínua pela individualidade ideal. Maslow alega que, para atingirmos a auto-realização, devemos ascender na pirâmide de necessidades humanas. Não se pode esperar que apreciemos a beleza, por exemplo, se cada despertar envolve uma batalha desesperada para saciar a fome e a sede. Do mesmo modo, é difícil até mesmo prestar atenção a um livro informativo quando se está com frio, calor demais ou se corre perigo físico. Uma vez que cada um de nós deve seguir a própria trajetória para a realização pessoal, quanto mais ascendemos na hierarquia, mais as necessidades se ligam intimamente a nossas experiências de vida.

> *A auto-realização é idiossincrásica, uma vez que toda pessoa é diferente...*
> *O indivíduo (deve realizar), o que está preparado, individualmente, para fazer.*
> *O que um homem tem condições de ser, ele deve efetivar*[6].

Conforme a abundância no mundo desenvolvido reduz a necessidade de lutar pelas necessidades básicas, os Novos Consumidores se liberam para dedicar mais tempo, esforço e energia com o objetivo de eliminar a distância entre sua individualidade real e ideal. Sua busca pela autenticidade deriva de sua luta incansável pela auto-realização.

Infelizmente, quanto mais lutamos para atingir nossa individualidade ideal, mais longe ela parece estar e maior se torna a distância entre ela e a individualidade real. O fenômeno leva a sentimentos de alienação, à medida que nos vemos cada vez mais separados, não só de nossa individualidade ideal, como até mesmo do que é mais íntimo para nós. Padre Joseph Keegan afirma que, fora de si mesmos, falta ao homem e à mulher modernos:

> *uma causa, uma questão contundente, um grupo com o qual ele possa se identificar verdadeiramente. Assim, perdido e em dificuldades, sua identidade básica desaparece ou se torna tão nebulosa a ponto de ser praticamente inexistente.*

Embora eu considere essa visão excessivamente pessimista, é evidente que um grau de alienação permeia a vida até mesmo de pessoas aparentemente bem-sucedidas e ambiciosas. Bruce Mazlish, historiador do MIT, comenta:

> *Enquanto... o século XIX foi marcado pelas neuroses clássicas de histeria e obsessão, o século XX é caracterizado por distúrbios narcisistas, a "individualidade vazia"[7].*

Essa crise de identidade ocorre inevitavelmente em qualquer sociedade que passa por um Tesarac. À medida que os papéis sociais se tornam menos claros, as regras e convenções que regulavam a vida dos indivíduos não se aplicam mais. Zygmunt Bauman, autor de *Intimations of Post Modernity*, considera que, pelo menos nas sociedades ocidentais, o trabalho ético foi substituído pela ética do consumidor:

> *O mesmo papel central que foi desempenhado na sociedade moderna pelo trabalho, emprego, ocupação, profissão, agora é exercido, na sociedade contemporânea, pela escolha do consumidor. Era um elemento essencial que ligava, no primeiro nível, vida-experiência: o problema da auto-identidade, vida-trabalho, negócio-vida. No segundo nível, vinha a integração social. E no terceiro, a produção sistemática.*

Outros escritores, como David Corten, sugeriram que nossa busca pela riqueza material e posses reflete uma tentativa de preencher um vazio deixado em nossa vida pela falta de amor:

> *Essa é uma conseqüência de sociedades onde os fatos sociais não estão sincronizados e nas quais o dinheiro tem deslocado nossa noção de ligação espiritual como base de nossos valores culturais e relacionamentos[8].*

Corten considera que essa luta incansável pelo dinheiro cria um afastamento cada vez maior entre os indivíduos, suas famílias e comunidades. O resultado é o agravamento da alienação, levando a uma noção interna de vazio social e espiritual.

LIGAÇÃO E AUTENTICIDADE

Em um ensaio escrito no século XVIII, o escritor francês Denis Diderot descreve sua alegria ao ganhar um roupão novo, maravilhoso. Infelizmente, ao lado dessa peça magnífica, suas outras roupas pareceram tão pobres que ele acabou substituindo-as uma a uma. Não demorou para a insatisfação de Diderot crescer tanto, que ele substituiu quase tudo o que tinha, inclusive móveis, quadros, enfeites e até sapatos. Quando a transformação se completou, Diderot refletiu nostalgicamente sobre o quanto se sentia mais feliz e confortável em sua antiga sala de trabalho, mais humilde, lotada e caótica. "Agora a harmonia está destruída" – escreveu tristemente. "Agora não há mais consistência, unidade e beleza."

O lamento de Diderot ilustra o fato de que o consumo não envolve uma série de compras não relacionadas, mas uma necessidade de atingir consistência entre e dentro de uma variedade sempre crescente de posses.

Grant McCracken descreve os objetos dos quais nos cercamos como "boletins informativos para as mensagens internas e outdoors para as mensagens externas". Essas mensagens, acredita, não são comunicadas por um único elemento, mas por todos os objetos que funcionam em conjunto, um efeito que ele denomina unidade Diderot. Uma vez que essa unidade desaparece, depois que um único elemento muda à nossa volta, a harmonia é desfeita e novas mudanças se tornam inevitáveis. "De acordo com essa visão – dizem Yiannis Gabriel e Tim Lang – as compras individuais não são motivadas pela inveja, pela competição ou exibição social, mas por uma necessidade de consistência e completude." As pessoas também são motivadas a comprar ou experimentar produtos e serviços que as agradem e que percebam como autênticos.

Em um de diversos experimentos que conduzi, a fim de explorar a relação entre gosto e autenticidade, pedi aos Novos Consumidores para classificarem sua apreciação por uma pequena garrafa de vidro verde em uma escala de 1 (não gosto) a 5 (gosto muito). Alguns não receberam qualquer informação sobre a história da garrafa, enquanto outros foram informados de que fora descoberta nas ruínas de Pompéia, a antiga cidade de Campânia, submersa pela erupção do monte Vesúvio no ano 79. Aqueles que acreditaram estar segurando uma relíquia autêntica da catástrofe, classificaram sua apreciação entre 4 e 5, e vários demonstraram entusiasmo pela beleza da pátina, a elegância do design e o brilho da cor. Quando lhes foi perguntado quanto pagariam pela peça, muitos fizeram ofertas que chegaram a centenas de dólares.

Nenhuma das pessoas sem informação sobre a origem do frasco expressou qualquer apreciação particular por ele (classificações 1-2), considerou-o especialmente atraente ou demonstrou interesse em adquiri-lo. Assim, parece claro que, como regra geral, se percebemos a autenticidade de algo, é mais do que provável que gostemos dele.

Na outra parte do experimento, testei a extensão em que a apreciação pode fazer um produto parecer mais autêntico. Pedi aos mesmos Novos Consumidores para classificarem, de modo similar, seu conceito em relação a uma pequena figura incrustada em material marinho. Foram informados de que se acreditava ter vindo do Titanic e solicitados a classificar o quanto consideravam isso verdadeiro. Aqueles que mais gostaram do objeto mostraram-se inclinados a acreditar na afirmação mais do que os que não simpatizaram com ele. Entretanto, as pessoas indiferentes, mas (classificação 3) que acreditaram na história, aumentaram sua apreciação, enquanto os que não acreditaram na história passaram a depreciá-lo ainda mais.

O mesmo experimento, conduzido entre Velhos Consumidores, mostrou que eles são muito menos afetados pela procedência. Aqueles que receberam informações sobre a idade e as origens da pequena garrafa de vidro verde, consideraram as informações "interessantes", o que não aumentou sua apreciação pelo frasco. Do mesmo modo, sem considerar o quanto gostavam ou não da estatueta, mostraram mais inclinação a aceitar a história de que tinha vindo do Titanic, sem contudo valorizá-la. Em outras palavras, a "autenticidade" atribuída ao objeto, por sua suposta origem, provocou muito menos impacto nos Velhos do que nos Novos Consumidores.

A conclusão de que a apreciação de um produto ou serviço incentiva os Novos Consumidores a considerá-lo autêntico é válida também para as marcas. Aquelas que demonstram oferecer um produto ou experiência altamente autêntico, como a Disney, Apple, Virgin Atlantic, Starbucks e The Body Shop, estão entre as empresas mais apreciadas.

A associação entre a preferência do consumidor e sua identificação com determinada marca foi demonstrada em um interessante estudo de Mark DiMassimo, da agência DiMassimo Brand Advertising, com sede em Nova York[9]. Em 1999, quando Clinton estava profundamente envolvido na crise do *impeachment*, a DiMassimo analisou a opinião de usuários de diferentes marcas em relação ao presidente.

Descobriu que 84% dos consumidores regulares de sopas Campbell apoiavam a saída de Clinton, representando a porcentagem mais alta entre as marcas incluídas no estudo. Também apoiavam fortemente o *impeachment* os consumidores fiéis aos hot dogs Oscar Mayer (79%), ao limpador Fantastik (76%) e ao detergente Tide (75%). DiMassimo comentou que todas essas marcas anti Clinton têm longa tradição de confiança do consumidor:

> *Elas existem há muito tempo. Quem sabe por que as pessoas gostam do Tide? É apenas uma marca, um simples ícone. Logo, as pessoas que são fiéis a esse tipo de marca são fiéis de modo geral.*

Portanto, sua tendência é ser menos tolerantes que a maioria, frente a um presidente que trai sua mulher e mente sobre o caso.

Os clientes regulares do Burger King encabeçaram a lista dos que apoiavam Clinton, com 79%, seguidos pelos usuários da Apple Computer (67%), um produto que, como explica DiMassimo, "poderia ter desaparecido várias vezes, sendo, no entanto, marca que as pessoas adoram, apesar de suas fraquezas como negócio".

Em grande parte, é a capacidade da marca em desencadear certas reações emocionais que lhe dá vantagem sobre produtos e serviços menos conhecidos. Bob Pittman, executivo da AOL, comentou:

> *Lembro as pessoas o tempo todo de que a Coca-Cola não passa pelo teste do sabor. A Microsoft não é o melhor sistema operacional. São as marcas que vencem.*

A escolha das marcas e a disposição para experimentar uma nova marca, portanto, dependem da intensidade com que o consumidor se identifica com a personalidade desenvolvida para aquele produto ou serviço. Se a "personalidade" da marca parece diferente de nós, é menos provável que a compremos. O tipo de "personalidade" que determinada marca desenvolve depende, em grande parte, das histórias que os anunciantes e profissionais de marketing decidem tramar a seu respeito.

AUTENTICIDADE, CREDIBILIDADE E EXPERIÊNCIA

Há exceções à regra geral de que a preferência, a autenticidade e a credibilidade estão altamente relacionadas. Paradoxalmente, podem surgir circunstâncias em que ser intensamente aversivo pode aumentar a credibilidade. Alguns anos atrás, por exemplo, um amigo meu envolveu-se em um processo judicial e me pediu para acompanhá-lo, quando foi conhecer o advogado que conduziria seu caso. O homem foi extremamente grosseiro com meu amigo, fazendo-o passar por um crivo de pôr os nervos à flor da pele e tratando-o com um desprezo indisfarçável. Quando saímos, embaraçados com o choque do encontro, perguntei a meu amigo se ele ainda pretendia contratar os serviços do advogado.

"Claro – respondeu entusiasticamente –, uma pessoa tão desagradável só pode ter conseguido tamanha ascensão profissional se for absolutamente brilhante! Além do que – acrescentou compenetrado –, se consegue ser desagradável a esse ponto com seu cliente, imagine como será com a oposição!"

Um estudo de 1991, realizado por Roobina Ohanian, professora-associada de marketing na Emory University, demonstrou como uma experiência pode superar a aversão pessoal por um indivíduo[10]. Ela estudou até que ponto celebridades influenciam a intenção dos consumidores de comprar certos produtos, usando os exemplos de John McEnroe (promovendo raquetes de tênis), Tom Selleck (colônia masculina), Madonna (jeans) e Linda Evans (perfume).

Os resultados, mostrados nos gráficos a seguir, indicam como a preferência e a credibilidade caminham juntas, de modo significativo. Mas note também que, embora John McEnroe tenha recebido baixa pontuação pela confiança que transmite e por sua atração física, que são dois elementos-chave da preferência, essas classificações foram ultrapassadas pela experiência. Tal fato deu aos seus comerciais uma das classificações mais altas de "intenção de compra" dentre as quatro celebridades.

Credibilidade, autenticidade e **granfalloons**

O romancista Kurt Vonnegut cunhou o termo *granfalloons* para definir os grupos com os quais nos identificamos mais prontamente. Já nascemos identificados com algumas pessoas, sendo os nossos familiares as mais importantes. E nos identificamos com outras, embora, ao fazermos a escolha, sejamos fortemente influenciados pelos *granfalloons* aos quais pertencemos. Fazer parte de uma grande família, em vez de ser filho único, por exemplo, nos torna mais atraídos por grupos como times esportivos ou equipes atléticas. Quanto maior nossa noção de identidade com um indivíduo ou grupo, mais propensão teremos a usar seus símbolos e mais os protegeremos se forem hostilizados. Curiosamente, essa força de sentimento age desconectada da maneira como nos tornamos envolvidos com nosso *granfalloon* particular.

Mesmo quando não são claras nem significativas as razões que temos para pertencer a um determinado grupo, ainda assim nos identificamos com ele. Em um estudo, pessoas totalmente estranhas foram aleatoriamente encaminhadas a diversos grupos. Rapidamente elas desenvolveram uma forte identificação com os companheiros.

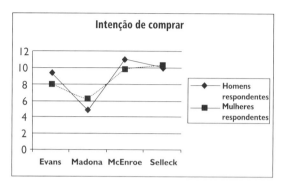

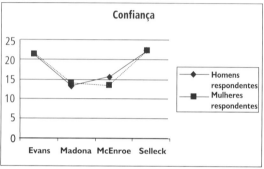

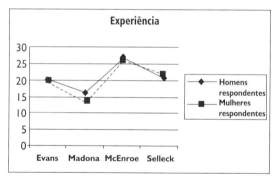

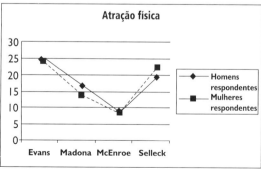

Isso significa que qualquer produto ou marca que associemos a um *granfallon* importante em nossa vida, seja família, equipe de esportes, seja grupo de amigos, por exemplo, será visto como agradável e digno de crédito. Os associados a um *granfallon* rival, por outro lado, poderão ser rejeitados e não merecer nossa confiança, com base apenas nessa circunstância.

Um exemplo de *granfalloon* comercial é fornecido pelos círculos de compra estabelecidos pela Amazon.com, que vende livros pela Internet. Eles permitem aos leitores descobrir o tipo de livro que as pessoas de sua cidade, local de trabalho ou faculdade estão lendo. Os círculos de compras são criados aplicando-se uma fórmula matemática para dados anônimos derivados de nomes de domínio e códigos de endereçamento postal. Como resultado, aparece uma lista de *bestsellers* dentro de um *granfalloon* específico, como a cidade de Nova York, a Oracle Corporation ou a Harvard Business School, em vez de refletir os hábitos de compra do público em geral.

As suposições que fazemos sobre gostar ou não gostar, confiar ou desconfiar de uma pessoa ou produto, com base em suas atitudes e atributos percebidos, são simplesmente suposições baseadas na janela particular pela qual um de nossos *granfalloons* importantes vê o mundo. Isso, por sua vez, se relaciona ao gosto de cada indivíduo, um conceito de marketing crucial na Nova Economia, que examinaremos detalhadamente no Capítulo 4.

A mensagem para os fabricantes e anunciantes é clara. Se os Novos Consumidores gostam de sua empresa e do que ela desenvolve, é mais provável que vejam seus produtos e serviços como autênticos. Há também uma possibilidade maior de demonstrarem fidelidade sincera, e não uma falsa fidelidade à sua empresa, assunto que discutiremos mais profundamente no Capítulo 9.

AUTENTICIDADE E CONTADORES DE HISTÓRIAS

Vivemos um tempo em que mais histórias estão sendo contadas, por mais contadores de histórias, a um número maior de pessoas e a distâncias maiores do que em qualquer outra época. Algumas são totalmente verdadeiras, muitas claramente falsas, e a maioria parece situada entre os extremos.

Não há nada de novo no fato de a humanidade ser entretida, informada, guiada e persuadida por histórias. De fato, como Joseph Campbell destaca em seu livro *Creative Mythology*:

> *A ascensão e queda das civilizações, no longo e largo curso da história, podem ser vistas, em grande parte, como sendo uma função da integridade e do poder de argumentação dos cânones que sustentam seus mitos; pois não é a autoridade, mas sim a aspiração que age como elemento motivador, construtor e transformador de civilizações.*

Ao contrário das histórias do passado, entretanto, muitas lendas modernas são criadas em torno de um produto ou serviço que oferece a possibilidade de uma transformação instantânea e de fácil acesso. O meio utilizado para transformar essa história em realidade consiste em tornar seu resultado parte e conjunto da experiência pessoal do ouvinte.

Uma das primeiras a reconhecer e a explorar esse elemento crucial da modernas histórias comerciais foi Shirley Polykoff, uma assistente de redação da agência de propaganda Foote, Cone & Belding. Em 1956, a Clairol se preparava para lançar o primeiro produto que permitia às mulheres clarear e tingir simultaneamente o cabelo com um xampu-condicionador, sem sair de casa.

Quando a incumbiram de gerenciar a conta, Shirley Polykoff lembrou-se de um incidente ocorrido na ocasião em que um namorado a levou para conhecer sua mãe. A mulher olhou desconfiada para a visitante e, em seguida, perguntou ao filho: "Ela tinge o cabelo"?

Shirley pertencia aos 7% de mulheres norte-americanas que tingiam o cabelo e essa pergunta a aborreceu, pois havia na época um estigma considerável ligado a esse procedimento. Era algo que uma boa menina não fazia, assim como o sexo antes do casamento! Com base em sua experiência, e tendo em vista o novo cliente, Shirley decidiu incorporar essas preconceituosas suspeitas a uma história que girava em torno da decisão de se tingir o cabelo. Uma menina "típica da vizinhança" foi fotografada com duas pessoas olhando para ela e perguntando: "Será que ela faz isso ou não"?

Em síntese, a história sugeria que, graças ao Clairol, a cor autêntica do cabelo podia ser alterada com tanta facilidade e de forma tão convincente, que nem mesmo um homem que abraçasse uma mulher com cabelos tingidos notaria a diferença. Estava contada uma história poderosa. Tanto que, durante 20 anos, Polykoff trabalhou com esse cliente, aumentou a proporção de mulheres norte-americanas que tingiam cabelo para 40% e transformou a tintura de cabelo em uma indústria de bilhões de dólares.

Mas a história de Polykoff, embora fosse perfeita em vários aspectos, continha uma desvantagem implícita: "Você pode atingir o que quiser utilizando um subterfúgio" –

dizia o subtexto, levantando uma questão: se você alcança o sucesso dessa forma, como saberá se foi você ou a falsificação que fez a diferença?

Na década de 1970, o poder crescente dos Novos Consumidores que querem alcançar o sucesso de forma verdadeira, e não por meio de ardis, sinalizou a necessidade de um tipo diferente de história. Em 1973, trabalhando com a conta da L'Oréal Preference, Ilon Specht, uma redatora de 23 anos da agência de propaganda McCann-Erikson, com sede em Nova York, apresentou sua idéia.

Ilon se lembra claramente do momento em que criou a história. Com um prazo de quatro semanas para redigir, e sem noção clara do rumo que a campanha tomaria, foi convocada para uma reunião urgente. Havia só homens na sala, todos muito mais experientes do que ela em propaganda. Discutiam conceitos e estratégias que deixavam Ilon cada vez mais irritada.

> *Percebi que eles tinham uma visão tradicional das mulheres e eu achava que não devia criar uma propaganda sobre como parecer bonita para os homens e era isso que eles estavam debatendo. Pensei: "Danem-se". Escrevi o texto em cinco minutos. Foi muito pessoal. Sou capaz de dizer de cor o comercial todo, pois estava indignada quando o escrevi[11].*

O slogan que Ilon criou era: "Porque eu mereço".

Hoje, de cada dez mulheres norte-americanas, sete associam essa mensagem à L'Oréal. Para uma marca, trata-se de um feito notável. Para um slogan de propaganda, é uma conquista quase sem precedentes.

Shirley Polykoff e Ilon Specht desenvolveram um gênero de comercial com histórias que, pela primeira vez, levaram em consideração a psicologia do consumo. Essa visão inovadora reconhecia que, para persuadir principalmente os Novos Consumidores a comprar, era necessário criar uma história não só com forte apelo emocional, como também capaz de comunicar uma mensagem autêntica. A descoberta permanece tão verdadeira na Nova Economia quanto na época em que Polykoff escreveu o seu comercial.

Uma das grandes ironias na atual época de progresso tecnológico sem precedentes é que as emoções humanas continuam a desempenhar um papel primordial no sucesso comercial de muitos produtos e serviços. Rolf Jensen, em *The Dream Society*, diz:

> *O lucro será gerado pelo conteúdo emocional do produto em si. As empresas se tornarão donas da história, em vez de donas do produto, e serão capazes de enxertar novos produtos às histórias existentes.*

As empresas de telecomunicação, por exemplo, poderiam elaborar histórias sobre amizade e amor, como faz a British Telecom, cuja propaganda busca reforçar os vínculos sociais e familiares.

A Caterpillar, fabricante de tratores, vende sapatos com sola de borracha, alimentando uma história de "trabalho duro". O homem da Marlboro distanciou-se dos cigarros para incluir em sua história uma variedade de roupas. Já os clientes da Body Shop compram suas convicções juntamente com os produtos da marca.

Jensen prevê que dentro de uma década pode haver cerca de 5.000 empresas com histórias próprias. Mas, para impressionar e persuadir, elas devem superar o obstáculo inicial que sempre confrontou todo contador de histórias de todas as épocas. Primeiro você precisa atrair a atenção dos ouvintes, para depois convencê-los de que a história é tão fascinante, importante e relevante, que eles deveriam ouvi-la. Para os modernos contadores de histórias, o problema é que tanto a atenção como o tempo estão menos disponíveis que antes e a competição por eles, mesmo em pequenas quantidades, está muito acirrada.

No Capítulo 3 examinarei detalhadamente os tipos de escassez da Nova Economia e darei sugestões de maneiras práticas para conquistar uma justa parcela deles.

AUTENTICIDADE – O PASSAPORTE DE SUA EMPRESA PARA A PROSPERIDADE

Na próxima década, as empresas que estão gerando apenas artigos de massa podem acabar lutando para sobreviver em um mercado cada vez mais dominado pela intensa competição global e pela queda de preços, enquanto prosperarão as capazes de satisfazer o apetite dos Novos Consumidores pela autenticidade.

O impulso dos Novos Consumidores pela autenticidade, por exemplo, estende-se ao desejo dos telespectadores de consumir programas que apresentem pessoas "autênticas", isto é, reais. A fórmula levou ao sucesso internacional programas como *Big Brother* e *Survivor*, ou *Who Wants to Be a Millionaire?*, um programa de perguntas e respostas com estilo minimalista, quase singular, que enfoca os participantes e suas reações ao ganharem ou perderem grandes quantias de dinheiro.

Há cinco caminhos, ou "rotas" que os fabricantes e os prestadores de serviços podem seguir para imprimir o "selo" de autenticidade em seus produtos.

Rota um: Dê um lugar de origem ao seu produto

Reivindicando um bom lugar de origem para seus produtos ou serviços, as empresas podem adquirir para sua marca uma autenticidade que é negada às concorrentes, mesmo quando parecerem idênticas. Exemplos são relógios suíços, vinhos franceses, uísque de puro malte escocês, queijos holandeses, seda tailandesa e artigos em couro espanhóis.

A água de torneira de um reservatório anônimo é um artigo sem procedência, que não atrai um preço adicional. A água engarrafada, por sua vez, impõe um preço alto simplesmente por ser proveniente de um local, dizem, que lhe confere propriedades especiais. A promoção da Evian, por exemplo, afirma ser ela originária dos Alpes franceses, onde é produzida "pela neve e pela chuva que se filtram lentamente nas formações glaciais ricas em minerais". O resultado é uma água autêntica e muito procurada, servida nos melhores restaurantes.

Escolher o local certo para gerar produtos ou prestar serviços não é, de forma alguma, uma questão simples, uma vez que em muitos casos pode fazer a diferença entre o sucesso e o fracasso. Howard Schultz localizou firmemente a Starbucks em Milão, a capital da cultura de café.

Rota dois: Situe seu produto no tempo

Os produtos situados em uma época específica apresentam maior probabilidade de serem vistos como autênticos, mesmo que no passado tenham sido meros artigos de consumo em larga escala. O próprio período é menos importante que a associação e pode variar desde o antigo (com mais de um século) até o *avant garde* (de vanguarda). Interessa é que a ligação a um período específico seja estabelecida e pareça digna de crédito. Como os Novos Consumidores têm se tornado cada vez mais influentes, passou a ter valor de mercado até mesmo o passado recente.

No entretenimento e na música, os anos 50, 60, 70 e até 80 foram revividos e alguns eventos importantes, como o festival de música Woodstock, foram recriados para satisfazer à demanda pela autenticidade. Muitas das maiores bilheterias dos últimos 10 anos, por exemplo, foram novas versões de antigos programas de televisão, como *Batman, Perdidos no Espaço, Missão Impossível, Os Flintstones* e *Jornada nas Estrelas*.

O valor do tempo como formador da autenticidade também se reflete na explosão, verificada na última década, dos estilos retrô e fashion. Nos Estados Unidos, um dos fenômenos recentes mais marcantes do varejo tem sido o sucesso das lojas Restoration Hardware, fundadas por Stephen Gordon. Suas 65 lojas, em todo o país, trabalham com itens que induzem à nostalgia, como toalhas de saco Jumbo Jerry, "de uma época em que fazer, às vezes fazia sentido", e os sistemas mecânicos Atomic Robots, dos anos 60. Apaixonado pelo passado, Stephen Gordon descreve suas lojas como "pontos de vista" e expõe nas prateleiras tudo que valoriza pessoalmente, de cadeiras Tiburon ao iô-iô original, Duncan, de 1955. O elemento que liga esses itens díspares e cria uma linha direta entre o sentimento e o bolso é – evidentemente – a autenticidade.

Rota três: Torne seu produto digno de crédito

Como mencionei antes, os Novos Consumidores tendem a ser muito menos confiáveis que os Velhos. Uma vez que suspeitam mais da autoridade em geral, não ficam impressionados quando alguém lhes diz algo. Eles querem evidências concretas de que as coisas são mesmo como dizem, antes de considerarem se merecem ou não seu crédito. Os Velhos Consumidores, em contraste, costumam aceitar um padrão de prova menos rigoroso para alegações.

Agora, quando se julga a autenticidade, é de primordial importância, para ambos os grupos, a credibilidade da fonte, que é onde reside a principal diferença. Os Velhos Consumidores podem acreditar totalmente no argumento estampado em um tablóide de supermercado, embora tal mensagem possa ser desconsiderada, ou pelo menos vista com grande suspeita pelos Novos Consumidores. Estes, por outro lado, talvez acreditem piamente em alegações similares publicadas no *New York Times* ou em *The Economist*, publicações tidas como fontes autênticas de informações exatas.

Algumas empresas importantes têm CEOs cujas imagens saltam da imprensa de negócios para as páginas da *Hello* e *OK!* As especulações sobre o balonismo de Richard Branson, da Virgin, a nova mansão luxuosa de Bill Gates, da Microsoft, e as expedições de Anita Roddick – da The Body Shop – a florestas remotas em busca de novos produtos têm rendido milhares de colunas nessas publicações. Mas esses CEOs muito destacados somente podem dar credibilidade e autenticidade a um produto se eles próprios forem considerados autênticos e dignos de crédito. Se deixarem de ser bem-vistos pelo público, a visibilidade, antes lucrativa, passa a funcionar contra a empresa.

Rota quatro: Torne seu produto original

Quando Matt Groening criou o desenho animado *Os Simpsons,* para a televisão, escolheu deliberadamente um estranho esquema de cores para a apresentação do programa se sobressair. Os telespectadores, que estão sempre mudando de canal devido à "mesmice" dos programas, passam a considerá-los meros artigos de consumo em larga escala. *Os Simpsons*, com seu jeito chamativo de personagens amarelos em ambientes multicoloridos, são suficientemente originais para captarem a atenção e serem considerados uma autêntica obra de arte.

Mesmo o mais comum e funcional dos produtos pode ser dotado de autenticidade se tiver habilidade suficiente para exprimi-la em seu design e fabricação. Na década de 1980, relógios a preços baixos eram vistos como artigos de massa, comprados simplesmente para se ver as horas. A Citizen e a Seiko, fabricantes líderes, controlaram o mercado usando o quartzo para aprimorar a precisão e mostradores digitais para facilitar a leitura. Todos os relógios eram parecidos e atendiam ao único objetivo prático de marcar as horas. Poucas pessoas se interessavam em ter mais de um.

A Suíça, que viu o movimento de seu relógio tradicional ser atacado pelo influxo de concorrentes a preços acessíveis, decidiu retalir, introduzindo algo verdadeiramente original: o relógio popular ou Swatch. A SMH, empresa-mãe suíça, estabeleceu um centro, na Itália, com a incumbência de criar um relógio que combinasse uma tecnologia poderosa com cores brilhantes e designs audaciosos. A originalidade e o poder de atração dos Swatches transformaram-nos em sucesso instantâneo, especialmente entre os Novos Consumidores, que os adotaram como acessório de moda e passaram a comprar vários modelos.

Rota cinco: Torne seu produto divertido

Os produtos que oferecem forte capacidade de entretenimento transmitem noção de entusiasmo, são intrigantes e incluem um toque de talento elegante, irão cada vez mais para o alto na lista de itens obrigatórios do Novo Consumidor.

"Não há negócio sem diversão" – afirma Michael J. Wolf, sócio sênior da Bozz-Allen & Hamilton. Os "profissionais de marketing – escreveu ele na Forbes ASAP – devem agora se engajar, se informar, vibrar, cativar... em uma palavra, devem se divertir".[12]

Exemplos recentes de produtos de alto sucesso, que utilizaram o fator diversão, variam desde o estritamente utilitário, como o novo modelo da Volkswagen e o Mac ice blue, até o descaradamente bizarro Billy the Bass, um peixe que canta *Don't Worry, Be Happy* e *Take Me to the River*, que vendeu mais de um milhão no Reino Unido, em menos de seis meses.

RESUMO

- Os Novos Consumidores estão buscando autenticidade na maioria de suas compras principais, seja de produtos, seja de serviços ou experiências.
- Os Novos Consumidores são atraídos pela autenticidade não só porque parece oferecer qualidade superior, como também porque a propriedade do autêntico ajuda a fazer uma ponte entre a individualidade real e a ideal.
- A ênfase que a sociedade dá ao consumismo tem levado muitas pessoas a desenvolverem sentimentos de alienação, que elas buscam superar por meio da espiritualidade e/ou das compras.
- A autenticidade surge em função da história criada para um produto ou serviço. Aqueles que têm uma história poderosa, relevante e contundente para contar, ganharão na Nova Economia. As empresas cujas histórias são desinteressantes, irrelevantes, ou não existem, estão fadadas ao fracasso.
- Embora julgamentos a respeito do que é ou não autêntico sejam freqüentemente subjetivos, há cinco rotas que os fabricantes e profissionais de marketing podem seguir para dotar os produtos de autenticidade.
- Isso pode ser feito situando-os em um local específico ou em determinado período de tempo, tornando-os originais, merecedores de crédito e/ou com grande experiência e divertidos.
- A credibilidade pode ser oferecida por um indivíduo carismático, uma organização bem gerenciada ou pela maneira com que um serviço é fornecido. Reconhecer a individualidade de um Novo Consumidor pode ser suficiente para transformar um encontro comercial comum em uma experiência autêntica.

3

As Novas Formas de Escassez de Tempo, Atenção e Confiança

> *Estou convencido de que atualmente apenas duas classes de pessoas compõem a sociedade. Não se trata de uma divisão pelas posses da família, mas em função do tempo. Há um grande número de pessoas que gasta um tempo enorme para poupar dinheiro, enquanto um pequeno grupo gasta enormes quantias de dinheiro para poupar tempo.*
>
> Dr. Peter Cochrane, *Frontiers*

A cada véspera de ano-novo, um clube secreto de professores de Oxford reúne-se e, ao dar meia-noite, todos começam a andar para trás, em um esforço para parar o tempo! É claro que nada fará o tempo parar, nem os professores acreditam nessa possibilidade. A cerimônia é simplesmente uma tradição antiga e excêntrica. Mais que os professores, os Novos Consumidores não estão apenas tentando impedir que o tempo avance, mas em alguns casos realizam a façanha, usando diversas estratégias para manipulá-lo, visando à própria conveniência.

Com tentativas às vezes desesperadas de incluir um número ainda maior de atividades nas 168 horas de uma semana, os Novos Consumidores não são movidos por opção, mas por necessidade. O tempo, a atenção e a confiança constituem a escassez da Nova Economia, não no mercado em si, mas dentro dos próprios Novos Consumidores.

Embora cada tipo de escassez seja distinto e separado dos demais, todos estão ligados de forma inextricável. A falta de tempo resulta, inevitavelmente, em períodos de atenção reduzidos. Isso, por sua vez, torna os Novos Consumidores menos dispostos a confiar. Em primeiro lugar, eles estão indispostos ou são incapazes de investir um pouco de seu precioso tempo para desenvolverem um relacionamento mais próximo com os fornecedores. Em segundo lugar, as pressões desse tempo muito curto os tornam menos tolerantes em relação a qualquer atraso ou erro por parte de seus fornecedores. Finalmente, a intensa competição faz com que sejam continuamente tentados por melhores ofertas de empresas rivais.

Neste capítulo examinaremos esses tipos de escassez, para entender como surgem, como afetam os Novos Consumidores e de que maneira influenciam em suas decisões de compra.

ESCASSEZ DE TEMPO

Em grande parte da história da humanidade, a vida foi regulada pelo Sol e pelas estações do ano. O ritmo era lento e as medidas de tempo podiam ser fortuitas e imprecisas. Na Europa Medieval, a Igreja regulava o tempo e as "horas" canônicas não se referiam a períodos de 60 minutos, mas a fragmentos menos precisos do dia, reservados às orações. Matinas, antes do amanhecer. Prima, ao nascer do Sol. E Nona, às nove. Nona, mais tarde, passou para meio-dia.

Embora os relógios mecânicos tenham sido inventados já no século XIV, permaneceram durante séculos pouco mais que símbolos de status, em vez de um meio para indicar as horas. Em uma sociedade agrícola, onde os padrões de trabalho eram ditados pela duração do dia e pelas estações do ano, havia muito pouca necessidade de medir o tempo com exatidão. No século XVII, os relógios de sol e os sinos das igrejas se destacaram como as principais formas encontradas pelo povo para regular o dia.

A oposição puritana ao calendário eclesiástico católico romano levou ao desenvolvimento de uma atitude mais moderna em relação ao tempo e, no início do século XVIII, a idéia da semana de seis dias de trabalho seguida por um dia de descanso se tornou amplamente aceita. Em 1784, John Palmer, prefeito de Bath, criou o primeiro sistema de transporte público da Inglaterra a funcionar em horários definidos. Ele organizou uma série de diligências, que saíam de Bath no final da tarde e chegavam ao correio, em Lombard Street, Londres, pelas oito horas da manhã seguinte.

Quando o serviço foi inaugurado no Reino Unido, as cidades passaram a acertar seus relógios pelo horário local ou pelo Sol. Como resultado, uma localidade do oeste da Inglaterra poderia estar 20 minutos atrasada em relação a Londres, enquanto outra, do leste, ficava sete minutos adiantada. Para levar em conta essas variações, as diligências de Palmer faziam acertos, acrescentando ou diminuindo frações de hora, conforme a necessidade.

Com a Revolução Industrial, a humanidade passou a se orientar pelo tempo da máquina. A necessidade de transportar bens, utensílios e pessoas a baixo custo e a velocidades maiores que as proporcionadas por cavalos e carruagens, levou à construção de ferrovias em toda a Europa e América do Norte. Mesmo depois que essas ligações foram estabelecidas, entretanto, as atitudes em relação ao tempo continuaram casuais. Em 1839, quando George Bradshaw compilava a primeira tabela de horário ferroviário, uma empresa se recusou a lhe fornecer horários de chegada, alegando que "isso tornaria a pontualidade um tipo de obrigação"!

Após a conclusão da Torre de St. Stephen, em 1856, alojando o sino mais famoso de Londres, o Big Ben (nome dado em homenagem ao lutador de boxe Benjamin Caunt, que pesava 115 quilos em sua última luta), o astrônomo real Sir George Airy sugeriu que os relógios fossem acertados de acordo com o meridiano de Greenwich. Todos os relógios ingleses seguiram essa recomendação.

Em cidades industriais, um relógio gigantesco, acima do moinho ou da fábrica, costumava marcar as horas para toda a comunidade. Os chefes não estavam lá para garantir que o relógio trabalhasse devagar durante o dia e fosse acelerado assim que a fábrica fechasse. Para evitar que a trapaça fosse descoberta, os funcionários eram proibidos de levar seus relógios de bolso para as dependências da fábrica. Vem daí a tradição de presentear com um relógio o trabalhador que se aposenta, para simbolizar que o tempo finalmente passou a ser dele.

No início do século XX, o tempo se tornava cada vez mais regulado em todas as nações industrializadas do mundo. A invenção do "consumidor", desempenhando um papel destacado durante a era industrial, foi acompanhada de uma aceleração das tarefas diárias. A vida industrial exigia a sincronização do comportamento com a produção de massa e com as atividades de lazer.

Nos Estados Unidos, os estudos de tempo e movimento, desenvolvidos pelo engenheiro industrial Frederick E. Taylor, tornaram o uso produtivo do tempo a questão mais urgente de todas para os gerentes e também para a força de trabalho. Todos tiveram de se conformar ao ciclo de vida acelerado e os trabalhadores seguiam rotinas, como máquinas, a fim de eliminar movimentos desnecessários.

Hoje, estamos vivendo uma era em aceleração. Em vez de levarem meses para se espalhar, novas modas podem saltar instantaneamente de um lado para o outro do planeta. Notícias de todos os tipos se tornaram fontes de observação imediatas, se não de revelação. Como a guerra do Golfo mostrou, as câmeras podem levar o calor da batalha para dentro de sua sala, enquanto os projéteis são lançados. Viagens cheias de desconforto e perigos, que antes levariam semanas ou meses, agora podem ser realizadas em questão de horas, com segurança e conforto.

As comunicações eletrônicas, o *e-commerce*, *conference calls* e teleconferência permitem que "reuniões" com pessoas no outro lado do mundo ocorram em tempo real. A velocidade da comunicação significa também que as más notícias correm rápido, às vezes mais depressa que as boas. Vinte anos atrás, conseqüências de uma alta ou queda acentuada em qualquer bolsa do mundo levavam dias ou semanas para que suas reverberações fossem sentidas em escala global. No mundo de hoje, ligado em rede, de forma digital, as repercussões são sentidas quase instantaneamente, como mostrou a crise financeira asiática de 1998.

Os Novos Consumidores estão desenvolvendo tal necessidade de rapidez, que muitos acham que o tempo está passando mais depressa. Em estudo recente, abordamos pessoas em Londres e em Nova York e lhes pedimos para estimar quanto tempo levava para que se passassem 30 segundos. Oito entre dez londrinos e nove entre dez nova-iorquinos subestimaram significativamente a passagem do tempo em meio minuto, sendo que os nova-iorquinos acharam que o tempo passava ainda mais rápido. Em Fifth Avenue, Nova York, uma em cada cinco pessoas avaliava que 30 segundos se passavam em menos de 15, enquanto em Oxford Street, Londres, a proporção era de uma em sete.

No mercado global de hoje, que segue em ritmo muito acelerado, somos obrigados a correr duas vezes mais. Há quatro razões principais para o tempo se tornar tão escasso. A primeira delas, e a mais óbvia, é que muitas pessoas simplesmente têm muito o que fazer.

Muito a fazer

O *downsizing*, da década de 1980 e as pressões para controlar os custos, combinados com intensa competição, levaram muitos de nós a trabalhar mais do que no passado recente, enquanto os congestionamentos urbanos aumentaram o tempo gasto no trânsito, seja para se deslocar de casa ao trabalho, seja para fazer visitas de negócios.

No escritório, os trabalhadores enfrentam diariamente pressões de tempo para lidar com crescentes quantidades de informação – não só relatórios escritos, cartas e mensagens por fax, como também correspondência eletrônica. "Respondo a todas as cartas, leio todos os memorandos, encaminho os demais documentos em papel e então ligo o computador para encontrar duzentos e-mails aguardando minha atenção urgente" – disse-nos um gerente, desanimado.

As Novas Formas de Escassez de Tempo, Atenção e Confiança

Um levantamento internacional conduzido pela Reuters, no final da década de 1990, que examinava a questão da sobrecarga de informação entre executivos no Reino Unido, Estados Unidos, Austrália, Hong Kong e Cingapura, verificou que, para absorver o volume de informações que passava por suas mesas em uma semana, metade (49%) dos entrevistados ficava no escritório até mais tarde regularmente e ainda levava serviço para casa nos fins de semana[1]. Apesar de tais pressões, entretanto, a maioria dos executivos (85%) dizia ser fundamental obter o máximo possível de informações para acompanhar o ritmo dos concorrentes.

Mais tempo está sendo gasto também para se efetuar compras básicas. Incluindo o tráfego, esse trabalho, que gastava cerca de 40 minutos por dia em 1961, subiu para 80 minutos no início do milênio.

Em casa, como era esperado, o grande número de equipamentos agora disponíveis para economizar tempo – entre eles máquinas de lavar roupas, lavadoras de pratos, fornos de microondas, batedeiras e aspiradores de pó – tem liberado as pessoas de certas tarefas domésticas. No entanto, mesmo nas casas mais bem-equipadas, essa economia raramente soma mais de 30 minutos por dia. Assim como a lei de Parkinson diz que o trabalho no escritório se expandirá para preencher o tempo disponível, também o serviço doméstico aumenta em proporção ao número de máquinas utilizadas. As lavadoras, por exemplo, têm nos incentivado a lavar roupas diariamente e não uma vez por semana, gerando um trabalho sete vezes maior, que inclui passá-las. Do mesmo modo, agora que o banho diário de chuveiro substituiu o semanal, o tempo dedicado à higiene pessoal aumentou de 30 minutos por semana para mais de duas horas.

Como é preciso encontrar tempo para essas exigências adicionais, sacrificamos o sono. Pesquisas feitas pela American National Sleep Foundation constataram que um terço (32%) dos norte-americanos dorme menos de seis horas por noite. De acordo com dados recentes da International Labour Organisation, atualmente é o povo que trabalha mais horas no mundo. "Parece que estamos dormindo 90 minutos a menos do que as pessoas faziam 100 anos atrás" – diz Peter Martin, especialista em sono.

O resultado é um débito de sono, que pode ter efeitos profundos em nossa capacidade de executar algumas tarefas com eficiência. Os processos mentais começam a se tornar lentos, pois perder apenas quatro horas de sono em uma noite chega a comprometer a velocidade de reação em 45%. A capacidade que a pessoa tem de focalizar uma tarefa específica fica extremamente reduzida. A mente começa a vaguear e erros são cometidos. A memória é dificultada, assim como a capacidade de raciocínio lógico. Em *Sleep Thieves*, Stanley Coren, professor de psicologia, comenta:

> À medida que o débito de sono aumenta, agimos mais como uma máquina ou um piloto automático de avião. Qualquer situação imprevisível nos levará a cometer erros.

Como resultado da fadiga, gastamos ainda mais tempo para corrigir os erros cometidos nas tentativas anteriores. Mesmo quando as pessoas desfrutam horas suficientes de sono, as pressões do tempo podem levar ao estresse. No levantamento citado anteriormente, mais de 80% dos executivos consideraram estressante seu local de trabalho, enquanto quatro em cada dez o descreveram como extremamente estressante todos os dias. Além disso, nove entre dez (94%) gerentes disseram não acreditar que a situação possa melhorar. Assim como a fadiga, o estresse excessivo leva a um desempenho mais fraco, resultando em erros e enganos que exigem mais despesas ou a utilização de um tempo precioso para serem corrigidos.

Concorrência comercial crescente

Avanços na tecnologia da computação e nas telecomunicações significam que todo processo de venda fica acelerado. A produção torna-se mais rápida devido à facilidade de conexão com os fornecedores e, graças ao custo baixo e à natureza global da Internet, os mercados podem ser encontrados mais rapidamente que nunca.

Na década de 1960, quando surgiu a primeira geração de computadores usados em empresas, em sua maioria mainframes, os ciclos de negócios duravam de 10 a 15 anos. Com a chegada dos minicomputadores, na década de 1980, foram reduzidos para cinco a oito anos. Na década de 1990, quando os sistemas cliente/servidor tornaram-se mais disseminados, os ciclos de negócios passaram a se realizar de 12 meses a dois anos. Hoje, algumas indústrias, inclusive a de computadores pessoais, encurtaram seus ciclos para seis meses.

As decisões devem ser rápidas como relâmpagos para acompanhar a velocidade com que os mercados eletrônicos se movem. Em muitas esferas da atividade comercial, em que obter informações, mesmo uma fração de segundo antes da concorrência, pode significar a diferença entre a recompensa e a ruína, apenas dois tipos de organização podem existir: as rápidas e as mortas. A sorte favorece os corajosos, mas concede benefícios ainda maiores aos rápidos. Talvez por considerarem normal receber informações instantaneamente, muitos Novos Consumidores passaram a considerar importante a entrega ligeira de produtos e serviços.

Tom Peters, o guru do gerenciamento, se recorda de quando trabalhava na McKinsey and Co. A inflação nunca era levada em conta ao se fazer projeções de fluxo de caixa para 20 anos, para instalações petroquímicas de um quarto de bilhão de dólares. Acreditava-se que os preços da oferta, demanda e de commodities de aveia e milho podiam ser previstos com um grau bastante razoável de precisão nesse período. Peters agora considera que "se você não se reorganiza substancialmente a cada 6 a 12 meses, provavelmente ficará desatualizado".

Em grande parte, essa taxa exponencial de mudança está sendo dirigida pela quantidade surpreendente de informações produzidas na Nova Economia. A edição semanal do *New York Times*, por exemplo, contém mais informações do que o cidadão médio do século XVII poderia ter acesso durante toda sua vida[2]. O volume de tantas informações produz ainda mais pressões sobre o tempo disponível, a ponto de tornar impossível, para qualquer indivíduo, acompanhar mais do que uma fração minúscula do total de novas informações que surgem praticamente em qualquer campo de pesquisa ou estudo. A cada dia, cerca de 20 milhões de palavras com conteúdos técnicos são registradas. A esse respeito, o autor Hubert Murray Jr. ressalta:

> *Um leitor capaz de ler mil palavras por minuto, levaria um mês e meio lendo oito horas por dia, para dar conta da produção diária, e, no final desse período, teria acumulado cinco anos e meio de defasagem em suas leituras*[3].

Em seu livro *Business @ the Speed of Thought*, Bill Gates narra como as forças da informação digital trouxeram um ambiente comercial no qual a única constante é a mudança: "Os evolucionistas chamariam a isso de caos pontuado – agitação constante marcada por breves pausas".

Essas pressões comerciais exigem tanto tempo dos Novos Consumidores, que eles só raramente se permitem dar um passo atrás para avaliar e refletir sobre sua próxima ação. Eventualmente, a pressão constante pode causar doença orgânica ou esgotamento intelectual. Para muitos, a única resposta é o *downshifting*, ou seja, aceitar uma renda mais baixa em troca de um resultado mais tranquilo. Um diretor financeiro, que optou pela aposentadoria antecipada aos cinquenta e poucos anos e foi dirigir uma pequena fazenda, nos disse: "Não quero mais lidar com qualquer prazo mais curto que uma temporada".

Aumentando a concorrência social dentro e fora do trabalho

Com a erosão da segurança no emprego, muitos funcionários agora se vêem em concorrência direta com os colegas, o que resulta em maior pressão para fazer horas extras no escritório ou trabalhar à noite e nos finais de semana.

Em um número crescente de empresas, os "melhores da equipe" são aqueles cujos carros chegam primeiro ao estacionamento toda manhã e saem por último à noite. Em uma delas, um gerente sênior anda pelo estacionamento às 7h30 e verifica o efeito do radiador em todos os veículos. Aqueles ainda quentes justificam uma anotação desabonadora na ficha de seus proprietários.

Nesse mundo feito de trabalho, onde o medo de ser superado por colegas ambiciosos mantém muitos indivíduos atados às suas mesas, são comuns pequenas fraudes que, em um contexto menos tenso, pareceriam infantis.

Os funcionários de escritórios norte-americanos, por exemplo, adiantam a hora registrada em seus e-mails, antes de saírem sorrateiramente pela porta dos fundos. Sabe-se de um executivo do ramo bancário de Nova York que suborna os seguranças com boas gorjetas, para que eles olhem para o lado oposto, fingindo não vê-lo, quando ele sai do edifício por volta das 19h30.

Em algumas organizações, essas pressões levaram a uma cultura que Charles Handy, especialista em gerenciamento, denomina "presenteísmo": a crença de que permanecer no local de trabalho durante mais horas dá a impressão de um trabalhador dedicado. Embora esses "paletós vazios", para usar outra expressão de Handy, não contribuam em nada além da presença, muitas vezes são vistos favoravelmente pelos gerentes, que esperam ser capazes de garantir que sua força produtiva fique acordada o máximo de horas possível.

Fora do trabalho, a propaganda e o apelo ao consumo incentivam as pessoas a se compararem às que têm rendas mais altas, criando desejos que seus rendimentos não podem suportar. Pais separados, que sustentam a casa e criam os filhos sozinhos, por exemplo, costumam viver sob grande pressão dos filhos, que exigem o mesmo nível de bens obtidos por um casal.

No final da década de 1950, auge do poder do Velho Consumidor, as pessoas tinham certa propensão a se comparar aos vizinhos, lutando para acompanhar seu "progresso". Hoje, quando muitos sabem pouco ou nada sobre quem mora perto, é mais provável que os modelos sejam definidos por "grupos de referência" de alta renda. Podem ser pessoas mais experientes na profissão, personalidades encontradas em reuniões sociais, ou mesmo personagens de novelas que, apesar de serem meras criações de um roteirista, transformam-se em referência para os gastos, originando padrões crescentes de expectativas em quem tenta imitá-los. Esse tipo de consumo, que leva ao crédito, gera despesas que devem ser pagas pontualmente – ao longo do tempo.

A dupla jornada de trabalho

O declínio do modelo tradicional de família levou as pessoas que moram sozinhas ou os pais "solteiros" a assumirem tarefas e responsabilidades anteriormente divididas. Em 1960, mais de um quarto das mulheres casadas, com idade entre 25 e 34 anos, nos Estados Unidos, tinham emprego. Hoje, essa proporção subiu para mais de 70%, significando que a maioria das mulheres trabalha em dois turnos, um no escritório, ou na fábrica, e o outro em casa, gastando assim o tempo que poderia ser usado no convívio social, em uma atividade de lazer ou para descanso.

As urdiduras do tempo

Quatro fatores combinam-se para devorar o tempo, reduzindo – às vezes a zero – sua disponibilidade para atividades pessoais. Como resultado, a pressão pode ser não apenas intensa, como também implacável.

"O tempo – afirmou Oscar Wilde – é um desperdício de dinheiro." Muitos Novos Consumidores concordariam com essa afirmação, pois continuamente procuram maneiras de economizar ambos, criando formas de lidar com o tempo para cumprir suas obrigações. Sete estratégias são amplamente utilizadas.

Urdidura do tempo 1: Assumindo a velocidade

O diretor da NASA, Daniel Goldin, tem um lema simples para seu programa espacial: "Mais rápido, menor; mais barato, melhor". O Novo Consumidor assume idêntica atitude com ênfase no "mais rápido". A fim de concluir o máximo de tarefas no decorrer de um dia ou semana, ele espera que as coisas aconteçam e terminem rapidamente, permitindo-lhe saltar para o desafio seguinte.

Vários estudos têm mostrado que o ritmo de vida varia entre a cidade e o campo e até mesmo de uma cidade para outra. Em ambientes urbanos, as pessoas andam e falam mais rápido, assim como toleram menos a demora. Como resultado, desenvolveu-se uma série de facilidades para ajudar os consumidores pressionados pela falta de tempo de fast-foods a caixas eletrônicos. Para prosperar, a indústria das comunicações depende da necessidade que sentimos de fazer contato instantâneo com os outros, a qualquer tempo, em qualquer lugar. A esse respeito, Burton Brodo, especialista em consumo, comentou:

> *Antigamente havia urgência, no entanto, esperávamos até poder comprar um telefone, para então fazer aquela chamada "importante". Hoje, discamos instantaneamente nosso celular sempre que queremos. No passado, podíamos aguardar dois ou três dias para receber um documento pelo correio – agora, o mesmo documento deve ser transmitido instantaneamente por fax.*

Esse comentário foi feito antes da disseminação do e-mail, que reduziu ainda mais o tempo decorrido entre a elaboração, o envio e a assimilação da mensagem.

Em vez de manipular pilhas de revistas e livros de negócios, muitos executivos assinam serviços especializados em extrair, de artigos e textos, a síntese que pode ser lida em minutos. Cursos de leitura dinâmica também são populares. Um dos mais vendidos afirma que seu programa permite ler 25 mil palavras por minuto, uma promessa que muitos Novos Consumidores acham irresistível.

Os Novos Consumidores também se sujeitam bem menos a pressões relativas ao tempo comunitário – aqueles períodos em que audiências de massa assistem a um programa de televisão simultaneamente, ou em que todos saem de férias durante as mesmas duas semanas do ano.

"Todos nós viveremos de forma muito assincrônica, cada vez com menos obediência cega uns aos outros", comenta o tecnologista digital Nicholas Negroponte. Ele acredita que no futuro muito próximo, "o tempo mais importante será o meu tempo".

Urdidura do tempo 2: Acelerando os negócios

Em 1959, o cientista e romancista C. P. Snow afirmou que as ciências humanas e exatas representavam "duas culturas" que não se comunicavam adequadamente e que freqüentemente não se entendiam. Hoje, o Novo Consumidor é responsável por uma divisão cultural ainda maior – aquela entre os rápidos e os lentos. Uma vez que nações rápidas, corporações rápidas e indivíduos rápidos produzem mais, utilizando o mesmo tempo que seus concorrentes mais lentos, tornam-se capazes de ganhar mais por hora, individual e coletivamente.

O advento da Era da Informação e o aparecimento do Novo Consumidor aumentaram a rapidez com que os fatos ocorrem. Em termos simples, se mais inteligência é aplicada ao trabalho, mais pode ser feito, ou produtos com mais qualidade podem ser entregues em um período mais curto. Por isso, mais negócios precisam adotar inovações que contornem a falta de tempo ou a possibilidade de perder para os competidores.

Na Era da Informação, o aumento da velocidade deve-se em grande parte ao uso de inteligência "burra", assim chamada porque a inteligência manifestada é uma propriedade emergente do sistema e não um princípio organizador.

A inteligência burra é encontrada em dois tipos de sistema: o ligado e o automatizado. Redes interligadas de transporte e comunicações, como ferrovias, estradas, telefones e Internet, funcionam de modo mais inteligente como resultado da própria conexão. Imagine os problemas e atrasos decorrentes de viajar por estradas ou ferrovias que não se ligavam a outras estradas e ferrovias. Do mesmo modo, ligar computadores em rede significa que o todo se torna mais poderoso que a soma das partes. De fato, o valor de uma rede aumenta na proporção do quadrado de nódulos (unidades) individuais envolvidos.

Como os estudos de tempo e movimento de Frederick Taylor mostraram, sistemas automatizados são métodos padronizados para realizar um trabalho que pode ser programado em um computador ou robô, ou ensinado a um trabalhador sem exigir dele um nível especialmente alto de habilidade.

Taylor dividia as tarefas complexas em suas ações constituintes, determinava quais eram essenciais e descartava as outras. Em alguns casos, defendia a divisão do trabalho entre vários trabalhadores com tarefas definidas, como o ajuste de ferramentas, por exemplo, delegado a especialistas.

À medida que a Era da Informação começou a exigir serviços contínuos, 24 horas, em todo o mundo as empresas foram obrigadas a implantar a automação para adequar altos padrões de qualidade à velocidade exigida pelos Novos Consumidores. Isso sem considerar o local e o momento da compra.

Os passageiros esperam o mesmo nível de segurança e serviço de uma linha aérea respeitável, não importa a hora do vôo nem o lugar em que estejam. Tal consistência só pode ser atingida padronizando-se o máximo possível as tarefas envolvidas, estabelecendo-se sistemas, protocolos e listas de verificação.

O sociólogo Anthony Giddens usa o termo "mecanismos de desprendimento" para descrever as maneiras pelas quais a automação libera as habilidades dos indivíduos e as torna disponíveis.

Embora a automação e a conectividade permitam que os Novos Consumidores lidem com o tempo mais efetivamente, há um aspecto negativo para as empresas que correm em busca do primeiro lugar. Pensar e agir com rapidez dá aos funcionários uma perspectiva da vida completamente diferente daquela experimentada por outros que tenham condições de desempenhar suas atividades em ritmo mais agradável. Considerando que empresas e indivíduos mais lentos agora são minoria, tal fato lhes permite, ironicamente, produzir com critérios que empresas e indivíduos em ritmo rápido são incapazes de atingir.

Os empreendimentos que agem com cautela expõem seus novos produtos ou serviços a menos riscos de fracasso, colocando-os na posição invejável representada por uma perspectiva extremamente elevada. Esperando para avaliar como determinado mercado reage, eles são capazes de desenvolver uma estratégia mais elaborada, antes de enfrentá-lo.

Essa perspectiva diferente, mantida pelos que são lentos, pode ainda levá-los a novas idéias, possibilidade que os indivíduos e organizações que agem com mais rapidez podem perder. Pode também ajudá-los a serem mais criativos.

"Um dos grandes paradoxos e loucuras desta era – diz Tom Peters – é que não dispomos de quantidades de tempo significativas para sermos criativos. A intensidade não gera criatividade."

Urdidura do tempo 3: Comprando a crédito

Os Velhos Consumidores costumavam esperar pacientemente e poupavam muito para fazer compras de valores altos, como carros ou móveis. Os Novos Consumidores podem driblar o tempo, comprando antes de terem meios financeiros suficientes. Com o crédito cada vez mais disponível para a maioria dos consumidores, possibilitando-lhes adquirir praticamente qualquer produto, eles são capazes de "viver agora e pagar depois", sem esforço. Muitos bancos promovem a idéia de se fazer uma segunda hipoteca para o cliente gozar férias exóticas ou adquirir um carro esportivo de luxo.

Só nos Estados Unidos, há mais de 5 milhões de máquinas leitoras de cartão de crédito. No mundo, quase 400 milhões de cartões Visa são usados para efetuar 7,9 bilhões de transações por ano. Isso significa uma tremenda mudança nas atitudes de gratificação de "desejos", que não são mais vistos como algo que precisa ser adiado, mas como um prazer que deve ser satisfeito instantaneamente.

Urdidura do tempo 4: Comprando 24 horas por dia

Enquanto a pressão do tempo aumenta, os Novos Consumidores exigem maneiras de gastar seu dinheiro quando e onde queiram. Compras em casa, por meio de catálogos, canais de ofertas pela televisão e as facilidades da Internet economizam o tempo que seria gasto indo de um varejista a outro. Os serviços bancários on-line e por telefone não só economizam tempo, como também permitem que as transações sejam efetuadas

24 horas por dia. Videocassetes, DVDs e televisão digital permitem aos usuários escolher programas e horários. Michael de Kare-Silver, consultor de negócios, comenta:

> *Os consumidores estão buscando constantemente produtos ou serviços que os ajudem a poupar tempo. Agora, a facilidade de fazer compras eletronicamente pode ser exatamente o que os consumidores estavam esperando*[4].

Urdidura do tempo 5: Realizando multitarefas

Aqueles que se deslocam entre a casa e o escritório e os que viajam a trabalho ouvem fitas de negócios no carro, atendem a telefonemas e ditam cartas em minigravadores. Em outras situações, ocupam o tempo dos vôos e das viagens de trem preparando relatórios em laptops, discutindo estratégias com colegas, usando telefones móveis e celulares. As multitarefas estão se tornando cada vez mais comuns entre os Novos Consumidores, que aproveitam os minutos preciosos de cada hora fugaz.

Ao fazerem compras, preferem ter todos os produtos e serviços de que necessitam reunidos nos chamados "*pools* de necessidades", como supermercados e shoppings, com correios, bancos, salas de cinema, postos de gasolina e até igrejas, sob um único teto. A Internet é, evidentemente, o mais recente *pool* de necessidade, onde é possível comprar quase tudo sem sair de casa.

Urdidura do tempo 6: Fazendo para ontem

A demanda dos Novos Consumidores por serviços de última hora e produtos melhores, mais novos, está acelerando muitos mercados, principalmente os baseados no fornecimento de informação. Os analistas de negócios Stan Davis e Christopher Meyer afirmam que os ciclos de produção se aceleraram muito, a ponto de se sobreporem, passando a existir várias "gerações" de um mesmo produto simultaneamente. A versão original de um software, por exemplo, pode ser vendida a preço reduzido, enquanto a mais recente é ofertada a preço de tabela. Ao mesmo tempo, os consumidores lêem revisões da próxima versão no computador, enquanto testam uma cópia beta.

A fim de atender a essa procura crescente por rapidez, muitas empresas estão transformando seus negócios tradicionais em estabelecimentos estilo fast-food. Tudo, desde processar filmes e vender ações, até se divorciar e se casar, agora está disponível em formato de alta velocidade.

"Se foram fundamentais, na década de 1980 a qualidade e na década de 1990 a reengenharia – diz Bill Gates –, na década de 2000 o essencial será a velocidade."

A estratégia *just-in-time* é agora a base não só da manufatura, como das empresas de serviço. Também é a estratégia usada para a elaboração de muitas das informações que os Novos Consumidores absorvem tão avidamente. Criam-se revistas, livros e programas de televisão com prazos tão apertados que a qualidade e a precisão das informações acabam minadas, deixando os já descrentes Novos Consumidores ainda mais cínicos quanto ao seu valor. Um jornalista, que visitava uma vila isolada no noroeste canadense, foi indagado por um morador local quanto ao tempo de sua permanência. Antes que pudesse responder, alguém falou por ele: "Um dia: artigo de jornal. Dois dias: reportagem de revista. Cinco dias: livro"!

Urdidura do tempo 7: Consultando especialistas

Os Novos Consumidores sempre investem seu tempo precioso em produtos e serviços que não atendem às suas expectativas, como gastar duas horas assistindo a um filme que odeiam, ou viajar de férias para um lugar desconhecido e achá-lo detestável. Para assegurar que seu tempo seja bem gasto, costumam consultar especialistas que lhes dizem o que devem ver, ler, que programas de rádio devem ouvir, que programas de televisão valem a pena assistir, os países que devem visitar e quais devem evitar, os restaurantes em que devem jantar e a melhor comida e vinho para ter em casa. Ao substituir o próprio julgamento pela opinião de outra pessoa, evitam o risco de auto-recriminação, caso a experiência não seja satisfatória.

Para afastar o terror que os Novos Consumidores têm de gastar o tempo à toa, os fornecedores buscam continuamente novas formas de lhes dar garantia. Incentivam as recomendações de um cliente para outro e oferecem testes gratuitos. Assim, procuram criar uma impressão favorável nos especialistas do mercado, consumidores de grande prestígio, cujas opiniões e julgamentos exercem poderosa influência sobre os Novos Consumidores. Discutiremos no Capítulo 5 seu papel crucial nas decisões de compra.

ESCASSEZ DE ATENÇÃO

"Preste atenção" é o que nos pedem com freqüência. A atenção virou uma moeda dos Novos Consumidores em uma economia onde as pessoas com algo a vender lutam para serem notadas por quem pode comprar. O verdadeiro propósito da mídia, e da televisão comercial em particular, é atrair o maior número de olhares para o maior número de anunciantes.

Em sua *Encyclopaedia of the New Economy*, John Browning e Spencer Reiss descrevem a economia da atenção como um "comércio baseado na idéia de que, embora a quantidade de informação seja essencialmente infinita, a demanda por ela é limitada pelas horas de vigília do ser humano em um dia".

Quando a escassez de tempo se torna falta de atenção

Apesar de nossos melhores esforços e das maneiras mais criativas inventadas para driblar o tempo, ainda vivemos boa parte de nosso dia de trabalho sob pressões de urgência intensas e muitas vezes conflitantes. A falta de tempo significa também falta de atenção, ou seja, os Novos Consumidores dispõem de um período de atenção extremamente curto.

A fim de compreender melhor como a falta de tempo afeta a atenção, desenvolvemos um novo modelo de percepção temporal. Em vez de segmentar os Novos Consumidores em "categorias", como no marketing tradicional, acreditamos que faz mais sentido examinar como eles percebem a passagem do tempo enquanto fazem compras:

- Eles estão com pressa ou a fim de dar uma olhada, para se distrair?
- Eles estão aborrecidos ou estimulados com a idéia de gastar dinheiro?

Durante o dia, o Novo Consumidor pode oscilar entre diferentes estados de percepção do tempo, o que nos leva a considerar que ele assume diferentes identidades, de acordo com a maneira como sente o tempo. Em função dessas mudanças, fica mais ou menos atento a estímulos como os de propagandas, por exemplo.

Esses estados nem sempre são definidos pela hora do dia, como os turnos de uma fábrica. Por essa razão, nós os chamamos de "categorias de tempo". São identificados por demandas próprias e características particulares.

Em termos amplos, há quatro categorias principais de tempo, além de uma categoria especial: tempo fluente, ocasiões especiais, tempo "contado", tempo de lazer e tempo "para matar".

Tempo fluente

Há momentos em que ficamos tão absorvidos em uma atividade, que o tempo flui livremente e nem percebemos sua passagem. Nossa concentração é tão grande, durante esses breves períodos, que ignoramos completamente tudo que nos cerca. Qualquer propaganda que consideremos fascinante a ponto de nos fazer entrar novamente no fluxo do tempo será vista com cuidado e lembrada com clareza.

Ocasiões especiais

Referem-se a momentos especiais na vida em que um acontecimento importante ocorre: casamento, nascimento de um filho, entrevista de emprego. Embora essas ocasiões possam ser altamente estressantes, produzem às vezes um estresse agradável, por exemplo, quando saímos de férias, ou angustiante, quando fazemos uma prova importante. Os anúncios capazes de atrair completamente nossa atenção nesse período são os alusivos ao momento que vivemos, como um vestido de noiva para a mulher que vai se casar, roupas de bebê para a que está grávida, livros ou fitas com dicas para passar nas provas, dirigidas ao estudante em recuperação.

Tempo "contado"

Essa categoria se faz presente quando trabalhamos contra o relógio para completar uma tarefa ou quando nos engajamos em alguma atividade importante que não pode ser adiada. É o pior momento possível para alguém tentar captar nossa atenção com uma mensagem comercial. Nessa situação, é improvável que dediquemos uma atenção mais do que fugaz a ela. E nos lembraremos pouco, se lembrarmos do que vimos ou ouvimos.

Tempo de lazer

Esse período ocorre mais freqüentemente à noite, nos finais de semana ou durante as férias. Como explicaremos a seguir, embora a atenção seja difusa e não focada, as pessoas têm pelo menos mais tempo para notar a propaganda, se tiverem boas razões para isso.

Tempo "para matar"

A última categoria, especial, ocorre durante aqueles momentos em que estamos esperando que algo aconteça, como ao chegar cedo para uma entrevista ou enquanto aguardamos a saída de um trem ou avião.

Às vezes, as pessoas procuram preencher esse tempo produtivamente, por exemplo, lendo um relatório de negócio enquanto aguardam para falar com um cliente. Na maioria dos casos, entretanto, os Novos Consumidores pressionados consideram o "tempo para matar" como um tipo de bonificação, quando não importa realmente o que fazem, uma vez que esse tempo não é considerado tão real. Anthony Giddens comenta:

> *O tempo "para matar" é desligado do resto da vida de um indivíduo e, a não ser que algo inesperado aconteça, não traz qualquer conseqüência.*

As pessoas que estão "matando o tempo" talvez sejam um público cativo de aeroportos, estações de trem, terminais de balsa, salas de espera e assim por diante, locais que devem representar uma excelente oportunidade de marketing. A rápida expansão de estabelecimentos comerciais nesses pontos-de-venda é, em parte, evidência da relação íntima entre consumidores que têm tempo para matar e seu desejo de passá-lo de modo agradável, gastando dinheiro.

A propaganda em lavanderias, que deverá crescer muito nos próximos anos, é a forma recente e criativa que os publicitários encontraram para capitalizar o tempo para matar. Empresas tão diversas quanto a Unilever, a Gillette e a Vauxhall estão usando em toaletes painéis promocionais que estampam anúncios de diferentes áreas, de cosméticos a produtos de higiene e farmacêuticos, de finanças e informática a bebidas e alimentos. Até o governo e as entidades sociais estão percebendo que a propaganda em toaletes pode captar a atenção de possíveis compradores que, em outra situação, talvez não se dispusessem a ler suas mensagens. A Outdoor Connections, agência especializada e responsável por grande parte dessa propaganda, ressalta que os painéis em toaletes têm duas vantagens principais:

> Não só há um público, com freqüência cativo e fixado na parede diretamente à sua frente, como os painéis ali colocados podem oferecer uma comunicação que gera impulso. É previsível que, após usar o lavatório de um pub, a próxima escolha de um cliente seja comprar um drinque, cortejar alguém ou voltar para casa. Logo, para promoção de drinques, contraceptivos, e mesmo campanhas contra bebidas alcoólicas, essa mídia está localizada em um excelente ponto de ação. Da mesma forma, as propagandas em lavatórios de shopping centers podem induzir o cliente a continuar comprando quando sair dali[5].

Tempo, atenção e alerta

Em circunstâncias que exigem uma atitude séria e cuidadosa, nossos níveis de alerta mental e físico precisam ser adequados. Quando ambos estão muito baixos, sentimo-nos tão desinteressados que fica quase impossível fixar a atenção em algo. Isso geralmente acontece quando estamos matando o tempo. Nossa mente vagueia ociosamente de um tópico a outro e nos sentimos indiferentes a tudo. Se assistimos à televisão, podemos mudar de canal de maneira aleatória ou ver um programa sem realmente atentar para o que está acontecendo.

No outro extremo, se o alerta é alto demais, sentimo-nos ansiosos e agitados, mais uma vez incapazes de uma concentração mais demorada, dessa vez porque pensamentos numerosos e urgentes exigem nossa atenção. Lembre-se da maneira como a maioria das pessoas lê uma revista na sala de espera do dentista, virando nervosamente as páginas e raramente dedicando muito tempo a qualquer artigo.

Entre esses extremos existe um nível ideal de alerta, o ponto no qual não nos sentimos entediados nem inquietos. Durante o fluir desse tempo, as pessoas permanecem psicologicamente equilibradas. Por isso, seus níveis de atenção atingem o auge.

Quando a atenção dos Novos Consumidores flui naturalmente, o mesmo ocorre com seu desejo de fazer compras. Assim, as empresas que ajustam suas mensagens considerando essas variações, provavelmente consigam chamar muito mais a atenção deles e gerar vendas mais altas. Infelizmente, dentro de todas essas modalidades de tempo, a quantidade de atenção disponível continua a diminuir.

Captando a atenção

O psicólogo pioneiro do século XIX, William James, irmão do romancista Henry James, descreveu o mundo dos bebês como "confuso, barulhento, agitado". O mesmo se pode dizer praticamente de todos hoje em dia. Passamos a vida em meio a uma névoa indistinta de informações sensoriais, com mil sirenes querendo atrair nossos ouvidos ou captar nossos olhares. Em um único dia, entre acordado e adormecido, você é exposto a tamanha torrente de informações, que, se pudesse passar apenas 60 segundos observando cada item exposto, levaria 800 anos para atentar a todos eles. Como Herbert Simon, economista vencedor do prêmio Nobel, comentou:

> *O que uma informação consome é bastante óbvio. Ela consome a atenção de todos os seus receptores. Daí, uma riqueza de informações cria uma pobreza de atenção.*

Todos os anos, a televisão norte-americana ultrapassa US$ 36 bilhões de arrecadação em anúncios, enquanto no Reino Unido, perto de 80 comerciais novos de televisão aparecem por semana a um custo de aproximadamente 450 milhões de libras. Só nos Estados Unidos, a Media Register, principal analista de despesas de propaganda do país, monitora cerca de 2.350 anúncios por dia em revistas e jornais. E eles só vêem 500 das mais de 900 publicações atualmente disponíveis.

"Hoje em dia, somos inundados por uma infinidade de produtos, anúncios (e pessoas)" – diz Winston Fletcher, *chairman* da agência Delaney Fletcher Slaymaker Delaney and Bozell. "Provavelmente possamos lidar com uma quantidade maior de informações do que nossos ascendentes – embora isso não seja comprovado – mas a percentagem está diminuindo."

Como conseguimos conviver com quantidades tão vastas de informação? A resposta simples é: ignorando a grande maioria delas.

Às vezes nossa decisão de não prestar atenção é intencional. Jogamos fôlderes no lixo, mudamos de canal para evitar os comerciais e viramos as páginas que contêm anúncios. A maior parte do tempo, entretanto, nem percebemos as informações disponíveis. Muito antes de os processos atingirem a mente consciente, eles passam pelo filtro cerebral que retém 99% dos dados recebidos pelos nossos sentidos.

Enquanto lê estas palavras, por exemplo, talvez você não perceba informações enviadas pelos sensores localizados nos músculos de suas pernas e na parte inferior das costas. Volte a atenção para esses pontos de seu corpo e você se tornará consciente da cadeira ou da cama que o está apoiando, quem sabe sentindo pela primeira vez o joelho esquerdo coçar.

O mesmo acontece com as mensagens comerciais. A maioria passa despercebida ou é observada de modo tão fugaz que provoca pouco impacto, se provocar.

Psicólogos que estudam o comportamento de motoristas cunharam a frase "amnésia de permuta" para designar um fenômeno comum: durante o tempo que levam de casa ao trabalho, pouco do que aconteceu no caminho pode ser lembrado. A não ser que algo extraordinário ocorra, como testemunhar um acidente, toda a viagem desaparece da memória, a partir do momento em que a porta do carro é fechada.

O mesmo tipo de "branco", que poderia ser denominado "amnésia de informação", exclui todas as informações, excetuando-se uma quantidade ínfima das que fluem à nossa volta durante cada momento de vigília. Isso acontece especialmente com as mensagens dos comerciais. Quinze anos atrás, dois terços dos telespectadores norte-americanos poderiam nomear pelo menos um comercial visto no mês anterior. Hoje, essa proporção caiu para bem menos da metade.

Em uma sociedade onde a informação é praticamente ilimitada, a atenção humana se torna inevitavelmente a commodity mais importante.

ESCASSEZ DE CONFIANÇA

Embora os Novos Consumidores não confiem mais nem menos que os Velhos Consumidores em suas relações pessoais, é significativamente improvável que tenham uma confiança inabalável nos fornecedores.

Pesquisas do Henley Centre, por exemplo, mostraram que, enquanto nove entre dez pessoas confiam em seu cônjuge ou parceiro, e oito de cada dez acreditam nos filhos, menos de um terço (27%) confia nos varejistas ou fabricantes, sendo que apenas 14% confiam no governo ou em anunciantes!

Considerando normais a qualidade e o valor atribuído ao dinheiro, entre os Novos Consumidores, cujos estilos de vida são caracterizados por altas expectativas e um desejo de gratificação instantânea, a confiança se tornou uma das commodities mais escassas e procuradas na Nova Economia.

No passado, os proprietários de pequenas lojas, descendentes de famílias tradicionais no comércio local, geralmente eram conhecidos e respeitados pelos vizinhos, que lhes depositavam confiança. No final de 1936, os representantes comerciais que participaram das convenções National Wholesale Grocers e New Jersey Retail Grocers Association obtiveram garantias de que não precisavam temer os supermercados, cujo "apelo restrito ao comprador que valorizava o preço limitava a dimensão de seu comércio".

Um orador após outro desaprovava-os, considerando-os como estabelecimentos antiquados, com mecanismos grosseiros de armazenamento, dirigidos por "oportunistas antiéticos" com os dias contados. O executivo de uma rede de armazéns comentou: "É difícil acreditar que as pessoas dirijam quilômetros para comprar alimentos e sacrifiquem os atendimentos pessoais que as cadeias aperfeiçoaram e com os quais os Senhores Consumidores estão habituados".[6]

Como esses comerciantes descobriram rapidamente, ou eles transformavam seu negócio em supermercado ou desapareceriam. Aqueles que "defenderam corajosamente suas convicções e se mantiveram resolutos à filosofia da loja da esquina – critica secamente o professor Theodore Levitt, da Harvard Business School –, preservaram seu orgulho, mas perderam suas camisas".

À medida que as lojas e comunidades cresceram e se tornaram impessoais, os vínculos de confiança e fidelidade desapareceram. Confiar na família Jones, que dirige a loja da esquina há tanto tempo, era uma coisa. Confiar em uma corporação gigante e anônima como o Wal-Mart ou a Tesco era outra totalmente diferente.

As Novas Formas de Escassez de Tempo, Atenção e Confiança

Nem a propina, sob a forma de cartões de fidelidade, de recompensa, ou descontos especiais, é um substituto da confiança baseada no conhecimento pessoal e no respeito. As pesquisas que minha consultoria conduziu para a Air Miles constataram que dois terços dos clientes de supermercado estão sempre receptivos a uma oferta melhor, enquanto um em cada cinco não é fiel a qualquer fornecedor em particular e vê apenas os méritos de cada transação comercial. Uma em cada dez pessoas considera aqueles que são fiéis a um fornecedor como tolos que não conseguem fazer os melhores negócios. Menos de um em vinte declara que nada os afastaria de seu fornecedor. A jornalista Janet Bush comenta:

> *A nova linhagem de consumidor astuto testou, repetidamente, a coragem dos varejistas e venceu. Quando os varejistas tentavam aumentar os preços, as vendas caíam. Assim que os preços baixavam novamente, os compradores voltavam*[7].

Outro aspecto que ajuda a construir a confiança do cliente é a especialização. Ela funcionou em uma época em que as lojas vendiam apenas um tipo de produto. Os consumidores telefonavam para a farmácia em busca de medicamentos, para o banco solicitando um empréstimo e para a loja de sapatos quando queriam um par de botas. Hoje, enquanto poucas lojas ainda conseguem usar a especialização como meio de criar e manter a confiança, em muitos casos ela prova ser mais uma desvantagem que uma ajuda. Os Novos Consumidores, que não dispõem de tempo, esperam comprar tantas necessidades básicas quanto possível em uma única loja, em vez de serem forçados a visitar várias.

O principal fator para se obter a confiança continuada do cliente, entretanto, não foi o monopólio local nem a especialização, mas simplesmente a falta de conhecimento por parte dos clientes. Como certo teólogo chegou a observar: "Quando as pessoas param de acreditar em Deus, e não acreditam em nada, acreditam em qualquer coisa"! Do mesmo modo, os Velhos Consumidores, que sabiam pouco ou nada sobre as questões do consumidor, estavam mais inclinados a confiar no que os fabricantes, fornecedores e anunciantes lhes diziam sobre seus produtos ou serviços.

Os Novos Consumidores, em contrapartida, têm o "poder da informação" e se mostram consideravelmente mais seletivos sobre onde gastam o dinheiro que custam a ganhar. Comparam preços e pesquisam qualidade. Discutem novos produtos uns com os outros. Lêem sobre o produto e são informados pela televisão, pelo rádio e Internet. Consultam os amigos especialistas e os entendidos do mercado, cujo papel exploraremos no Capítulo 5. Pouco do que os fabricantes e publicitários dizem é baseado na confiança.

A ESCASSEZ DE TEMPO, ATENÇÃO E CONFIANÇA SÓ PODE PIORAR

Como qualquer recurso escasso em um mercado livre, o tempo, a atenção e a confiança, já de considerável valor comercial, vão disparar em valorização à medida que o poder e a influência dos Novos Consumidores aumentarem ainda mais. Ganhando os três, é o primeiro e essencial passo para se transmitir qualquer mensagem, os fabricantes e fornecedores que não reconhecem o significado dessa nova escassez acabarão como a criança vitoriana, nem vista nem ouvida.

Uma técnica cada vez mais adotada é tornar sua mensagem tão chamativa, chocante ou controvertida que as pessoas se sintam incapazes de ignorá-la. Em maio de 1999, por exemplo, a Bartle Bogle Hegarty PR promoveu uma reportagem sobre as 100 mulheres mais sensuais na revista masculina FHM, projetando imagens gigantescas de uma garota nua ao lado da Casa dos Comuns. Com isso, não só atraiu a atenção de milhares de londrinos mas, o que é mais importante, recebeu a cobertura maciça do jornal e da televisão. A Benetton, varejista de roupas, ganhou publicidade internacional com uma série de outdoors com imagens que variavam de um bebê recém-nascido a um homem morrendo de AIDS. A fabricante de calçados Candies retratou, em seus anúncios, uma mulher sentada em um lavatório.

Uma abordagem totalmente diferente, defendida por Seth Godin, o guru do marketing direto, é ganhar a *permissão* das pessoas antes de tentar vender algo a elas, uma forma mais eficaz do que interrompê-las com um anúncio enquanto tentam assistir a um programa de esportes pela televisão. Segundo ele:

> *Os profissionais do marketing de interrupção passam todo o tempo interrompendo estranhos. Os profissionais do marketing de permissão gastam o mínimo de dinheiro e de tempo conversando com estranhos. Agem o mais rápido que podem para transformar estranhos em clientes potenciais que dão a sua permissão para uma série de comunicações... Se o cliente potencial concorda em prestar atenção, é muito mais fácil fazer a apresentação de seu produto.*

Outra tática é persuadir as pessoas a pagarem para notá-lo, em estratégia que examinaremos detalhadamente mais tarde.

O que todas essas abordagens diferentes têm em comum é uma tentativa de romper as barreiras da escassez, levando o consumidor a tentar responder: "Em que isso pode me interessar?" A não ser que os Novos Consumidores, que não dispõem de tempo, sejam capazes de reconhecer com facilidade e rapidez a compensação pessoal por atenderem a uma mensagem comercial em termos de uma recompensa prática, intelectual e emocional significativa, é improvável que façam isso.

Embora algumas mensagens tenham um apelo considerável para os Velhos Consumidores, como afirmações de que um produto ou serviço melhorará seu bem-estar, fará com que riam, despertará sua curiosidade, aumentará sua riqueza ou lhes dará algo por nada, transmitir o mesmo conteúdo aos Novos Consumidores – que não dispõem de tempo, são desconfiados e descrentes – exige uma abordagem mais específica e individual. Em alguns casos, significa identificar suas áreas específicas de interesse e direcionar a mensagem de modo que tenha um apelo pessoal, direto. Pode parecer impossível identificar com exatidão os interesses de um único indivíduo no meio de milhões de consumidores. No entanto, a tarefa não só pode ser realizada, como também, graças ao desenvolvimento da tecnologia de varejo e ao poder do computador, passou a ser feita regularmente. Com base em seu histórico de compras, obtido direta ou indiretamente, é possível elaborar um "mapa" detalhado de suas preferências.

Estamos falando do *tastespace*, o mapa virtual das preferências do indivíduo. No Capítulo 4, vamos esclarecer como ele pode ser projetado e também sua utilidade, que consiste em fornecer a muitas empresas o método mais seguro de persuadir os Novos Consumidores a investirem seu tempo e sua atenção cada vez mais escassos em produtos e serviços.

RESUMO

- O tempo, a atenção e a confiança se tornaram o recurso mais escasso na Nova Economia. As empresas que não reconhecem esse fato provavelmente sofrerão várias penalidades financeiras.
- A escassez de tempo é causada por demandas exageradas, como o aumento da competição global, a concorrência no ambiente profissional e a dupla jornada de trabalho. Nos próximos anos, essas pressões deverão aumentar, tornando o tempo e a atenção ainda mais escassos e, em consequência, mais valiosos comercialmente.
- Em resposta a essas pressões, os consumidores estão encontrando várias formas de "driblar" o tempo.
- A falta de tempo levou a uma segunda escassez: a de atenção. Como resultado, esse recurso torna-se cada vez mais valioso. Os Novos Consumidores, principalmente, precisam ser persuadidos a investir em mensagens comerciais, até mesmo uma pequena parcela de seu tempo reduzido.

- Há cinco categorias de tempo, cada uma com um nível diferente de atenção associado a ele. Para atrair e convencer os Novos Consumidores, os anunciantes precisam perceber qual categoria de tempo os consumidores devem estar vivenciando em diferentes situações.

- A atenção a uma mensagem depende do quanto ela é efetiva para desencadear nos Novos Consumidores uma resposta à pergunta: "Em que isso pode me interessar?" Com tantos apelos à sua atenção, eles só a dirigirão a produtos ou serviços que lhes estejam oferecendo com clareza algo diretamente relevante e de valor pessoal.

- Para agir de acordo com as informações recebidas, os Novos Consumidores precisam ter confiança tanto na mensagem como no mensageiro. Das três formas de escassez, a confiança é a que mais falta. Novos Consumidores bem-informados geralmente são desconfiados e cínicos quando se trata de promessas e garantias de organizações grandes e anônimas, sejam partidos políticos, sejam empresas comerciais.

- Para muitas empresas, a análise detalhada do *tastespace* de um indivíduo é a maneira mais efetiva de identificar seus verdadeiros interesses de Novo Consumidor e entender exatamente quais produtos e serviços lhe interessam mais.

4

Tastespace:
Criando um Shopping de Última Geração

Os hábitos de compra são tão individuais quanto impressões digitais.
Frank Feather, The Future Consumer

Nos arredores de Fênix, Arizona, há um edifício baixo, flanqueado por um gramado verde e fechado por uma cerca de tela, tão parecido com os condomínios de escritórios de alta tecnologia de qualquer cidade, que pode ser confundido facilmente com uma sede corporativa.

As aparências enganam.

Todas as vidraças são falsas e a estrutura é um grande bloco de concreto, cuja maior parte fica sob o solo, abaixo da pista de pouso do aeroporto de Fênix. O prédio foi concebido para suportar o impacto direto de um jumbo, em caso de acidente.

A cerca, aparentemente feita de tela, deteria um carro em alta velocidade e o veículo seria impulsionado para trás. Se intrusos mais poderosos, como terroristas dirigindo um tanque, conseguissem passar pela cerca, encontrariam novos obstáculos. O gramado, muito bem cuidado, encobre trincheiras de concreto armado que bloqueariam a passagem de qualquer invasor.

Que segredos extraordinários exigiriam um esquema defensivo tão sofisticado e caro? Mísseis nucleares ou projetos para um novo bombardeiro tipo *Stealth bomber*?

A resposta surpreendente revela algo nada bélico e, em muitos sentidos, consideravelmente mais valioso – informações detalhadas sobre hábitos de despesa de milhões de portadores de cartões da American Express do mundo todo.

Estamos falando do Amex Decision Sciences Center, a sede mundial informatizada da organização American Express, local onde são armazenados dados sobre todos os seus clientes. Os computadores de grande porte (*mainframes*) do edifício guardam tudo o que se pode saber sobre essas pessoas: onde gostam de fazer compras, o que e quando compram mais freqüentemente, para onde viajam de férias ou a negócios, seus meios de transporte preferidos, os restaurantes que freqüentam e até mesmo as condições econômicas de seus países de origem.

Com essas informações pessoais detalhadas, a American Express é capaz de fazer ofertas que considera irrecusáveis. Malas-diretas com objetivo preciso são enviadas a grupos de portadores de cartões cuidadosamente selecionados, incentivando-os a investirem seu tempo e atenção escassos em produtos e serviços que correspondem exatamente a seus interesses individuais. "Esse procedimento nos move para mais perto do verdadeiro micromarketing" – comenta Daniel Miller, da University College, de Londres. "Algumas ofertas são apresentadas a apenas 20 pessoas."

Essa forma requintada de identificar as necessidades de Novos Consumidores, por meio de uma análise de seu *tastespace*, está a anos-luz de distância das abrangentes técnicas de segmentação que há décadas orientam os pesquisadores de mercado em seus esforços para descobrir consumidores com maior probabilidade de interesse em determinado produto ou serviço.

Antes de discutir o poder e o potencial do *tastespace*, principalmente no caso de marketing voltado aos Novos Consumidores, vamos revisar brevemente esse método tradicional, ainda usado amplamente, de determinar o que as pessoas gostariam de comprar.

POR QUE A SEGMENTAÇÃO FALHA

Parecia uma idéia muito boa na época: conectar televisores à Internet e ter acesso instantâneo a milhões de telespectadores passivos, ansiosos para saber o que é a World Wide Web, mas intimidados com a tecnologia de computadores. Depois de gastar cerca de 50 milhões de dólares em propaganda, para conseguir apenas 50 mil assinantes, a WebTV e sócios da Sony e da Phillips Electronics admitiram a derrota e voltaram à estaca zero. O problema foi que os telespectadores passivos simplesmente queriam se divertir, enquanto os entusiastas da Internet estavam totalmente satisfeitos em navegar pela Web através dos monitores de seus PCs.

"A miopia do marketing da WebTV não é inédita" – comenta o jornalista Paul Judge[1], da *Business Week*. Ele destaca que no mercado de consumo de alta tecnologia, estimado em 280 milhões de dólares, as empresas que vendem desde acesso à Internet até telefones celulares, computadores e softwares, muitas vezes têm pontos cegos surpreendentes no que se refere a saber exatamente quem são realmente seus clientes.

"A abordagem tradicional sempre recai na velha taxinomia dos primeiros a adotar e seus seguidores e isso não basta" – concorda Peter M. Winter, presidente da unidade de mídia interativa da Cox Communications Inc.

A realidade dos Novos Consumidores é que eles desafiam consideravelmente a classificação – e por esse motivo a segmentação, pedra fundamental da pesquisa de mercado há mais de 70 anos, fracassa com tanta freqüência quando aplicada a eles.

A segmentação é um procedimento "desconstrutivo" que envolve classificar os consumidores de acordo com rótulos como idade, classe social, freqüência de uso do produto, renda, e assim por diante. Mas, ao fazer suposições gerais sobre seus padrões de gasto e comportamento, a técnica pode desprezar facilmente variações sutis e inesperadas. Como diz o especialista em marketing Mark Sherrington:

> *Muitos profissionais de marketing tendem a pensar que a segmentação do consumo seja a melhor e única forma de segmentar um mercado. A fórmula está errada. A segmentação é essencialmente entender como o mercado funciona e como as opções são feitas.*[2]

A visão de Sherrington encontra forte apoio em um estudo recente feito pelos especialistas em consumo Rachel Kennedy e Andrew Ehrenberg, que conduziram uma análise de perfis de segmentação de marcas em 42 indústrias do Reino Unido. Eles incluíram informações sobre as atitudes dos consumidores, bem como estilo de vida, dados demográficos e exposições na mídia. Os resultados foram más notícias para todos aqueles que ainda consideram a segmentação uma ferramenta de marketing útil, mesmo de forma marginal, pois mais de nove entre dez diferenças identificadas se revelaram insignificantes estatisticamente. Os pesquisadores comentam:

> *A segmentação de marca geralmente não existe. A verdadeira questão de marketing não é "quem compra?" mas "quantos compram?"*[3]

Apesar dessas dificuldades conhecidas, aqueles que fazem pesquisas qualitativas e os planejadores de propaganda costumam usar a segmentação e a maneira como os consumidores passam de uma classificação para outra, para identificar as oportunidades de marketing e dar o sinal de alerta diante de quaisquer mudanças significativas no comportamento do consumidor. A coluna vertebral do método de segmentação consiste de medidas de diferenças estatísticas entre os membros de uma população, como ocupação, educação, sexo, formação étnica, tamanho da família, código de endereçamento postal, e assim por diante.

Informações do US Census Bureau, por exemplo, permitem-nos ter uma idéia da mulher norte-americana "típica" – branca, casada, com idade entre 32 e 37 anos e curso médio. Tem 1,62 m de altura e pesa 70 quilos. No ano passado, gastou em torno de 375 dólares em presentes de Natal, deve 2.317 dólares no cartão de crédito e não fez testamento. Faz 3.516 ligações por ano em seus dois telefones de casa, mas não tem secretária eletrônica. É mais provável que seja democrata e protestante, pertencendo a uma igreja, embora sem freqüentar os cultos regularmente.

Michael Solomon, Professor de Ciências Humanas de Comportamento do Consumidor em Auburn University, acredita que esse tipo de informação possa ajudar a "localizar e prever o tamanho de mercados de muitos produtos, variando de hipotecas de imóvel a vassouras e abridores de latas". Como exemplo, sugere que você tente vender "comida para bebê a um homem solteiro, ou uma volta do mundo a um casal que ganha 15 mil dólares por ano".

Embora pareça lógico, o desafio não faz mais sentido, no que diz respeito aos Novos Consumidores. Considere, por exemplo, os três indicadores demográficos principais: idade, gênero e renda.

Idade

Você venderia um computador para usuários como uma criança de três anos ou um senhor de 65?

Com base no bom senso em marketing e nos padrões de compra de Velhos Consumidores, você provavelmente responderia "não" a essa pergunta. No que concerne aos Novos Consumidores, entretanto, o fato já está acontecendo. A Futurekids, empresa com oito centros em Londres e arredores, que leciona programas de computador, ensina a crianças, a partir de três anos, habilidades vitais como processamento de texto, bancos de dados, uso de planilhas, gráficos, editoração eletrônica e multimídia. No outro extremo, pessoas com mais de 60 anos representam um dos grupos que mais crescem entre os internautas no Reino Unido.

Gênero

Uma típica estratégia de marketing para vender charutos ou maquiagem provavelmente partiria da suposição de que os homens compram charutos e as mulheres batom. Portanto, a partir da segmentação de gênero, os charutos deveriam ser anunciados em publicações de interesse masculino e sombras para olhos em revistas femininas. Uma avaliação grosseira talvez afirme que a decisão esteja correta. No entanto, ela ignora alguns mercados significativos, apesar de pequenos.

A indústria do tabaco estima, por exemplo, que até 5% do mercado de charutos seja representado pelo público feminino. A Morton's of Chicago tem somente clientes mulheres fumantes, enquanto a Consolidated Cigar Corporation, que optou por essa tendência desde o início, produz a Cleópatra Collection, que apresenta charutos com ambas as extremidades afiladas, para ficar mais fácil acendê-los e segurá-los.

No que diz respeito à maquiagem, os travestis certamente a compram em quantidades consideráveis, mas seriam vistos como um segmento de mercado?

A segmentação ignora que as mulheres compram charutos para os homens e os homens compram maquiagem para as mulheres. Quanto a solteiros e comida para bebê, o segundo exemplo de produtos específicos sugeridos por Michael Solomon, é preciso lembrar que, com mais parceiros dividindo os cuidados de crianças e mais pais criando seus filhos sozinhos, este também é um mercado crescente que seria ignorado pela segmentação convencional.

Renda

Os profissionais de marketing que acreditam na renda como ferramenta de segmentação que dividirá rigorosamente a população em "potenciais" e "casos perdidos" devem reavaliar sua crença. Eles ficaram presos ao pensamento do Velho Consumidor. Lutar para sobreviver quando se tem baixa renda ou viver bem com renda alta tem pouco a ver com as razões para alguém se tornar ou não um Novo Consumidor.

As características do Novo Consumidor dizem respeito ao estilo de vida, atitudes e filosofia pessoal e não à renda. O crédito fácil permite aos Novos Consumidores, que dispõem de meios limitados, exibirem padrões de gasto comparáveis aos de indivíduos mais ricos. Não importa que tenham poucas posses. Suas aspirações e desejos estão aumentando constantemente.

Uma família com renda anual de 15 mil dólares que desejasse comprar um pacote de férias para dar a volta ao mundo certamente poderia realizar tal sonho graças ao crédito e aos baixos preços das passagens no setor altamente competitivo das empresas aéreas.

Como ressaltei no Capítulo 1, enquanto o estilo de vida minimalista, que tanto atrai os Novos Consumidores ricos, está longe de ser barato, os Estados Unidos testemunharam recentemente a popularidade crescente de "o barato é chique", em que os compradores abastados pechincham muito para conseguir descontos de alguns dólares. Fica claro aqui que o crucial não é uma pequena economia, mas a chance de se envolver na transação.

Da demografia à psicografia

Cientes desses problemas e conscientes de que a demografia não retrata indivíduos nem estilos de vida, os pesquisadores de mercado desenvolveram uma técnica mais aprimorada, segundo eles, de análise e classificação: a psicografia. O termo, inventado por Emanuel Demby, chefe da agência de marketing norte-americana Motivation Programmers Inc., envolve criar perfis psicológicos de consumidores dentro de grupos que primeiro foram segmentados usando-se padrões demográficos. Os consumidores são analisados de acordo com seus interesses, estilo de vida, atitudes e aspirações, a fim de se encontrar quem tem perfil similar.

Em 1973, por exemplo, a US Consultancy Commercial Analysts examinou 360 dimensões psicográficas, entre 4 mil pessoas, para chegar a oito perfis para cada sexo. As mulheres foram classificadas em grupos como "conformistas moralistas", "orientadas para a família e freqüentadoras de igreja", "matronas suburbanas realizadas" ou "mulheres liberadas voltadas para a carreira profissional". Da mesma forma, os homens variaram de "isolados sociais sem importância", "trabalhadores resignados e amargos" "imitadores do herói masculino" a "cosmopolitas sofisticados".

Não muito depois, a agência de publicidade Benton & Bowles chegou a seis perfis psicométricos diferentes, com base em um grupo de 2 mil donas-de-casa. Suas categorias eram: "otimistas extrovertidas", "vigilantes conscienciosas", "indiferentes apáticas", "auto-indulgentes", "preocupadas" e "bobas alegres".

O Stanford Research Institute (SRI) International, da Stanford University, desenvolveu o Sistema VALS™ de Segmentação, que originalmente agrupou os consumidores em cinco públicos-alvo, variando de "pertencentes" (definição VALS para os tipos Archie Bunker) a "socialmente conscientes" (denominação VALS para os *baby boomers* preocupados com a nutrição e o ambiente).

Em seu livro *The Image Makers*, o ex-executivo publicitário William Meyers afirma que os anunciantes utilizam essas informações para "explorar as fraquezas e emoções de cada um dos cinco grupos" e descreve como o sistema VALS™ foi usado para direcionar refrigerantes a eles.

Outros estudos levaram à criação do sistema VALS2™, que substituiu as categorias anteriores por grupos, que variavam em grau de importância para os profissionais de marketing. No alto dessa nova hierarquia estão os Realizadores (consumidores bem-sucedidos e com muitos recursos), enquanto os Batalhadores (preocupados em sobreviver e com capacidade limitada de compra além do básico) estão na base da hierarquia econômica.

Uma das tentativas mais recentes de segmentar o consumidor de alta tecnologia é o *Technographics*, desenvolvido pela Forrester Research Inc., consultores de tecnologia, uma empresa com sede em Cambridge, Mass., cujos clientes, usuários do novo sistema, de acordo com artigos da imprensa, incluem Ford, Bank of America e Visa. O *Technographics* segmenta as pessoas em uma de 10 categorias divididas entre otimistas e pessimistas. No rol dos otimistas estão os "Fast Forwards" (que avançam rapidamente), orientados para a carreira, que possuem uma média de 20 produtos de tecnologia por família, e os "Mouse Potatoes" (viciados em mouse), que usam os serviços on-line para entretenimento e investem pesadamente nos equipamentos mais recentes. Entre os pessimistas encontram-se os "Hand-shakers" (excluídos digitais), Velhos Consumidores que nunca tocaram em um computador, e os "Tradicionalistas", usuários de tecnologia relutantes em gastar com atualizações.

O processo de classificar consumidores, conhecido como taxinomia, é uma preocupação importante – e fonte de renda para os pesquisadores de mercado que parecem dividir seu tempo entre criar mais taxinomias, inventando títulos atraentes para elas, e criticar as elaboradas por outros pesquisadores. Há ainda um sistema que afirma prever padrões de despesas, orientado pelos signos do zodíaco!

Um artigo importante destacou na revista de comércio *Admap*:

> *A maioria das classificações é arbitrária, como se interrompessem freqüentemente um contínuo, digamos, no status ou no comportamento, marcando um divisor real entre grupos inerentemente dissimilares*[4].

O fim da segmentação

Como abordei no Capítulo 2, Shirley Polykoff ("Será que ela faz isso ou não?") e Ilon Specht ("Porque eu mereço!") estão entre os profissionais que ajudaram a aperfeiçoar um novo gênero publicitário. Em um movimento marcante de distanciamento da segmentação e da psicografia, elas promoveram a idéia de tentar entender a relação psicológica entre consumidores individuais e o que eles preferem consumir.

Os criadores dessa abordagem radical não foram redatores jovens, mas um grupo de cientistas sociais europeus emigrantes, dentre os quais Herta Herzog era a mais influente. Psicanalista vienense que fugira do holocausto nazista, Herta logo encontrou trabalho no departamento de pesquisa da Jack Tinker and Partners, uma agência situada na Madison Avenue, Nova York, o coração da publicidade norte-americana.

A pequena agência destacou-se pelo desenvolvimento e utilização da pesquisa motivacional, uma abordagem com metodologia baseada na psicologia da terapêutica dinâmica de Sigmund Freud. Herta foi uma das primeiras a perceber que as técnicas usadas por Freud para estimular lembranças e desejos reprimidos do subconsciente de seus clientes poderiam ser empregadas para descobrir o que levava os consumidores a escolherem determinado produto ou a preferirem certa mensagem publicitária. Ela e seus colegas aplicaram técnicas terapêuticas padronizadas, como hipnose, psicodrama e interpretação do teste de Rorschach, para tentarem entender os segredos da venda.

Em sua abordagem, com ênfase nos consumidores como indivíduos e não como membros de grupos cuidadosamente segmentados, Herta Herzog antecipou em mais de meio século um processo que só hoje, graças à tecnologia da computação, tornou-se uma possibilidade prática que permite a identificação de preferências pessoais e até a especificação das compras de cada cliente em particular. O processo, conhecido como *análise tastespace*, parece pronto para eliminar de vez a segmentação.

O mercado de massa está se desintegrando, dividindo-se em nichos cada vez menores (alguns dos quais podem abranger um único consumidor). Dentro dele, hábitos de compra individuais podem ser tão singulares e pessoais quanto as impressões digitais. Ao tentar fatiar uma população tão díspar quanto os Novos Consumidores, obtendo pequenos nacos que de alguma forma parecem estar juntos, a segmentação corre o risco de produzir um pensamento unidimensional sobre um fenômeno altamente multidimensional.

Sempre que fabricantes ou profissionais de marketing usam uma regra para atingir um alvo que vêem como um mercado homogêneo, é cada vez mais provável descobrirem que os verdadeiros clientes são exceções a essa regra!

A esse respeito, o especialista em marketing Keith McNamara afirma:

> *A segmentação, conforme foi conduzida historicamente pelos profissionais de marketing, acabou. O futuro da segmentação reside nos dados já coletados em sistemas computadorizados das organizações. Os dados históricos de quem compra produtos individuais é a chave para a criação de modelos que predizem o comportamento futuro*[5].

Ele está falando de um meio de identificar não os mercados de massa, mas consumidores individuais, reunindo e analisando dados suficientes sobre seus padrões de consumo e estilos de vida, para identificar algo tão singular e pessoal quanto suas impressões digitais – seu *tastespace*.

A ÚLTIMA NOVIDADE EM CENTROS DE COMPRAS

Imagine a última novidade em centro de compras, onde se poderiam encontrar produtos e serviços jamais concebidos pela mente humana. Ao longo de corredores infindáveis e em prateleiras imensas, você teria, à disposição, bilhões de itens de todos os países, culturas e sociedades. Todo tipo de alimento cultivado, criado ou apanhado estaria nesse centro de compras. Todo tipo de bebida, peças de roupa, calçados, computadores, carros, caminhões e aviões. Todas as revistas, jornais e livros impressos até hoje. Todas as fitas de áudio e vídeo já processadas, pacotes de férias para qualquer parte do globo, brinquedos, jóias, canetas, relógios, chocolates e doces, apólices de seguro e esquemas de pensão, bilhetes de loteria e lavadoras de pratos, tudo sob um único teto.

Em suma, essa última novidade em centro de compras estocaria a soma total da criatividade e produtividade humanas, o passado, o presente e o futuro.

Ele não é organizado, entretanto, à maneira convencional, por linhas e categorias de produtos, com todas as latas de feijão em uma prateleira e os relógios digitais em outra. De forma diferente, é planejado em torno de grupos de produtos que um consumidor individual comprou anteriormente e que parece provável que venha a adquirir no futuro.

Se, por exemplo, suas preferências em relação a música, alimento e roupas incluem *country* e *western*, bifes T-bone e botas de cowboy, então esses itens estariam próximos, de acordo com o *tastespace* pessoal daquele indivíduo. O *tastespace* de outro consumidor poderia levar ao agrupamento de vinhos finos, sopa de lagosta e CDs de jazz tradicional.

Ao visitar essa última novidade em centro de compras, faz sentido para os consumidores ficarem perto de seu *tastespace* pessoal, uma vez que certamente encontrarão todos os produtos e serviços que muito provavelmente lhes agrade. Ao ir longe demais, arriscam esbanjar seu tempo e atenção escassos com itens de pouco ou nenhum interesse para eles.

Enquanto você passeia pelo mais atual centro de compras, encontra outros consumidores que, pela razão de partilharem muitos aspectos de seu *tastespace*, podem ser vistos como espíritos afins. Em ocasiões semelhantes, você poderia se espantar quando algo que sempre considerou só seu – um lugar distante para passar as férias, um restaurante predileto ou uma música desconhecida – de repente é "descoberto" por outros consumidores. Lembro-me de meu espanto quando a ária de Puccini "Nessun Dorma" de Turandot, que há muito guardava como tesouro, foi adotada como o hino da Copa do Mundo de 1990 e ficou em segundo lugar nas paradas de sucesso durante várias semanas. De repente, a popularidade em massa roubou-a, de alguma forma, daquele sentimento especial que eu tinha há tanto tempo pela obra.

Os consumidores se beneficiariam enormemente de um centro de compras como esse, pois a tarefa de deparar exatamente com o que queriam seria muito facilitada. Ao mesmo tempo, descobririam novos bens e serviços de interesse genuíno para eles, itens que anteriormente só poderiam encontrar por acaso. Para os revendedores, o centro de compras estimularia gastos ainda mais altos e também lhes pouparia tempo e dinheiro normalmente empregados em ofertas irrelevantes.

Embora tal centro de compras nunca se torne uma realidade concreta, há uma possibilidade, como mostra o exemplo que dei, da American Express, que já o realiza, de certa forma, fazendo com que ele exista no ciberespaço, o mundo virtual dos sistemas de computador.

DATA MINING

O ciberespaço é um recinto imaginário, contendo todos os nossos dados de computador, que foi inventado – alguns diriam descoberto – por William Gibson, em seu romance *Neuromancer*. Ele definiu o ciberespaço como:

> *Uma ... representação gráfica de dados extraídos dos bancos de todo computador... complexidade inimaginável.*

A principal semelhança entre o ciberespaço e o *tastespace* é que, enquanto nenhum deles tem qualquer existência objetiva, ambos são capazes de exercer uma influência profunda sobre nosso entendimento do mundo real. São o que os cientistas chamam de padrões emergentes, não resultando de uma causa única, mas das inúmeras interações de muitas origens. Embora o vasto número dessas interações torne sua compreensão impossível a um cérebro, a enormidade da tarefa não impõe quaisquer problemas aos computadores. Por meio de uma técnica chamada *data mining*, imensas quantidades de informação podem ser analisadas, abstraindo preferências pessoais, identificando escolhas individuais e criando quadros de *tastespace* de todo consumidor.

Uma fonte importante de matéria-prima adequada para o *data mining* são as informações biográficas e de compras feitas com cartões de fidelidade emitidos pelos varejistas. Eles geralmente contêm não só informações pessoais sobre o portador do cartão, como também um registro de tudo o que eles compraram e que passou pela caixa registradora de determinada loja, bem como o dia e data em que esses itens foram adquiridos, fornecendo uma visão multidimensional.

"Cada comprador é único: mesmo que você tenha uma clientela de 15 milhões de clientes, pode chegar direto a um deles em particular" – diz Mark Smith, diretor de marketing e vendas da Quadstone, instalada em Edimburgo. O negócio de sua empresa é desenvolver softwares capazes de analisar milhões de informações de milhares de fontes, a fim de identificar o *tastespace* de consumidores específicos. No mundo todo, esses *data mining* agora valem até 6 bilhões de libras (10 bilhões de dólares) por ano.

> *Os dirigentes de algumas grandes empresas sempre souberam que há salas como essa, cheias de fitas e discos repletos de dados – mas não foram capazes de colocar as mãos neles, nem de usá-los. Sabiam quantos produtos vendiam, mas não tinham idéia de qual cliente comprava o quê. Nós permitimos que eles soubessem que o cliente A, B e C está comprando X, Y e Z[6].*

A vantagem dessa abordagem sobre a segmentação é dupla. Primeiro, é muito mais rápida. Informações de *data mining* do ponto-de-venda (Epos) com caixas registradoras eletrônicas, nas premissas de varejo, por exemplo, podem render padrões relevantes de detalhes pessoais e preferências de consumo e o fazem da noite para o dia. Em segundo lugar, uma vez que essa abordagem é um processo de baixo para cima e não de cima para baixo, nenhum consumidor precisa ser excluído. Como resultado, padrões inesperados, que poderiam ser esquecidos na segmentação, tornam-se imediatamente evidentes.

Outra forma de se usar o *data mining* é na identificação de produtos que freqüentemente são comprados juntos. Poderíamos descobrir, por exemplo, que os consumidores que levam a revista *Hello* provavelmente também comprem iogurte com baixa caloria e Coca light. Tal análise mostraria aos varejistas que os três itens estão intimamente associados ao *tastespace* desses consumidores em particular. Munidos dessas informações, eles identificariam outros produtos que mais provavelmente interessariam ao cliente e poderiam fazer ofertas com base nessas preferências.

REDES DE PREFERÊNCIAS (TASTE WEBS)

Existe também a possibilidade de criação de redes entre consumidores, para que informações sobre preferências de compra possam ser trocadas com outros indivíduos interessados, seja pela Internet, seja por meio de outras tecnologias. Há várias formas em que esse tipo de rede, que chamarei de rede de preferências, pode surgir.

Primeira: *do Novo Consumidor para o fornecedor*

Os consumidores, obviamente, estão em melhor condição de prover os fornecedores de dados sobre sua história de compra. Coletar informações de *tastespace* permite aos fornecedores ter como objetivo os clientes mais valiosos, para ofertar produtos e serviços mais adequados a suas necessidades individuais, como também identificar novas oportunidades de venda, enquanto aprimoram formas de gerar mais satisfação e reter o consumidor. Em troca de tais informações, entretanto, os consumidores normalmente esperam algum tipo de incentivo. Entre as recompensas amplamente usadas incluem-se descontos pelos cartões de fidelidade, brindes de incentivo pela recomendação da loja a amigos, ou uma oferta grátis. Embora esses métodos tenham provado ser eficazes, e em certa medida ainda sejam, há evidências de resistência crescente entre os Novos Consumidores, em particular, quanto a fornecer informações pessoais. John Hagel e Jeffrey Rayport comentam:

> *Não é segredo que os consumidores estão se tornando cada vez mais avessos a quantidade e profundidade de informações que as empresas coletam sobre eles. Mais especificamente, as pessoas começam a perceber que as informações que divulgam tão livremente em suas transações comerciais diárias, negócios financeiros e respostas a pesquisas têm valor e que, em troca, elas recebem muito pouco*[7].

Como o poder se desloca cada vez mais em direção aos Novos Consumidores, distanciando-se das empresas, Hagel e Rayport acreditam que serão criadas organizações "infomediárias". Elas servirão como agentes de marketing e mantenedoras de informações pessoais, que poderão negociar, em nome de seus clientes, ganhando dinheiro para eles, enquanto ajudam a resguardar sua privacidade.

Segunda: *Do fornecedor para o Novo Consumidor*

O fornecedor pode prover os consumidores de informações sobre um amplo conjunto de produtos e serviços, por correio ou fax, telefone ou Internet. Quanto mais cuidadosa for essa comunicação – e a análise do *tastespace* permite, como expliquei, um direcionamento bastante preciso –, maior será a probabilidade de que os Novos Consumidores, que não dispõem de tempo, fiquem atentos a elas.

Seth Godin, autor de *Permission Marketing*, usou adequadamente o método "dar para receber" como marketing de seu livro. Deixou os primeiros capítulos disponíveis gratuitamente na web, acompanhados de um apelo de venda: "Espero que você fique suficientemente motivado com essa amostra para ir em frente e comprar um exemplar!".

Terceira: *Do Novo Consumidor para o Novo Consumidor (direto)*

Os Novos Consumidores estão se unindo cada vez mais em grupos interessados em partilhar suas paixões por tudo, desde os primeiros carros a motor e coleção de selos, até programas de televisão. Há, por exemplo, websites sobre a comédia de televisão *Bewitched*, da década de 1960, bem como do clássico *ciberpunk* de ficção científica *Max Headroom*, da década de 1980. Esses sites trocam ou vendem suvenires, discutem questões de interesse comum e criticam enfaticamente toda corporação que ofenda sua sensibilidade delicada. Os *cool hunters* e os entendidos, cujos papéis descrevemos no Capítulo 5, também fornecem conselhos, orientação e sugestões para consumidores.

Quarta: *Do Novo Consumidor para o Novo Consumidor (via vendedor)*

Os fornecedores podem incentivar a fidelidade, agindo como canais para o fluxo de informações entre os Novos Consumidores. Na Internet, os varejistas freqüentemente incentivam os compradores a emitirem comentários, sugestões e críticas sobre o produto ou serviço. Essas intervenções oferecem aos consumidores em geral um feedback potencial útil, enquanto os incentivam a visitar o site. A Amazon.com, por exemplo, publica apreciações de seus livros – na maior parte escritas por leitores, alguns satisfeitos, tecendo elogios, e outros insatisfeitos, fazendo críticas.

EXPLORANDO O *TASTESPACE*

Embora as redes de preferências ofereçam novas vias de comunicação para a troca de informações obtidas por meio de uma análise do *tastespace*, os benefícios mais significativos surgem do modo como são exploradas, podendo ocorrer de três maneiras.

A primeira delas é que o micromarketing chega a ter um preço alto, com produtos mais lucrativos direcionados cuidadosamente a consumidores selecionados que, como no caso da American Express, atingem grupos de aproximadamente 12 pessoas.

O segundo uso consiste em identificar nichos de consumidores que pensam da mesma forma, cujo histórico de despesas sugere fortemente que poderiam estar interessados naquele produto ou serviço. Uma empresa que desenvolveu a tecnologia necessária para exercer essa poderosa técnica de marketing é a Capital One. Com 18 milhões de clientes e uma conta que cresce 40%, é uma das empresas de cartão de crédito com expansão mais rápida nos Estados Unidos.

A Capital One é capaz de prever a natureza de chamadas telefônicas recebidas antes mesmo de completadas e direcionar a pessoa que liga ao atendente com mais condições de responder às suas perguntas. Clientes que só querem verificar o saldo são remetidos a um computador, enquanto aqueles com dúvidas mais complexas são encaminhados a um funcionário – e tudo isso antes de o telefone tocar. O segredo está em uma análise cuidadosa de padrões de chamada, pela qual até 70% das necessidades de todos os clientes são previstas corretamente, economizando tempo da empresa e fornecendo um serviço mais eficiente. "Podemos responder a sua pergunta antes mesmo de você fazê-la" – afirma o diretor de informações da Capital One, Jim Donehey. "Essa é a genialidade do sistema."[8]

Nigel Morris, co-diretor da Capital One, ex-assistente social, de origem inglesa, admite com satisfação que o sistema é ainda mais genial do que parece à primeira vista, pois oferece oportunidades de vendas cruzadas para pessoas cujo *tastespace* já é conhecido quando elas ligam para a empresa. Um computador capaz de prever a pergunta mais provável de um cliente, afinal, também prevê seu interesse praticamente em qualquer outro tipo de serviço ou produto, desde hipotecas a telefones celulares. "Um telefone celular – afirma Morris – é um cartão de crédito com antena."[9]

A terceira aplicação da análise *tastespace* é para a pré-venda de um produto que ainda não foi criado. Seth Godin sugere que esse pode ser o verdadeiro objetivo e ambição da Amazon.com, que, como ele comenta, estará em dificuldades se considerar que seu futuro será apenas vender livros. Seus balancetes indicam que ela está pagando por seus livros mais que a Barnes & Noble. Isso mostra que logo um número crescente de empresas que também vendem livros on-line certamente serão capazes de oferecer seus produtos com preços competitivos. "Ora, por que a Amazon está tão ocupada construindo sua base de clientes, perdendo dinheiro com cada um deles e tentando compensar no volume de vendas?" – pergunta Godin. A resposta que ele mesmo dá esclarece que a Amazon terá sua compensação quando parar com o comércio de livros e começar a publicar.

Se, por exemplo, uma análise do *tastespace* de seus clientes mostrar que 1 milhão de leitores se interessam pelos romances de suspense de determinado escritor, a empresa poderia mandar um e-mail para eles, perguntando se gostariam de comprar o próximo lançamento desse autor, com distribuição exclusiva da Amazon. Se um terço dos clientes abordados concordasse em fazer o pedido, sugere Seth, a Amazon poderia entrar em contato com o escritor e lhe oferecer 1 milhão de dólares para escrevê-lo e, ainda assim, lucraria milhões. E isso com um único livro. Repita o mesmo exercício cem ou mil vezes e você não terá apenas criado o editor financeiramente mais bem-sucedido do mundo, como também terá reduzido a atual linha de publicação para apenas dois elementos, o escritor e a Amazon.

Mecanismos de recomendação

Uma vez que o *tastespace* começou a ser mapeado, gera possibilidades de ser usado de modo vantajoso para todos. A operação começa no nível básico: "Clientes que compraram os itens A, B e C também levaram X, Y e Z". A descoberta de uma correlação entre esses produtos pode, então, ser passada para o consumidor.

Outra abordagem eficiente para criar o *tastespace* foi desenvolvida pela www.alexlit.com, que oferece aos leitores uma lista de livros para que os classifiquem de acordo com sua apreciação, após a leitura. Depois que determinada pessoa identifica cerca de 40 obras, o site já é capaz de fornecer uma relação de livros que ela não leu, mas que provavelmente gostaria de ler. Quanto maior o número de visitantes, mais precisamente as indicações refletirão o *tastespace* de um indivíduo. Serviço semelhante é oferecido pelo website "Se você gosta..." (www.ifyoulike.com), que oferece aos consumidores recomendações que envolvem uma variedade de produtos como filmes, música e livros.

Mecanismo de satisfazer a preferência

A atração dos Novos Consumidores pelas compras levou a uma demanda por produtos que podem ser usados como instrumentos de criação, seja música, ilustrações, animações, seja até vídeos caseiros editados depois profissionalmente. Essa tendência parece estar se acelerando à medida que um número cada vez maior de câmeras, filmadoras, gravadores e softwares de editoração de baixo custo chegam ao mercado. Em breve, casas de moda poderão oferecer websites onde se pode desenhar, com ajuda profissional, todo um guarda-roupas original, a ser confeccionado por suas oficinas. Os fabricantes de carros, por sua vez, forneceriam meios para que os próprios clientes concebessem as especificações desejadas em um modelo standard, testando diferentes esquemas de cor e layouts do espaço interno. A Daewoo Corporation, uma empresa coreana, ofereceu serviço parecido em um showroom.

QUANDO A INTUIÇÃO SUBSTITUI O PODER DO COMPUTADOR

Embora os computadores sejam essenciais para lidar com vastas quantidades de dados obtidos por meio de cartões de fidelidade e métodos similares de reunião de informações, raramente são adequados ou práticos quando se trata de empresas menores. Deixando de lado o custo do equipamento e de processamento, haverá sempre um grande número de empresas que, devido ao seu tamanho ou ao número limitado de produtos, acham impraticável buscar padrões de gastos entre seus consumidores.

A alternativa ao uso de computadores para acessar o *tastespace* é a intuição, algo que pessoas de negócio bem-sucedidas estão empregando há gerações, com base no desenvolvimento de uma idéia nova sobre o modo como funciona a mente de seus clientes – às vezes chamado de *feeling* de mercado. Essas novas idéias podem surgir como resultado de muitos anos de trabalho em determinado ramo ou em decorrência de uma empatia derivada de um interesse profundo e genuíno pelos produtos e serviços que estão sendo vendido(s), bem como por aqueles a quem se faz a venda.

Um homem intuitivo em relação ao que os Novos Consumidores querem comprar é Richard Branson, que explica em sua autobiografia *Losing My Virginity*: "Confio muito mais no instinto que na pesquisa com enormes quantidades de estatísticas". Várias vezes, abrangendo uma ampla variedade de produtos, de discos a assentos para aviões e de vodka até serviços financeiros, esse instinto provou ser o critério mais exato para analisar tendências de mercado.

A maioria de nós provavelmente conhece um especialista entusiasta que vive e respira o que vende. No futuro, fornecedores pessoalmente envolvidos não só estarão em condições privilegiadas de lutar contra fornecedores impessoais, e às vezes ignorantes do produto, como também ganharão uma vantagem altamente positiva. Sua paixão e a riqueza de seu conhecimento pessoal provarão ser extremamente atraentes aos Novos Consumidores que buscam a autenticidade proveniente da atenção individual e do conhecimento do especialista.

Outra circunstância em que a intuição pode oferecer um guia mais preciso do que a análise de computador é no marketing de um novo produto, pois o modo como os Novos Consumidores reagirão a algo diferente nem sempre equivale ao comportamento demonstrado em suas compras habituais. Somente depois que o produto ou serviço foi introduzido e experimentado é que o nível de interesse pode ser julgado.

RESUMO

- A maneira mais precisa de identificar produtos e serviços de maior apelo aos Novos Consumidores não é a segmentação tradicional, mas a análise do *tastespace*.
- A abordagem da segmentação, de cima para baixo, ignora inevitavelmente, ou não identifica, nichos de mercado em desenvolvimento e leva as empresas a rejeitarem produtos e serviços inovadores que têm um apelo potencial mais amplo.
- A segmentação define os prováveis clientes de um produto – principalmente em benefício dos profissionais de marketing. Mas a segmentação tradicional de mercado não nos permite entender plenamente o Novo Consumidor, pois faz suposições sobre o comportamento dos consumidores que freqüentemente ignoram padrões sutis ou inesperados de compra.
- Ao contrário da segmentação, o *tastespace* não faz suposições sobre quem comprará um produto e, portanto, não limita artificialmente o mercado-alvo.
- O *tastespace* representa a última novidade em centro de compras, onde tudo o que você quer está disponível e criteriosamente reunido.
- Analisando o *tastespace* é possível dirigir mensagens comerciais, assim como produtos e serviços, àqueles grupos de Novos Consumidores que mais provavelmente demonstrarão interesse genuíno por eles.
- Muitos empreendedores altamente bem-sucedidos usam a intuição e seu conhecimento de mercado, em lugar de computadores, para analisar o *tastespace* do consumidor. Esse é freqüentemente o único caminho aberto para organizações menores ou para aqueles que estão lutando para levar produtos e serviços originais ao mercado.

5

Por Que o Boca a Boca Bate a Certas Promoções: *Cool Hunters*, Conhecedores e os Novos Consumidores

> *O truque não é apenas ser capaz de dizer quem é diferente, mas ser capaz de dizer quando essa diferença representa algo verdadeiramente legal. É uma coisa instintiva. Você tem de saber de algum modo.*
>
> Malcolm Gladwell, *"The Coolhunt"*

Mark Wentworth é um *cool hunter*. Aos 31 anos, esse ex-maquiador artístico se tornou um Sherlock Holmes da cor e suas opiniões e previsões passaram a ser constantemente requisitadas pelas empresas que desejam saber quais as cores "legais", que atraem o olhar de um Novo Consumidor.

Alto, loiro e com um ar jovial, Mark estava usando preto quando nos conhecemos em um restaurante no coração de Soho, em Londres. "O preto ajuda a tornar as pessoas menos visíveis – explica ele – permite misturar-se com o fundo".

Misturar-se com o fundo é importante para os *cool hunters*, que precisam ver sem serem vistos e observar sem serem observados. Não que o preto seja mais legal. "Preto é uma sombra dos anos 80 – diz Mark— preto e alumínio escovado refletiam a combinação de insegurança e inovação técnica, marca registrada daquela época."

O cinza, informou Mark a seus clientes corporativos, foi escolhido para se tornar o novo preto do final da década de 1990. Esta é a habilidade de um *cool hunter*: saber o que acontecerá e o que nunca acontecerá no mundo das tendências e ainda fornecer de tudo aos fabricantes, desde tinta a acessórios de roupa, sempre sinalizando sobre cores e estilos que estarão na moda, enquanto apenas começam a ser reconhecidos e apreciados por pequenos grupos formados pelos primeiros inovadores.

"A comunidade gay é excelente para indicar o início de uma tendência – comenta Mark – não só para cor, mas para música, moda e decoração de interiores. Se no início é legal para os gays, logo passa a ser legal para aqueles que não são gays."

"Previ que no início do milênio haveria um retorno às primeiras décadas do século XX" – continua ele. "A elegância edwardiana em roupas, decoração, acessórios e cortinas se firmará. Haverá certa decadência em designs, com "pitadas" de Oscar Wilde e Aubrey Beardsley. Cores vibrantes estarão em voga, sendo o índigo a mais legal."

Mais tarde visitamos as lojas West End, onde ele destacou as primeiras indicações de que suas previsões se tornavam realidade. Na Liberty, varejista de nível sofisticado (*upmarket*), havia jaquetas ousadas, em cores e modelos vibrantes, capas e maletas edwardianas com bordados de contas tão coloridos e elaborados, que poderiam ser confundidos com o figurino do *Titanic*.

"Legal?" – perguntei. Mark acenou a cabeça.

"Não é legal – corrigiu – é superlegal."

Nos Estados Unidos, DeeDee Gordon faz um trabalho equivalente ao de Mark. Ele trabalha para uma agência de propaganda e publica trimestralmente o *L Report*, pelo qual algumas empresas pagam em torno de 20 mil dólares por ano.

DeeDee explicou a Malcolm Gladwell, articulista da revista *New Yorker*, que o segredo de ser um *cool hunter* bem-sucedido é primeiro encontrar pessoas legais:

> Já que as coisas estão sempre mudando, você não pode procurá-las, pois o próprio fato de serem legais significa que você não tem idéia do que deve procurar... Pessoas legais, por outro lado, são uma constante[1].

Mas encontrar pessoas legais não é tarefa nada fácil. Piney Kahn, que trabalha para DeeDee, explica que muitas pessoas parecem legais, mas não são: "Você vê esses garotos que se vestem de modo ultrafunk e têm um estilo próprio. Depois percebe que eles estão correndo atrás dos amigos".

O território de Mark inclui clubes, pubs, feiras e desfiles de moda. Não o atraem os shows grandiosos, glamourosos, que freqüentemente só refletem tendências já em declínio, mas apresentações de trabalho feitas por estudantes universitários, designers e artistas emergentes. Mark conversa sem parar com jovens *cool*, garotos brancos, negros, asiáticos, gays e "mauricinhos", não só em Londres, Paris e Milão, como também em cidades provincianas onde o que é legal está germinando nos quartos do fundo, em aulas de moda e oficinas de artesanato.

Os *cool hunters* como Mark e DeeDee têm talento para descobrir o que é novo e interessante e ao mesmo tempo separar as tendências crescentes e fortes dos modismos que desaparecem rapidamente. É uma aptidão que nunca pode ser aprendida. Você só a possui se for verdadeiramente *cool*. "Esta é a essência do terceiro papel de um *cool* – diz Malcom Gladwell – você tem de ser legal para conhecer alguém também legal."

É isso que torna os *cool hunters* difíceis de achar e tão procurados por empresas importantes, que raramente dispõem de outro meio rápido e confiável de entrar em contato com o que os Novos Consumidores provavelmente comprarão.

Uma história bizarra da Hush Puppies, que de repente saiu da obscuridade para alcançar fama e fortuna no mundo glamouroso da alta costura, ilustra o quanto os *cool hunters* podem ser influentes.

A História dos Hush Puppies

No início da década de 1990, os Hush Puppies, os clássicos calçados esportivos de couro escovado e sola de crepe muito leve, estavam indo muito mal. Seu modelo Oxford, conhecido como Duke, e o Columbia, um calçado com fivela dourada, vendiam no máximo 65 mil pares por ano. A empresa, com base em Rockford, Michigan, preparava-se para trocar o couro esporte por um novo couro mole, o "active casual". Então, começou uma agitação inesperada em Manhattan. Os fabricantes souberam que, em Village, os jovens estavam caçando e acabando com os Hush Puppies das lojas de artigos usados e dos pequenos vendedores de calçados que ainda tinham o produto em estoque. Eles procuravam, nas palavras de Owen Baxter, executivo da Hush Puppies, a autenticidade de poder dizer: "Estou usando um par de Hush Puppies original". Nas ruas só se comentava que Hush Puppies era legal.

A primeira ligação que a empresa recebeu foi do designer de moda John Bartlett, que queria usar os sapatos da marca como acessórios em sua coleção de primavera. Pouco depois, Joel Fitzpatrick esvaziou a galeria de arte que possuía junto a sua loja, em La Brea Avenue, Los Angeles, e a transformou em um empório da Hush Puppies. No auge da volta à moda, a Hush Puppies ganhou o prêmio de melhor acessório no jantar de premiação do Council of Fashion Designers, no Lincoln Center. O presidente da empresa, Louis Dubrow, compareceu usando um Hush Puppies de couro preto feito sob medida. Malcolm Gladwell relatou:

> *Foi um momento estranho. O presidente da Hush Puppies estava lá... partilhando o palco com Calvin Klein, Donna Karan e Isaac Mizrahi – tudo porque alguns garotos em East Village começaram a procurar em bazares beneficentes pelos velhos Dukes. A moda estava à mercê daqueles garotos.*[2]

A história da Hush Puppies fornece duas lições valiosas para os profissionais de marketing que desejam vender produtos ou serviços aos Novos Consumidores.

Primeiro, ela ilustra o poder extraordinário do boca a boca. Começaram a se espalhar comentários enfatizando que os calçados Hush Puppies não esquentavam demais os pés e logo uma demanda inesperada fez esses sapatos desaparecerem como pó das prateleiras. O designer de moda Isaac Mizrahi deu início à avalanche. O fluxo cresceu e em seguida se transformou em uma demanda torrencial – dentro de dois anos, 600 mil pessoas estavam comprando Hush Puppies. Foi um triunfo que nenhuma publicidade onerosa poderia jamais imitar. Estarei discutindo as diferenças entre boca a boca e certos tipos de promoções mais tarde, neste capítulo.

A segunda lição é o reconhecimento do poder que os *cool hunters* têm de apontar uma tendência em formação, acelerando seu progresso por meio do endosso pessoal e profissional.

CONHECEDORES – O PODER POR TRÁS DO SUCESSO DE VENDAS

Enquanto os *cool hunters* agem mais como consultores de grandes empresas, outro grupo bem-informado e altamente influente de consumidores opera em um nível muito mais local e básico. São os conhecedores. Embora sejam pagos ocasionalmente para promover produtos ou serviços de alguma empresa, sua grande maioria é formada por indivíduos que não recebem nada e se deliciam em descobrir algum aspecto particular de consumo como alimentação, bebida, roupas, carros, e adoram passar sua experiência – gratuitamente – aos amigos, colegas e, na verdade, a qualquer um que os procure e lhes peça ajuda.

Uma vez que são considerados tanto conhecedores como objetivos, suas visões geralmente são levadas a sério e seus conselhos costumam ser ouvidos, principalmente por Novos Consumidores com falta de tempo. Como resultado, as visões de apenas alguns dos milhares de conhecedores têm o poder de influenciar os padrões de compra de milhões de consumidores, transformando homens e mulheres anônimos em uma força econômica que nenhum produtor nem fornecedor deveria subestimar.

De acordo com Linda Price, professora de marketing da University of South Florida, primeira a usar o termo conhecedores (*mavens*) no final da década de 1980, eles são os mais poderosos e influentes de todos os Novos Consumidores. Sabem tudo sobre consumo e possuem um conhecimento quase enciclopédico acerca de produtos, preços e melhores locais para comprar. Price explica:

> *Os conhecedores iniciam debates com os consumidores e atendem a suas solicitações. Eles levam você às compras e até vão às compras para você. Acabam sendo muito mais comuns do que se pode esperar.*

A distribuição de conhecedores não varia por categoria étnica, renda ou status profissional. A probabilidade de uma mulher que trabalha conhecer o mercado tanto como uma mulher que não trabalha é a mesma. Não surpreende que os conhecedores não sejam apenas grandes "guias" para os outros. Em sua área de experiência destacam-se como consumidores muito melhores, mais orientados para as "características" dos produtos e raramente se deixam impressionar por promoções.

"Você consegue alcançá-los – diz Linda Price – mas este é um argumento intelectual."

Há quatro tipos principais de conhecedores, cada um com uma formação diferente e qualificações variadas para a função.

Conhecedores da comunidade

O conhecedor mais comum e, em muitos sentidos, o mais persuasivo, é aquele que não recebe nada e acha muito agradável ir às compras. Em sua área auto-selecionada de especialidade, ele se mantém bem-informado quanto às últimas tendências e modas, gasta a maior parte do tempo livre fazendo compras, comparando preços, verificando a qualidade e procurando os melhores negócios.

A qualidade essencial para alguém se tornar um conhecedor da comunidade é uma profunda paixão pelas compras, associada a um olho clínico para a qualidade e o design, instinto para perceber quais serão os artigos mais procurados amanhã e disposição para experimentar os últimos produtos e modelos. Não só esses conhecedores ficam ansiosos para ser os primeiros a comprar e experimentar tais novidades, como também, o que é ainda mais importante, gostam de ser vistos como pessoas de vanguarda. E aí reside seu valor. Eles assumem riscos ao usarem um produto novo, antes de ser aceito pelo mercado, demonstram essa atitude com orgulho para os amigos, e geram agitação ao fazerem comentários praticamente a qualquer um. Os outros consumidores ficam atentos às ações desses conhecedores e aguardam ansiosamente suas opiniões, pois querem saber se o lançamento realmente é bom e se crêem que valha a pena comprá-lo.

Quando um número suficiente de conhecedores começa a consumir algo novo disponível, seja filme, livro, restaurante, música ou telefone móvel, é provável que as vendas disparem.

Conhecedores profissionais

Os conhecedores profissionais são indivíduos cuja atividade profissional ou qualificações lhes dão autoridade ou experiência genuína em uma área específica. Encaixa-se nessa categoria uma série de especialistas, incluindo críticos de cinema, livros, música, teatro, e apreciadores de restaurantes, editores de revistas sobre carros, moda, compras, e consultores que orientam o consumidor pela televisão e outros meios de comunicação.

Um tipo de conhecedor profissional, com uma visão claramente menos objetiva dos produtos que sugere, é contratado pelas lojas de alta classe para auxiliar clientes de status elevado e alta renda a localizarem com rapidez exatamente o que procuram. Esses experientes conhecedores dão conselhos a príncipes e presidentes sobre os produtos que devem adquirir e até vão às lojas para fazer as compras – embora não paguem por elas, é claro. Você precisa ter um gasto mínimo em torno de 50 mil libras por compra e estar na lista de personalidades importantes para usufruir dos serviços desses profissionais. Por isso, é claro que tais conhecedores só estão disponíveis para uma pequena minoria de compradores.

Bem mais democráticas são as assistentes de compras, ou *karisuma* (carisma), mania surgida no final do milênio entre muitos varejistas de moda e artigos de luxo no Japão. As *karisumas*, que podem ser encontradas em quase todo lugar, de lojas de roupas a salões de cabeleireiro, são jovens cuja imagem ou serviços passam a ser percebidos pelos adolescentes como representativos do ponto alto da moda e da individualidade. São contratadas por lojas como a Egoist, butique que vende vestidos estilo década de 1970, no quarto andar da 109, um centro de compras localizado em Tóquio. Em 1999, a estrela *karisuma* da Egoist foi Yoko Morimoto, de 22 anos, que usava uma peruca de cabelo castanho, solto, cheio de luzes, sandálias de plataforma de 10 centímetros, argola no nariz e unhas compridas pintadas de rosa. Sua popularidade era tamanha que as revistas e emissoras de televisão a convidavam freqüentemente para entrevistas. Seus clientes jovens a consideravam um ícone da moda, mais potente que qualquer cantora pop ou atriz famosa[3].

O poder de conhecedores profissionais para transformar até mesmo um artigo aparentemente desinteressante em um produto vendido em massa é ilustrado pela história curiosa da ascensão do cardigã à fama[4]. Durante anos, ele ficou esquecido como uma relíquia nada atraente da década de 1950. No início dos anos 90, começou a voltar à moda, depois que designers minimalistas, em especial Prada, introduziram-no em suas coleções. Depois de usado pelos seguidores de bandas *grunge new-wave* como Pearl Jam e Nirvana, cresceu rapidamente em tendência a ponto de, no final do século, ser praticamente impossível abrir uma revista de fofoca sem encontrar personalidades famosas exibindo cardigãs psicodélicos, desenhados por Marc Jacobs ou Matthew Williams, em cerimônias de premiação e estréias de filmes. O cardigã atingiu status econômico e social ao ser incluído no Índice de Preços no Varejo do Reino Unido, o barômetro oficial para gastos do consumidor. Os itens só são incluídos nesse índice quando vendidos em quantidade tal que o nível de demanda pode afetar as tendências em gastos gerais.

Conhecedores fanáticos

A Internet permite aos fãs de praticamente tudo – de locomotivas a grupos de rock, de *Dr. Who* a *Guerra nas Estrelas* – partilharem, pela rede, suas paixões. Mesmo um produto aparentemente inexpressivo, os blocos Lego, inspirou mais de 30 websites produzidos por fãs e *news groups*. Quanto mais um produto representa uma filosofia ou visão distinta, como os computadores da Apple ou o filme *Guerra nas Estrelas*, maior a probabilidade de os Novos Consumidores formarem grupos de admiradores em torno dele.

O fenômeno, representado por fãs dedicados, mas obcecados, que se reúnem na Internet, destaca seu potencial para formar comunidades influentes de consumo. Sua fraqueza principal como conhecedores confiáveis, entretanto, é a visão um tanto "distorcida" que os impede de aceitar que o produto ou serviço, tão admirado por eles, possua pequenas falhas ou defeitos.

Celebridades conhecedoras

O último grupo de conhecedores, embora geralmente mais influente entre os Velhos Consumidores, às vezes pode desencadear um frenesi de gastos, que envolve também os Novos. Seus integrantes são capazes de alcançar imenso poder de influência e persuasão. Não por meio de algum conhecimento ou experiência particular, mas simplesmente porque são grandes personalidades freqüentemente reconhecidas em âmbito internacional. Como seus comentários são amplamente divulgados pela mídia, as opiniões que emitem geralmente ganham muito mais destaque do que merecem.

Nos Estados Unidos, os hábitos de leitura de presidentes podem transformar praticamente qualquer livro em *bestseller* da noite para o dia. John Kennedy, fã de James Bond, lançou os romances iniciais de Ian Fleming em órbita. Outro sucesso estrondoso aconteceu graças à admiração de Ronald Reagan pelo primeiro romance de Tom Clancy, The Hunt for Red October.

Considerado uma poderosa ferramenta de marketing, quando medido pela quantidade de boca a boca que gera – pelo menos em curto prazo –, acreditamos que o endosso de uma celebridade conhecedora cria dois problemas principais ao ser usado para atrair Novos Consumidores desconfiados. O primeiro é que pessoas bem-informadas sabem que em muitos casos a celebridade está sendo paga, provavelmente muito bem, para fazer tal declaração. Essa realidade transforma boca a boca em certos tipos de promoções e – por razões que discutirei em seguida – ficam desvalorizados aos olhos do Novo Consumidor. Boca a boca genuíno tende a parecer igualmente suspeito e não merecedor de consideração, o que pode se refletir no produto.

O segundo problema é que, como personalidades conhecedoras exercem influência de cima para baixo, é pouco provável que ela sobreviva no nível básico.

Evidentemente, há exceções. As celebridades dos esportes, que promovem algo ligado a sua área de atuação, transmitem certa autenticidade que está além de si mesmas e seu endosso permite até aos Novos Consumidores descrentes confiarem em seus julgamentos. O mesmo se aplica a todas as celebridades também conhecidas como especialistas. Mas, quando alguém famoso tenta, ou é incentivado a invadir uma área que não é a sua, provavelmente a tática seja desconsiderada pela maioria dos Novos Consumidores, até mesmo quando aceita pelos Velhos Consumidores.

Até animais famosos, ao que parece, às vezes emitem "endosso" considerado autêntico por algumas pessoas. Enquanto conduzia estudos em um supermercado, não muito tempo atrás, um de nossos pesquisadores ouviu um casal de idosos discutir sobre qual chá deveriam comprar. Apontando para uma caixa de PG Tips, marca há anos associada a comerciais de televisão, que mostram a bebida sendo saboreada por uma família de chimpanzés, o homem disse à sua companheira: "Vamos experimentar um pacote daqueles. Os chimpanzés falam muito bem deles"!

As três fontes de poder dos conhecedores

Hoje, todos temos potencial suficiente para adquirir quase tanto conhecimento quanto os fornecedores sobre bens e serviços, sua disponibilidade, determinação de preços, opções de financiamento e alternativas oferecidas pelas empresas concorrentes. A principal cautela aqui é "potencial". Enquanto todo Novo Consumidor pode, teoricamente, acompanhar tais informações, raramente tem tempo disponível para isso. O resultado é uma dependência crescente em relação a outros que são capazes estão prontos e dispostos a localizar as informações em nome deles. É dessa necessidade que deriva a primeira fonte de poder dos conhecedores. Isso é verdadeiro, sejam eles profissionais pagos, trabalhando em tempo integral, ou amadores entusiastas que desejam partilhar os frutos de seu trabalho com amigos e colegas.

Embora seja fácil perceber que conhecedores profissionais encontram tempo para buscar e disseminar seu conhecimento especializado em consumo – afinal é o seu meio de sobrevivência – pode parecer paradoxal que os Novos Consumidores, com a pressão do tempo, sem ter retorno comercial nem financeiro, sejam capazes e estejam dispostos a fazer o mesmo. A explicação é que ficam tão fascinados, entusiasmados e excitados com os produtos e serviços que os tornam especialistas, que esse tempo é visto como investimento e não como desperdício. Eles o investem na diversão, no "suspense da caçada", na satisfação de fazer uma barganha e obter melhor preço que outros compradores menos bem-informados.

Esse tipo de entusiasmo faz Cynthia Hemming, diretora executiva de minha consultoria de pesquisa e uma respeitada conhecedora de moda, reservar tempo em sua programação intensa para uma pequena "terapia de compras". Suas marcas favoritas atualmente são Max Mara, Sisley e Jil Sander. Ela explica:

> Há momentos em que preciso sair de meu trabalho e acho que ajudar amigos e colegas a fazer compras e pesquisar a última moda é uma perfeita maneira de relaxar.

A segunda fonte de poder dos conhecedores vem diretamente da desconfiança que a maioria dos Novos Consumidores sente quando compra produtos e serviços desconhecidos de fornecedores com quem não está familiarizada. Sabendo do potencial de tomar más decisões, possivelmente onerosas, procuram um especialista para orientá-los em território estranho. Eles reconhecem que, além de possuir conhecimento considerável sobre determinado produto ou serviço, os conhecedores geralmente sabem dos truques e estratagemas que podem ser usados contra os que não têm cautela. O pesquisador Gregory Schmid comenta:

> Os Estados Unidos passaram quase um século construindo uma rede reguladora para proteger cidadãos dos riscos complexos de uma sociedade rica, urbanizada, industrializada. Agora, um consumidor mais exigente, as novas tecnologias e o mercado global muito mais competitivo estão criando gradualmente um ambiente mais auto-regulador e aberto ao discernimento do consumidor, um ambiente em que é mais fácil espalhar por todo o mercado o risco que antes era assumido formalmente pelo governo[5].

É uma tendência que a consultora de marketing e futurologista Faith Popcorn denominou "consumo vigilante". Diz ela:

> Nós, consumidores vigilantes, buscamos substância em vez de estilo. Verdade em vez de embalagem. Respostas e não pressreleases[6].

O terceiro fator que coloca um poder cada vez maior nas mãos dos conhecedores é que a simples abundância de produtos e serviços torna cada vez mais difícil e confuso a quem não é especialista decidir o que atenderá melhor às suas necessidades específicas.

Só nos Estados Unidos, por exemplo, mais de 35 mil bens estão sendo anunciados atualmente, enquanto o hipermercado médio pode estocar até 40 mil itens diferentes. Com possibilidade de expansão ainda maior nos próximos anos, graças em grande parte à Internet, avaliar todos os produtos será um desafio tão impossível para a imensa maioria dos Novos Consumidores que eles serão obrigados a confiar cada vez mais no julgamento dos conhecedores.

COOL HUNTERS E CONHECEDORES – OS VERDADEIROS FORMADORES DE MERCADO

Fica fácil entender a importância dos *cool hunters* e dos conhecedores como formadores ou destruidores de mercados, no que diz respeito a produtos como música pop, jogos de computador, vídeo, filme e produção de televisão, moda e acessórios de moda, mas sua influência em outras áreas da manufatura pode parecer tênue ou até mesmo inexistente.

O instinto dos *cool hunters* e a opinião de conhecedores realmente importam a empresas que, por exemplo, fabricam aparelhos para cozinha, carros, telefones móveis, computadores ou móveis para jardim?

A resposta é que importam muito. Se não influenciam diretamente designs e características, pelo menos formam o ambiente cultural no qual todos os produtos destinados aos Novos Consumidores devem se encaixar. Mesmo empresas com produção voltada ao marketing de massa e ao consumo em larga escala, dirigidos aos Velhos Consumidores, são, de alguma forma, afetadas por tendências legais provenientes da rua.

Qualquer organização empresarial que ignore o poder desses formadores de mercado corre perigo. De todos os novos produtos introduzidos nos mercados europeu e norte-americano em 1998 apenas 20% tiveram sucesso comercial. Essa parcela, pelo menos em parte, chegou a um resultado feliz graças à crescente influência de *cool hunters* e conhecedores e à sua capacidade de identificar novos produtos, que oferecem benefícios genuínos, no meio de lançamentos supérfluos, sem originalidade, mesmo sendo intensamente divulgados e entusiasticamente promovidos.

Se você consegue convencer um conhecedor de que vale a pena comprar seu produto ou serviço, então ele, por sua vez, convencerá outros consumidores – que podem ser menos de uma dezena ou vários milhões.

Devido a uma experiência não tendenciosa, a visão dos conhecedores revela alto nível de autenticidade, o que os torna especialmente influentes. Como resultado, os produtos e serviços recomendados por eles ganham a imagem de autênticos. Os Novos Consumidores, confiantes, economizam seu tempo e atenção, escassos na hora da compra, pois não têm de se preocupar com uma infinidade de opções.

O aprendizado para fabricantes e fornecedores, portanto, é que, embora seja importante ganhar a confiança dos Novos Consumidores, é ainda mais vital impressionar os conhecedores que atuam como seus representantes.

Pode-se alegar que atualmente faz-se um esforço exagerado para impressionar conhecedores profissionais com um conjunto de estratégicas ofertas promocionais que incluem férias com despesas pagas em recantos paradisíacos, empréstimos ou presentes de produtos de prestígio, convites para conferências de vendas e feiras com viagem de luxo incluída.

Embora o poder que muitos conhecedores profissionais têm de disseminar amplamente suas opiniões, pelo acesso direto à mídia, não esteja em dúvida, deve-se considerar também a necessidade de atrair os conhecedores da comunidade, aqueles entusiastas e amadores bem-informados que podem ser parente, amigo, vizinho ou colega de um Novo Consumidor. Com a Internet se tornando uma fonte de conselho e orientação mais importante, informativa e convincente do que os jornais, revistas ou televisão, a influência dos conhecedores profissionais é bem menos poderosa e persuasiva que antes.

Os conhecedores da comunidade também são capazes de promover produtos com simples trocas de idéias que podem, em alguns casos, se espalhar com rapidez surpreendente por comunidades inteiras e, por meio da Internet, cruzar as fronteiras nacionais. Essas conversas ocorridas na comunidade revestem-se de uma confiabilidade muito maior que as sugestões e os conselhos dados de cima. São mil vezes mais influentes que as propagandas pagas ou o endosso de celebridades. Essa é a diferença entre publicidade e boca a boca.

BOCA A BOCA E CERTOS TIPOS DE PROMOÇÃO

O sucesso do filme *Bruxa de Blair* oferece um exemplo perfeito do poder que o boca a boca tem de superar até mesmo a publicidade mais cara, quando gera excitação entre os Novos Consumidores.

Depois de sua primeira apresentação, à meia-noite, na abertura do Sundance Film Festival, na Flórida, em 1999, as perspectivas do filme pareciam longe de um brilhantismo. Os compradores receberam o filme educadamente, sem entusiasmo, e estava claro que encontrar um distribuidor não seria nada fácil. Os produtores ficaram encantados, portanto, quando uma pequena empresa com sede em Nova York, a Artisan Entertainment, fez-lhes uma oferta. Foi a única. Para indignação de outros distribuidores, a Artisan pagou 1 milhão de dólares pelos direitos de distribuição. "A coisa mais assustadora sobre *Bruxa de Blair* é que qualquer pessoa pagaria 1 milhão pelo filme" – declarou um concorrente, com desdém[7].

Mas seu cálculo não levou em conta o poder do boca a boca e da Internet. O co-escritor e diretor Eduardo Sanchez montou um website da fita, Blairwitch.com, contando a suposta história, com início no século XVIII, até o desaparecimento misterioso de um grupo de crianças de uma vila. O site foi desenhado de forma que, para encontrar o caminho, os visitantes tinham de se envolver com a história. O estilo é quase acadêmico, com descrições não-emocionais de horrores, como a extração de vísceras. Quando o filme foi lançado, os internautas invadiram o site. O *Blair Scare* passou a ser discutido calorosamente em salas de bate-papo por Novos Consumidores norte-americanos influentes.

O que funciona para filmes também se aplica aos livros. Veja Harry Potter, um gênio de 11 anos, criado em 1997 pela autora inglesa J. K. Rowling. Desde seu aparecimento, mais de 5 milhões de livros de Rowling foram vendidos no mundo todo,

3 milhões deles nos Estados Unidos – um enorme sucesso atingido praticamente por meio de comentários comuns e não pela publicidade. Para gerar interesse nos Estados Unidos, por exemplo, a Scholastic, editora norte-americana, começou uma campanha boca a boca meses antes de aparecer o primeiro livro, enviando cópias a influentes conhecedores, incluindo críticos, bibliotecários e, talvez os mais importantes de todos, as crianças. Nas palavras da gerente de marketing da Scholastic, Jennifer Pasamen, "esse era nosso universo de grandes bocas"[8]. Os comentários que *Harry Potter* gerou foram tantos que aqueles exemplares de capa dura de 18 dólares sumiram das prateleiras, enquanto fãs impacientes de Potter pediam exemplares do próximo livro de Rowling pela Amazon.com.uk. Apesar das críticas de alguns grupos da Igreja afirmando que Rowling promove magia negra, o interesse dos Estados Unidos foi tão grande que a Amazon.com.uk resolveu não enviar mais de um exemplar por pedido de qualquer livro de Harry Potter para os Estados Unidos.

Compare tal sucesso com o fracasso abjeto da publicidade feita para virar a sorte do filme *Godzilla* que, apesar de um gasto promocional superior a 200 milhões de dólares, teve uma receita bruta de bilheteria, nos Estados Unidos, de apenas 136 milhões.

Os Novos Consumidores informados, com mentalidade independente e individualistas, geralmente podem identificar exageros a quilômetros de distância e já não se impressionam mais, nem se deixam convencer por truques. Gary Hamel e Jeff Sampler destacam:

> *Quando os anunciantes marcaram 100 no "publicitômetro", os consumidores desenvolveram seus detectores de boca a boca. Não é de admirar que um número cada vez maior de consumidores esteja procurando obter informações de alguém que seja imparcial*[9].

Não são apenas os consumidores que tendem a colocar um alto valor nas opiniões de outros consumidores. Muitos no setor de entretenimento e publicidade estão agora prestando muita atenção a visões expressas na Internet. Foi o boca a boca pela Internet, e não a publicidade de agentes, que levou a um acordo quanto à publicação de nove títulos do novato Steven Erikson, um executivo de comunicações da Toyota, nascido nos Estados Unidos, que gerou um negócio de 675 mil libras.

Quando o primeiro romance de Steven, *Gardens of the Moon*, foi publicado pela Bantam na primavera de 1999, o livro atraiu vendas modestas. Mas as pessoas que o leram ficaram tão entusiasmadas com a história que espalharam rapidamente a notícia pela Internet. A excitação dos leitores foi tamanha – alguns descreveram Erikson como "a nova face de tudo" – que o agente Patrick Walsh conseguiu persuadir a Transworld a lhe fazer a oferta que todo autor sonha. Walsh comentou:

Isso mostra que a Internet agora é muito mais poderosa que os críticos. O que chamou a atenção de todos foi que os fãs estavam promovendo Steven entre eles[10].

O boca a boca é a versão natural, autêntica, da publicidade. São conversas rápidas, contagiantes, que se espalham de um consumidor para outro, sobre algo de interesse comum e genuíno. Os comentários podem ser sobre um produto, serviço, local, pessoa, programa de televisão ou mesmo uma idéia. O boca a boca é criado e se espalha entre os consumidores pelas ruas. Em contraste, a publicidade, gerada no mundo corporativo, é dirigida aos consumidores. O boca a boca, diz a escritora Nancy Austin, é a "CNN da rua".

Os comentários geralmente dizem a verdade – seja ela boa ou má – sobre um produto e por isso sua credibilidade é alta. Como a publicidade tem sempre o objetivo de promover, é vista com descrença e desconfiança cada vez maiores pelos Novos Consumidores, principalmente se eles têm a experiência negativa de um produto ou serviço que não correspondeu à publicidade.

Entre em smartgirl.com e você poderá descobrir exatamente o que as adolescentes têm a dizer sobre vários aspectos da cultura popular do consumidor, de cosméticos, filmes, revistas, a celebridades. De acordo com uma listagem recente, Will Smith está em alta, juntamente com presilhas para cabelo em formato de borboleta e "patricinhas", enquanto Leonardo Di Caprio está em baixa, assim como Tommy Hilfiger. Algumas críticas de produtos são bastante grosseiras, a ponto de deixar um gerente comercial de cabelos brancos de um dia para o outro. "Não use, a não ser que você queira gastar seu dinheiro com um produto que vai estragar seu cabelo" – adverte Aoife, de 16 anos, citando um xampu popular. No mesmo site, outro xampu recebe esta crítica pesada de Julia, 17 anos: "Se você quer dar um presente para seu pior inimigo, compre essa porcaria".

O boca a boca está superando rapidamente a publicidade em termos da persuasão, à medida que os Novos Consumidores se tornam mais informados e cada vez mais ligados a fontes de experiência. Enquanto a publicidade requer tempo, esforço e despesas para circular, o boca a boca pode se alastrar como fogo por uma comunidade. A tabela a seguir mostra algumas das principais diferenças entre essas duas formas de promoção.

	Boca a boca	Publicidade
Estilo	Democrático	Autocrático
Conteúdo	Tem mais probabilidade de ser considerado verdadeiro	Tem mais probabilidade de ser considerado insincero
Mídia típica	Conversas, websites, e-mail	Imprensa, propaganda
Exemplos	Rumores, fofoca	Press releases
Reação dos Novos Consumidores	Confiança	Desconfiança

Para os Novos Consumidores, o boca a boca, seja espalhado na rua seja pela Internet, é muito mais influente que qualquer publicidade. Uma vez persuadidos pelo boca a boca, entretanto, tanto os Novos como os Velhos Consumidores se tornam tremendamente receptivos à publicidade.

Essa combinação poderosa de marketing, composta de comentários positivos seguidos de publicidade, é bem ilustrada pela empresa Iams Co., fabricante de ração para animais domésticos, em Dayton, Ohio. Quando ela começou um boca a boca dizendo que sua ração era mais nutritiva, a maioria dos 57 milhões de donos de cachorros e dos 70 milhões de donos de gatos dos Estados Unidos se contentou em pegar um saco de Dog Chow ou 9-Lives das prateleiras dos supermercados. Em vez de atacar de frente os hábitos entrincheirados do consumidor, a Iams dirigiu sua campanha, baseada na importância da nutrição saudável para a saúde de um animal de estimação, a profissionais como veterinários, criadores e donos de canis, cujos conselhos seriam confiáveis. Com um zelo quase evangélico, a Iams enfrentou a tarefa de mudar os hábitos de alimentação dos animais de estimação do país, procedimento que o CEO Clay Mathilde comparou ao trabalho de "missionários salvando os cães e gatos do mundo".

Uma vez começado o boca a boca, as pessoas, preocupadas com seus animais, logo reagiram, e assim transformaram a Iams em uma das empresas com crescimento mais vertiginoso no mercado de rações, avaliado em 2 bilhões de dólares. Suas vendas subiram de 16 milhões de dólares para mais de 500 milhões.

COMO NOVAS IDÉIAS SÃO ADOTADAS – BOCA A BOCA E DIFUSÃO

Difusão é o processo pelo qual novas idéias e inovações se espalham por toda uma comunidade.

Um dos primeiros estudos, e dos mais famosos, sobre difusão não envolveu garotos das ruas de Manhattan e sua opção por calçados, mas produtores de milho em Greene County, Iowa, e a proporção em que passaram a usar as novas sementes de milho híbrido, com produção muito superior às plantações tradicionais. Em 1928, quando as sementes foram introduzidas, os pesquisadores Bruce Ryan e Neal Gross decidiram estudar com que rapidez o milho híbrido se espalharia entre os produtores de todo o país. Cinco anos depois, muito poucos haviam mudado para o híbrido e, em 1934, o número subira para apenas 16. Em 1935, mais 21 produtores seguiram o exemplo dos colegas, chegando a 61 em 1937. Até que todos os 259 produtores adotassem a nova semente, passaram-se mais quatro anos.

Os poucos aventureiros que começaram a plantar as sementes híbridas no início da década de 1930 foram denominados inovadores. O grupo ligeiramente maior, que passou a usá-las em 1935, era formado pelos primeiros adotantes, consumidores cuidadosos, ponderados, diferentes dos inovadores, que se dispuseram a correr riscos. Eles assumiram a postura de esperar para ver o que aconteceria, antes de decidir qual caminho tomar. Os que vieram em seguida, ficaram conhecidos como a maioria inicial. Não adotaram nada, até que os precursores, cuja visão respeitavam, mostrassem ser um procedimento seguro. Somente depois que a nova idéia se consolidou firmemente é que as categorias remanescentes dos adotantes tardios e, finalmente os retardatários, fizeram a mudança.

A difusão, agora, é um princípio de marketing bem-estabelecido, que utiliza termos associados à velocidade com que os consumidores aceitam novos produtos ou serviços. Minha expressão preferida para designar os inovadores é consumidores alfa, que enfatiza a noção de grupo aventureiro, assume riscos, satisfaz curiosidades e está à frente, quando se trata de aceitar novas idéias e tendências.

O boca a boca é criado quando *cool hunters* (consumidores alfa) adotam a última moda e começam a gerar interesse por ela. A curiosidade é, então, ampliada quando entram em cena os conhecedores (os primeiros adotantes), que convencem um grande número de Novos Consumidores (a maioria inicial) a segui-los e começam a espalhar a novidade.

A informação passa para a maioria tardia (uma mistura de Novos e Velhos Consumidores) e finalmente para os retardatários (totalmente abrangido por Velhos

Consumidores). Nesse momento, a tendência já foi completamente suplantada por um boca a boca mais recente.

COOL HUNTERS, CONHECEDORES E O CICLO DA INOVAÇÃO

A proporção em que inovações de virar a cabeça são transformadas em commodities cresce ainda mais rápido a cada ano que passa. Quando os primeiros telefones domésticos apareceram no mercado, em meados da década de 1870, quem era suficientemente rico para ter uma linha particular fazia questão de instalar pelo menos um aparelho no corredor de entrada. A escolha do local não era feita com base na conveniência, pois os corredores são desconfortáveis e favorecem as correntes de ar. Importava apenas o prestígio. De que adiantava ser abastado para possuir um telefone, se não pudesse ser visto? Levou quase meio século para que ele se tornasse verdadeiramente uma propriedade pública e perdesse qualquer atributo de status.

Do mesmo modo, quando os primeiros televisores começaram a aparecer nos lares ingleses, no final da década de 1940, também se firmaram como artigos de luxo. Em 1949, havia somente 126.567 aparelhos nas residências. Pessoas suficientemente ricas para possuir um aparelho em preto-e-branco, com sua fraca qualidade de imagem baseada em 425 linhas, eram alvo de atenção dos vizinhos, ansiosos por um convite para assistir a um programa à noite. Nesse caso, o ciclo de inovação foi bem mais curto. Em 1943, por exemplo, havia nos Estados Unidos 10 mil proprietários de televisores atendidos por seis estações transmissoras em todo o país, quantidade reduzida pelas restrições dos tempos de guerra. Em 1949, com o fim dessas limitações, contava-se 1 milhão de proprietários, número que passou para 10 milhões três anos mais tarde. No início da década de 1960, chegou a 50 milhões.

O mesmo ciclo de inovação é aplicado a calculadoras de bolso, computadores pessoais, relógios digitais, máquinas de fax e telefones móveis, porém, o ciclo de inovação os transformou de símbolos de status em commodities dentro de poucos meses, e não de anos. Logo, pode ser apenas uma questão de semanas até que o valor de mercado de certos bens caia a ponto de serem distribuídos gratuitamente ou vendidos a preços reduzidos.

À medida que o ciclo de inovação se completa com mais rapidez, a oportunidade que as empresas têm de ganhar dinheiro com os últimos desenvolvimentos – ou pelo menos de não perderem negócios para concorrentes mais velozes – torna-se ainda mais estrita. Ao mesmo tempo, a necessidade de *cool hunters* e conhecedores se torna mais urgente.

O sucesso na próxima década, para um número crescente de produtores e prestadores de serviços, dependerá crucialmente, portanto, de captar novas tendências enquanto seus produtos ainda mantêm a aura de autenticidade tão buscada pelos Novos Consumidores. É preciso transformá-los em commodities o mais rapidamente possível e promover a próxima inovação antes que o pó se assente sobre o produto ou o serviço anterior.

Uma das características mais óbvias, e essenciais, tanto de *cool hunters* como de conhecedores, é seu alto grau de envolvimento com o mercado. Os *cool hunters*, especialmente, podem exercer um impacto profundo e direto nos produtos autênticos, de modo a levá-los em larga escala para as lojas. Os conhecedores, embora de forma menos imediata, conseguem ter suas idéias e sugestões levadas a sério pelos fabricantes e prestadores de serviços a ponto de mudar a aparência, a imagem ou o marketing de novos produtos.

O envolvimento também é uma questão importante para os Novos Consumidores que compõem as maiorias iniciais e tardias. Ao incentivar esse envolvimento, os fabricantes podem atrair sua atenção e convencê-los a investir seu tempo escasso no exame de determinado produto ou serviço. Também é provável que despertem a confiança e promovam a satisfação. Afinal, se você participou da criação de algo, sentirá naturalmente um tipo de ligação emocional, atributo da autenticidade que se manifestará com menor intensidade nas criações das quais você não tomou parte. Claramente, portanto, quanto maior o envolvimento que as empresas puderem propiciar e estimular no consumidor, maior será sua lucratividade.

IDENTIFICANDO *COOL HUNTERS* E CONHECEDORES

As empresas interessadas em promover seus produtos ou serviços por meio de comentários e também pela publicidade do marketing tradicional devem desenvolver maneiras de atingir os *cool hunters* e conquistar os conhecedores da comunidade, muito mais do que os conhecedores que pertencem às categorias de celebridades e profissionais.

Um método para identificá-los é pela análise de seu *tastespace* (mapa de preferências pessoais), conforme discutido no capítulo anterior. A identificação pode ser feita por meio de seus padrões de compra, o que inclui produtos novos e inovadores no caso de *cool hunters*, e um grande número de itens por "valor monetário", no caso de conhecedores. Infelizmente, até que dados Epos ou informações de cartões de fidelidade se tornem mais disponíveis, é improvável que a identificação exata seja suficientemente confiável para ter alto valor comercial.

O segundo método de contato é pela Internet, abordando consumidores que, como alguns leitores fazem na Amazon.com, mostram interesse suficiente para escrever críticas não-pagas sobre os produtos que estão sendo vendidos. Certamente, as empresas que desejam esse feedback seriam tolas se não favorecessem os *cool hunters* e conhecedores de alguma forma, possivelmente com descontos em produtos que eles concordassem em examinar ou presenteando-os com o item a ser analisado. Em meu website, o NewConsumer.co.uk, tenho uma página para *cool hunters* e outra para conhecedores, onde as informações são coletadas e comparadas, como parte de minha pesquisa contínua do consumidor.

Ao identificar e dar um tratamento diferenciado a *cool hunters* e conhecedores, as empresas devem ser capazes de começar um boca a boca sobre produtos e serviços dirigidos aos Novos Consumidores de forma mais efetiva do que investindo em publicidade dispendiosa. Se você consegue convencer um *cool hunter* ou conhecedor sobre a qualidade de seu serviço ou produto, estará vendendo automaticamente não apenas aos Novos Consumidores, que confiam em seu julgamento, como também a todos que, por causa do boca a boca, ficarão sabendo que algo novo e interessante está nas ruas e se apressarão a mergulhar no entusiasmo do momento.

RESUMO

- Em um mercado cada vez mais competitivo, que oferece uma abundância cada vez maior de opções, tanto os consumidores como os produtores precisam dos serviços de *cool hunters* e de conhecedores.
- Os *cool hunters* são os inovadores alfa de consumo, pessoas que acompanham as últimas tendências e modas nas ruas.
- Os conhecedores são os primeiros a adotar e empregar as inovações identificadas pelos *cool hunters*.
- Há vários tipos de conhecedores, dos quais os menos reconhecidos e considerados pelos fabricantes e profissionais de marketing são os que fazem pesquisas de compras (*shoppers*) sem remuneração, mas se revelam altamente influentes na comunidade onde atuam. Embora só possam comunicar sua visão a algumas pessoas, seu poder de promover ou destruir novos produtos é considerável.
- A maneira como novos produtos e serviços se espalham pela sociedade de consumo é conhecida como difusão. Ela começa quando *cool hunters* inovadores detectam uma tendência, em seguida adotada por conhecedores (os primeiros a adotar), que por sua vez convencem os Novos Consumidores (a maioria inicial) a seguir seu exemplo. Por último vem a maioria tardia e os retardatários. Quando eles adotam uma tendência, ela já está desaparecendo.

- Os Novos Consumidores descrentes, que prestam pouca atenção à publicidade cara, são fortemente influenciados pelo boca a boca. Uma vez convencidos pelo boca a boca, entretanto, os Novos Consumidores ficam muito mais receptivos e dispostos a se deixarem convencer pela publicidade.
- O ciclo de inovação gira agora com tanta rapidez que os símbolos de status de alto custo podem ser transformados, em apenas alguns meses, em commodities desinteressantes que são vendidas barato ou distribuídas gratuitamente.
- Os fabricantes e prestadores de serviços precisam introduzir continuamente outros produtos no ciclo, de modo que, quando uma tendência começa a decair, os conhecedores tenham algo novo a espalhar com seus comentários.

6

Envolvendo o Novo Consumidor

> *Atualmente, as pessoas estão realizando muitas atividades que costumavam confiar a outros – transportar provisões em seus próprios caminhões, reformar suas casas... e gerenciar suas próprias finanças. Há algo grande ocorrendo aí, esse movimento para a auto-suficiência, algo grande e não-documentado.*
>
> *Fortune*

Toda compra, quer envolva despesas entre empresas, em matérias-primas, quer englobe gastos pessoais em bens e serviços, consiste de três estágios: investigação, aquisição e consumo:

- A *investigação* compreende procurar e avaliar tudo o que você quer comprar, desde percorrer as prateleiras das lojas, até folhear um catálogo, sintonizar um canal de compras na televisão, navegar pela Internet ou fazer perguntas a fornecedores potenciais.
- A *aquisição* é o estágio em que você obtém a posse do que deseja ou precisa. Abrange comparar itens com base na qualidade e no valor do dinheiro, discutir suas necessidades com o pessoal de vendas, ou até fazer um teste gratuito para ver se determinado produto atende ao seu objetivo.
- O *consumo* é o ato de usar o produto ou serviço recém-adquirido.

Nesses três estágios há dois elementos-chave – uma dimensão do processo (investigação e aquisição) e uma dimensão do resultado (consumo). Apesar da escassez de tempo e atenção, os Novos Consumidores estão introduzindo outro fator na dimensão do processo, tornando-se mais *envolvidos* na criação do produto ou serviço que querem comprar:

Investigação	Envolvimento	Aquisição	Consumo
DIMENSÃO DO PROCESSO		DIMENSÃO DO RESULTADO	

Embora seja possível argumentar que toda compra requer pelo menos certo envolvimento, estou falando do que costuma exigir muito mais tempo e atenção que selecionar um item de uma prateleira e pagar por ele. À primeira vista pode parecer estranho que os Novos Consumidores estejam dispostos a investir tempo e atenção nessa atividade, dada a escassez desses recursos. Mas, como explicarei em seguida, há inúmeras situações em que eles não só estão dispostos, como também ansiosos para entrar em ação.

Evidentemente, não há nada particularmente novo no fato de os consumidores se envolverem na criação dos produtos que consomem. Menos de 200 anos atrás, nas economias predominantemente agrícolas e nas sociedades essencialmente rurais, em ambos os lados do Atlântico, a auto-suficiência mostrava-se absolutamente necessária à sobrevivência. As pessoas cultivavam a maioria do alimento que consumiam. Também confeccionavam, totalmente ou em parte, roupas e muitos outros acessórios de casa, enquanto compravam outros bens de fornecedores como carpinteiros e marceneiros, que também eram fabricantes. Larry O'Brien e Frank Harris explicam:

> *O sistema, embora fosse espartano comparado ao varejo de hoje, já era um desenvolvimento de práticas comuns que enfatizavam, antes de 1800, a auto-suficiência e o uso de feiras e mercados periódicos*[1].

Tudo mudou após a Revolução Industrial, à medida que a intensa migração do campo para as cidades levou a auto-suficiência a uma inevitável queda. Uma população urbana em expansão, a economia próspera e o baixo nível de desemprego criaram vasta demanda por novos bens e serviços. Conseqüentemente, a taxa de industrialização aumentou, incentivando o desenvolvimento da produção em larga escala e do marketing de massa. Para a maioria da comunidade, as mudanças levaram a uma dependência quase total das habilidades e do trabalho dos outros. Em menos de um século, os indivíduos, que participavam intensamente da produção para uso próprio, passaram a compradores ativos de praticamente tudo.

Desde o início da década de 1980, o pêndulo está voltando novamente, à medida que a tecnologia de informação começou a se integrar aos desejos do Novo Consumidor, para gerar um envolvimento mais ativo na produção e na venda de bens que compreendem desde carros e computadores até moda e de programas de rádio ao mundo da Internet.

POR QUE OS NOVOS CONSUMIDORES SE ENVOLVEM

Excetuando-se aquelas ocasiões em que, talvez por razões financeiras, envolver-se seja a única opção, há três circunstâncias nas quais os Novos Consumidores estão dispostos a investir tempo e atenção em uma compra:

- poupar tempo
- obter ganho pessoal
- divertir-se

Envolvendo-se para poupar tempo

Conseguir algum envolvimento na venda ou no processo de produção pode, potencialmente, poupar tempo de duas maneiras. Em curto prazo, reduz ao mínimo a demora para se encontrar e comprar produtos. Em longo prazo, assegura que o que é comprado atenda exatamente às suas necessidades. No nível mais básico, o envolvimento significa nada mais que assumir tarefas antes desempenhadas por funcionários de uma empresa: usar caixas eletrônicos em vez de ficar na fila para ser atendido por um funcionário ou abastecer o próprio carro em vez de esperar para ser atendido – naqueles raros postos que oferecem essa alternativa.

Muitos Novos Consumidores procuram lojas de auto-atendimento apenas quando não têm opção. O comércio pode estar fechado ou eles não dispõem absolutamente de tempo. Consideram a experiência tão estressante e desagradável, que procuram abreviá-la ao máximo, fazendo sua compra da maneira mais rápida possível. Esse comportamento, além de reduzir consideravelmente o potencial de vendas de alguns varejistas, sinaliza que eles podem ser trocados por lojas virtuais que oferecerem, na Internet, rapidez e conveniência, com serviço de entrega em domicílio que não afasta o comprador do conforto de sua poltrona.

Envolvendo-se para obter ganho pessoal

Escassez de tempo e atenção têm levado anunciantes e profissionais de marketing ao desespero, na tentativa de chamar a atenção dos Novos Consumidores para suas mensagens comerciais. Como expliquei no capítulo anterior, um modo de conseguir tal envolvimento é com a oferta de alguma recompensa, seja prestando um valioso serviço gratuitamente ou pagando para atrair as pessoas.

Os anunciantes têm afirmado que a palavra mais poderosa, em qualquer língua, é "grátis". Se você duvida, considere o sucesso do Freeserve, da Dixon, serviço de Internet no Reino Unido que, alguns meses após seu lançamento, conquistou 1 milhão de assinantes e acrescentou cerca de 2 bilhões de libras à capitalização de mercado da empresa.

"Grátis está se tornando sinônimo de Internet" – comenta o jornalista Peter Martin. "Uma combinação cujo resultado é ação em alta."

Usando gratuitamente o computador e um modem, você se envolve com a Internet sem custo nenhum, obtendo softwares, notícias, serviços de e-mail e revistas eletrônicas, sem nenhum custo. Você pode leiloar mercadorias, ler resenhas de livros, participar de jogos on-line e montar um calendário, tudo de graça.

Peter Martin acredita que esse rápido surgimento de serviços e produtos gratuitos resulte da convergência de duas tendências de negócios. A primeira é a crescente aceitação, pelo público em geral, da veiculação de mensagens em áreas antes consideradas privadas, como telas de computador, vídeos alugados ou comprados, e que ocorre até durante conversas pessoais ao telefone. Liderado pela empresa sueca GratisTel, há um serviço que oferece ligações telefônicas gratuitas a usuários dispostos a permitir que suas conversas sejam interrompidas a cada dois ou três minutos por comerciais breves, anunciando um desconto especial no supermercado, um novo filme, uma assinatura de revista ou outros produtos. Após 10 segundos de venda direta, feita por uma voz feminina jovem, as pessoas voltam a conversar. Espera-se que essa estratégia para envolver Novos Consumidores em uma ampla variedade de produtos alcance em breve cerca de 10 milhões de assinaturas.

Pagar para garantir o envolvimento do Novo Consumidor é outro recurso que está sendo testado por várias empresas da Internet. A CyberGold e MyPoints, por exemplo, pagam por resposta. A primeira, quando você visita o website de um anunciante e a última quando clica em um anúncio. A AllAdvantage.com, sediada em San Francisco, vai ainda mais longe. Paga 50 centavos de dólar para cada hora que os consumidores mantenham uma janela de propaganda aberta na tela do PC, quer naveguem quer não no site. A janela permite ao anunciante saber se o internauta continua conectado. Os anúncios são trocados periodicamente. As únicas informações que os consumidores precisam dar à empresa são nome e endereço, para que recebam seu cheque mensal correspondente ao teto de até 40 horas, ou seja, 20 dólares.

Jim Jorgensen, um dos quatro fundadores da AllAdvantage.com, afirma que tem 1,2 milhão de sócios no mundo todo e mais 100 mil novos associados por semana. A empresa atrai receita por meio de propaganda, mas também pretende vender para outras empresas de marketing seu banco de dados recheado de códigos de endereçamento postal fornecidos pelos usuários durante o cadastramento. No futuro, pretendem pagar aos assinantes por algumas informações adicionais como idade, renda, hobbies, e assim por diante.

O objetivo é permitir à empresa, e àqueles que comprarem as informações, criar um *tastespace* (mapa das preferências) para cada consumidor envolvido no projeto, de modo que seja mais fácil direcionar os informes publicitários de maior relevância.

Oferecer algo de graça, assim como pagar pelo envolvimento são maneiras claramente poderosas de seduzir os consumidores. A idéia de simplesmente pedir que eles se envolvam, sem qualquer recompensa ou incentivo, pode parecer uma proposição bem menos viável. No entanto, alguns especialistas em marketing acreditam que essa talvez seja a forma mais efetiva de envolvimento. Seth Godin, atual vice-presidente de marketing direto da Yahoo! observa:

> *A propaganda e bâneres tradicionais são baseados no Marketing de Interrupção, pois interrompem um programa de televisão ou uma visita a um site. Criamos um paradigma para que os consumidores dêem a você permissão para negociar com eles – e eles optam por prestar atenção.*

A Yoyodyne Entertainments, empresa fundada por Seth Godin, planeja e executa campanhas de marketing, na Internet, para clientes como a GeoCities, Bausch & Lomb e Happy Puppy, usando e-mails e promoções baseados em concursos e jogos. A melhor forma de explicar como funciona é descrevendo uma promoção que a Yoyodyne concebeu para a H&R Block, empresa de consultoria tributária. A promoção, intitulada "We'll Pay Your Taxes" (Nós lhe pagaremos impostos), atraiu 46 mil participantes e 1,5 milhão de visitas durante 10 semanas de duração. Bâneres distribuídos em pontos populares na web, faziam um convite às pessoas: "Clique aqui se você quer que o site da *H&R Block* pague seus impostos." Os indivíduos interessados eram remetidos ao site da *H&R Block*, onde deveriam fornecer seu e-mail, uma solicitação atendida por 85% dos participantes.

Desse ponto em diante, a Yoyodyne usava os endereços eletrônicos para entrar em contato direto com os internautas, fazendo perguntas triviais sobre o H&R Block Premium Tax Service, mas que exigiam uma navegação pelo website da empresa em busca das respostas. O diálogo permitiu à H&R Block dar informações sobre seus serviços em troca da chance de ganhar um prêmio atraente. O custo total da campanha, em torno de 60 mil dólares, foi menor que alguns anúncios na *Time*.

A Firefly Network mostra outra forma de envolver os consumidores, utilizando o marketing de permissão, que tem a vantagem adicional de construir mapas das preferências dos participantes (*tastespace*). Quem visita seu site usa codinomes e informa suas preferências. A partir daí, um programa desenvolvido no Media Lab, do MIT, cria o mapa que é associado às preferências mais próximas de cada indivíduo. Em seguida, a Firefly fornece ao usuário um passaporte que também é usado por empresas parceiras, como a Yahoo! e a Barnes & Noble, para identificar preferências de produto ou serviço. Todas têm acesso a informações altamente relevantes e pessoalmente envolventes.

Envolvendo-se para se divertir

Embora os envolvimentos descritos anteriormente possam fornecer certo entretenimento, qualquer prazer derivado é secundário, se comparado a benefícios como poupar tempo ou ser recompensado. Se, além de tudo, os fabricantes e fornecedores conseguem proporcionar diversão, o envolvimento dos Novos Consumidores e o sucesso de seu produto ou serviço são praticamente certos.

A E-Trading, por exemplo, transformou seus sistemas bancário e financeiro para atender a um número cada vez maior de indivíduos que joga no mercado de ações sem sair de sua sala. Muito mais que qualquer lucro – as perdas tendem a ser o resultado mais provável – a atração de se envolver em uma negociação pela Internet tem o valor de entretenimento, uma forma de participar. Como Michael Wolf diz:

> Eles descobrem que isso é divertido. Muito mais do que ligar para o corretor e ouvir uma gravação. Contém a ação de jogar, a empolgação de tomar decisões com base nas últimas notícias e a alegria de fazer sozinho algo que poderá afetar seu futuro financeiro[2].

Há um número cada vez maior de situações em que o envolvimento não só economiza tempo, como também aumenta a diversão de procurar e escolher o que comprar. Veja, por exemplo, a montagem de um traje totalmente novo na Internet, que poupa o tempo e o trabalho de percorrer lojas de roupas. Em vez de selecionar peças das páginas de um catálogo, agora é possível testar uma vasta coleção de roupas e acessórios usando um modelo virtual do próprio corpo. Sistemas colocados em funcionamento por empresas como a Land's End e a J. C. Penney oferecem modelos tridimensionais aos quais os clientes podem aplicar as próprias medidas, antes de "experimentar" a roupa que desejam. Esses manequins cibernéticos têm a capacidade de corresponder não só às dimensões físicas de cada cliente, como também aos traços do rosto, tom de pele e cor de cabelo. Louise Guay, fundadora e dirigente da Public Technologies Multimedia, empresa com sede em Montreal, que desenvolveu o My Virtual Model, explica o conceito:

> *Essa tecnologia fornece ao comprador potencial um espelho eletrônico. Dá ao usuário liberdade para explorar novas possibilidades em moda e estilo.*

Uma abordagem ainda mais personalizada para encontrar o traje ideal foi desenvolvida pela Hi-Pic, uma fabricante de softwares. Você é convidado a mandar, por e-mail ou correio, uma foto sua, colorida, usando apenas roupa íntima, ou um colante, a qualquer site de revenda de modas que utilize o programa criado por ela. Sua foto aparece em um provador virtual e você experimenta as roupas apenas clicando no catálogo. Também pode pedir a opinião da família e dos amigos na seleção de seu guarda-roupa, mandando por e-mail suas fotos em diferentes estilos.

Você gostaria de ajudar na edição do último livro de seu autor predileto? Isso já foi tentado – em pequena escala – pela norte-americana Lisa Scottoline, autora de romances policiais. Meses antes da publicação de seu último livro *Mistaken Identity*, ela colocou o primeiro capítulo na Internet e convidou os visitantes do site a participarem da edição do texto. A experiência lhe possibilitou conhecer a opinião de centenas de leitores e rendeu-lhe uma publicidade valiosa depois que a imprensa noticiou o convite incomum[3].

O mesmo nível de envolvimento crescerá em breve, permitindo que você tenha os próprios jornais e revistas devidamente editados. Programas inteligentes, sabendo de suas preferências de leitura, vão esquadrinhar a rede para descobrir os artigos, autores e informações que mais lhe interessam, seja em notícias gerais, esportes seja em fofocas de gente famosa. Todos os textos, com ilustrações, serão transferidos automaticamente da Internet, todas as manhãs, para o seu "jornal eletrônico".

Ainda mais surpreendente é o papel eletrônico (*e-paper*), desenvolvido por Nick Sheridon, da Xerox. Trata-se de um filme de plástico contendo milhões de minúsculas esferas, metade pontos pretos e metade pontos brancos, que se configuram, por estímulo de uma carga elétrica, para compor textos e imagens. A utilização desse "papel" permitirá, além da obtenção de jornais, a gravação de livros inteiros com a espessura de uma folha, a análise das cotações do mercado de ações que se atualizam enquanto você lê, e revistas com fotos em movimento.

Os aficionados por música já produzem CDs perfeitos, que contêm apenas os artistas que eles mais querem ouvir. Dispositivos de áudio digital, conectados ao computador, transferem uma hora de música em aproximadamente seis minutos. Isso é pirataria e está custando 5 bilhões de dólares por ano à indústria fonográfica. A cópia ilegal só será tecnicamente impedida depois que as técnicas de criptografia, introduzidas recentemente, atingirem seu melhor grau de eficiência. A partir daí, poderão ser desenvolvidos websites onde, mediante o pagamento de uma taxa, qualquer pessoa fará a transferência legal de trilhas sonoras e músicas de seus artistas e compositores prediletos.

A música não só será cada vez mais comprada na rede, como também nela criada, de acordo com os requisitos específicos de um consumidor. Prevê-se que o mercado global de música deva subir acentuadamente. As vendas de fitas cassete e CDs, dos últimos anos, devem saltar de 346 milhões de dólares para 47,5 bilhões em 2004. Esse aumento vertiginoso se dará, em grande parte, devido ao maior envolvimento de consumidores com a produção de música, de acordo com suas preferências. Richard Dean, correspondente de *Wired*, comenta:

> É... o primeiro passo para separar conteúdo musical e distribuição. Em um mundo de banda larga ilimitada, as gravadoras têm menos a oferecer. É essa a mudança que a indústria fonográfica teme[4].

Inovações semelhantes prometem transformar a criação dos trabalhos de arte e das produções de vídeo. Os consumidores se envolverão em ampla variedade de atividades criativas, como desenhar cartazes ou quadros em seus PCs, para depois exibi-los em finíssimas telas de parede. Os fãs de cinema terão condições de compilar as melhores cenas de seus filmes prediletos, digitalizados e catalogados em vastas cinematecas.

A Brush and Bisque-it, uma empresa que não é da internet, teve rápida expansão ao envolver os consumidores de forma agradável. Ela oferece uma ampla variedade de xícaras, canecas, pratos e tigelas não-decorados, que os clientes podem desenhar e pintar, antes de devolvê-los à empresa para serem queimados em fornos industriais. O resultado é uma porcelana altamente personalizada, mas com acabamento profissional. O fabricante ganha o tempo que levaria para encontrar a combinação certa de cor e desenho, enquanto oferece aos compradores uma prazerosa atividade de lazer.

A ASCENSÃO DE OUTROS LOCAIS

Uma das maneiras básicas de tornar o consumo mais agradável é criar espaços onde a diversão acontece durante tranqüilos encontros sociais, seja entre amigos seja entre estranhos receptivos, transformando a solitária experiência de compras em um acontecimento social.

As livrarias Barnes & Noble e Borders adotaram uma estratégia ao criar ambientes semelhantes a um clube privado de leitores, algo distante de um supermercado de livros. No centro de suas lojas, estabeleceram um oásis de conforto e tranqüilidade, com cadeiras e sofás, mesas e café. Também organizaram sessões de leitura, seminários sobre criação de textos e grupos de discussão literária. Como resultado, as vendas dispararam, tanto de livros novos como de clássicos e títulos menos conhecidos. A Barnes & Noble conquistou um aumento em torno de 18% e a Borders, de aproximadamente 14%, crescimentos consideráveis em comparação com o aumento geral nos Estados Unidos, de apenas 4%.

Os Novos Consumidores passaram a freqüentar essas superlivrarias em busca de algo para ler, mas também para relaxar e aproveitar a tranqüilidade do ambiente. Além disso, realizavam o desejo de combinar consumo e socialização, em grande parte um reflexo da diminuição dos espaços públicos nas cidades. Não muito tempo atrás, havia inúmeros lugares onde as pessoas se reuniam com amigos, trocavam as últimas notícias e faziam fofocas como a rua principal, as praças e os mercados. Hoje, restam poucas alternativas, nas cidades maiores, para encontros informais e conversas fortuitas.

Os espaços disponíveis estão cada vez mais sendo substituídos por centros de compras e as demandas de segurança exigem que todas as áreas públicas sejam mantidas sob vigilância por circuitos de câmeras de televisão e patrulhadas por vigias uniformizados. Embora ficar ali parado não seja passível de recriminação, dificilmente é incentivado. Há grande limitação de locais próprios para alguém se sentar sossegado ou se reunir com amigos sem um propósito específico. Os bares chegam a preencher um pouco essa lacuna, mas a música ambiente pode dificultar o bate-papo.

Como resultado dessas mudanças aceleradas, a maioria dos jovens urbanos praticamente desconhece o conceito mais exato de um ambiente público. Poder freqüentar um terceiro local que não seja a casa ou o trabalho, nem totalmente privado nem completamente público, é a idéia que mais atrai Novos Consumidores, desde que tenham uma razão autêntica para estar lá.

Uma academia de ginástica representa bem esse tipo de espaço, pois oferece aos clientes uma oportunidade de auto-realização, melhorando a auto-imagem e a auto-estima por meio da atividade física, ao mesmo tempo em que reúne indivíduos que pensam da mesma maneira em um ambiente atraente e agradável. Nossa pesquisa revela que as academias, tanto como as salas de levantamento de peso e as saunas, criam um clima social singular. O sentimento de estar unido a outras pessoas em autêntica busca de boa forma e saúde sustenta toda a atração que esses lugares exercem sobre os Novos Consumidores.

O historiador norte-americano Francis Fukuyama comenta:

> *Norte-americanos contemporâneos e europeus contemporâneos... estão desconfiando cada vez mais de qualquer autoridade, política ou moral, que restrinja sua liberdade de escolha, mas eles também querem, além da noção de comunidade, as boas coisas que fluem da comunidade, como o reconhecimento mútuo, a participação, a noção de pertinência e de identidade. A comunidade precisa ser encontrada em outro lugar, em grupos menores e mais flexíveis e em organizações onde fidelidades e sócios possam se sobrepor e onde a entrada e a saída representem custos relativamente baixos.*

Envolvendo-se com empresas que incentivam a socialização agradável em seus espaços públicos, os Novos Consumidores solitários são capazes de aproveitar o fato de estarem sozinhos e, ao mesmo tempo, desfrutarem da companhia de pessoas receptivas, em ambientes agradáveis. Muito do sucesso da Starbucks pode ser atribuído à sua capacidade de criar esses ambientes privados/públicos.

Comunidades virtuais

Embora seja pequeno o número de empresas em condições de se beneficiar da criação de um terceiro lugar para seus clientes no mundo real, existe a possibilidade de realizá-lo no mundo virtual, de modo a juntar, em torno da organização, uma comunidade de consumidores em constante troca de conhecimentos e experiências pela Internet.

Por trás de todo o aparato técnico, a Internet é essencialmente uma forma de reunir pessoas. Suas primeiras comunidades foram estabelecimentos militares e científicos. Hoje, pode incluir grupos que desejam partilhar um interesse, ideal ou atividade comum. Uma vez que sempre nos sentimos mais à vontade entre pessoas que pensam da mesma forma, essas comunidades desenvolvem rapidamente a confiança, não só entre membros on-line, como também em relação à empresa que tornou esse ciberespaço disponível.

Desde o início da década de 1970, a criação de comunidades de relacionamentos provou ser central para a revolução da Internet. Chuck Martin ressalta a sua importância para o desenvolvimento continuado:

> *É importante perceber que, apesar de toda sua magia técnica, a Internet envolve pessoas e não componentes eletrônicos. Onde há pessoas, há sempre a necessidade de comunidade... é um sistema cuja única função é ligar pessoas. É importante reconhecer que a Internet não faz nada mais que isso... qualquer que seja o produto ou serviço, é importante lembrar que nesse ambiente a comunidade impera[5].*

As empresas capazes de estabelecer fortes comunidades ciberespaciais passarão a dominar rapidamente os negócios na Internet. O segredo para desenvolver uma presença tão poderosa tem muito menos a ver com a construção de websites interativos do que com o estabelecimento de comunidades on-line em torno de marcas on-line.

Joseph Cothrel, diretor de pesquisa da Next Generation Research Group, da Arthur Andersen, acredita que, para atingir essa meta, as empresas terão de "focalizar incansavelmente as necessidades de clientes internautas", descobrindo maneiras de realizá-las e contribuindo para que seus interesses sejam recompensados.

John Hagel e Arthur Armstrong descrevem quatro tipos de comunidades virtuais, cada uma atendendo a uma necessidade humana bem diferente:

- Comunidades de transação, cujo objetivo é comprar e vender produtos e serviços ou trocar informações sobre atividades comerciais.
- Comunidades de interesse, que reúnem pessoas com preocupações ou interesses similares.
- Comunidades de relacionamento, que fornecem apoio e promovem a troca de informações entre pessoas com necessidades especiais ou problema de saúde parecidos, como Síndrome da Fadiga Crônica ou câncer.
- Comunidades de fantasia, que permitem a experimentação interpessoal.

Deve variar muito a capacidade que as empresas terão de atender a qualquer desses critérios. Prestadoras de serviço financeiro, por exemplo, talvez considerem extremamente difícil, se não impossível, satisfazer até mesmo a um deles. Isso não significa, entretanto, que construir uma comunidade na Internet esteja além de as possibilidades, mas apenas que uma abordagem mais inovadora é necessária.

Eles poderiam, por exemplo, seguir a política há muito adotada pela América Online (www.aol.com), cujo serviço "People Connection" permite aos indivíduos criar suas próprias "salas", onde conhecem outros membros da comunidade no mundo todo, trocam opiniões, partilham experiências e discutem assuntos de interesse comum. As salas do ciberespaço também podem ser usadas como locais privados de reunião em que se reúnem a família e os amigos.

Entre as comunidades on-line mais populares da Internet estão a Geocities (http://geocities.yahoo.com), a AngelFire (http://angelfire.lycos.com), a TalkCity (www.talkcity.com) e a Tripod (www.tripod.lycos.com). Na Geocities, os usuários desenvolvem as próprias comunidades em torno de lojas, salas de bate-papo e espaços onde hospedam sites pessoais.

Outra opção para as empresas que não têm condições de desenvolver comunidades próprias é unir forças com outros provedores para garantir aos usuários o mais amplo acesso possível. Essa abordagem de "interface partilhada" tem os benefícios adicionais de reduzir despesas e propiciar maior flexibilidade quando se adicionam serviços. Devido à natureza da web, de rápido desenvolvimento e constante mudança, tal agilidade pode fornecer uma vantagem comercial significativa.

A Interactive Investor, instalada no Reino Unido (www.iii.co.uk), permite aos investidores a troca de opiniões para, a partir dessas discussões, exercer influência sobre as decisões dos gerentes de fundos.

A terceira opção consiste em se alinhar com uma comunidade virtual já estabelecida. Foi a abordagem adotada pelo Citibank (www.citibank.com) que definiu a marca dos 450 sites bem-estabelecidos, de interesse especial, montados pela Mining Company (www.miningco.com).

A INFORMAÇÃO INCENTIVA O ENVOLVIMENTO

Houve uma época em que tudo o que os consumidores sabiam sobre produtos e serviços era o que os fabricantes e anunciantes resolviam lhes informar. A rápida adoção da tecnologia de informação, pelos Novos Consumidores, tornou as informações mais amplamente disponíveis e facilmente acessíveis que em qualquer momento da História. A disponibilidade de informação disparou, não só pela Internet, como também por meio de livros, revistas, televisão a cabo e vídeos, o que significa que os consumidores são quase compelidos a se tornarem mais envolvidos com o que compram.

Se informações detalhadas e completas sobre preços e produtos estão disponíveis, faz sentido buscá-las antes de investir dinheiro em aquisições. Os compradores potenciais agora podem imprimir uma dúzia de comentários sobre qualquer produto ou serviço, em questão de segundos. Por outro lado, os profissionais de marketing têm condições de aprender cada vez mais sobre os consumidores, mapear suas preferências e usar esse conhecimento para criar novos produtos e serviços com apelo único e específico.

Na era da informação, um número cada vez menor de bens e serviços está sendo criado exclusivamente por consumidores ou produtores, mas pela parceria inteligente de ambos. Quanto maior a colaboração entre produtor e comprador, mais desaparecem as distinções entre eles, fazendo surgir um tipo totalmente novo de relacionamento, baseado na co-dependência.

Para fabricantes e fornecedores, envolver os Novos Consumidores dá a oportunidade de aprender muito sobre suas preferências pessoais e, assim, chegar a propostas praticamente irrecusáveis, adequadas a grupos pequenos ou mesmo a uma só pessoa.

Para os Novos Consumidores, o envolvimento gera mais alegria e satisfação, além de resultar o sentimento de que os produtos ou serviços, de cuja criação participaram, são mais autênticos e, portanto, mais desejáveis que os produtos da prateleira.

Talvez o maior benefício de todos seja que os Novos Consumidores envolvidos têm uma probabilidade bem maior de investir seus escassos recursos de confiança nas empresas que consideram colaboradoras e não meras fornecedoras de produtos ou serviços.

POR QUE OS FUNCIONÁRIOS DEVEM ESTAR TÃO ENVOLVIDOS QUANTO OS NOVOS CONSUMIDORES

O envolvimento é uma rua de mão dupla. Para se divertir ao fazer compras, os consumidores devem ser atendidos por funcionários que gostem sinceramente de seu trabalho, a ponto de se envolverem completamente no que fazem. Pesquisas com mais de 50 empresas européias mostraram que o fator mais decisivo no desenvolvimento de relacionamentos a longo prazo com Novos Consumidores depende de funcionários que sintam um envolvimento apaixonado e pessoal com os objetivos corporativos. Ken Irons adverte que as empresas só conseguem atingir aquilo que a sua força de trabalho estabeleceu como meta:

> *As pessoas que fornecem relacionamento têm de acreditar realmente nele antes de poder oferecê-lo. Para desempenhar seu papel, precisam ter confiança e convicção. Precisam acreditar no que estão fazendo, não de forma abstrata, mas como uma parte real de suas vidas*[6].

RESUMO

- Embora possa parecer paradoxal, em função da escassez de tempo e atenção, os Novos Consumidores costumam ficam ansiosos para se envolverem com algum estágio da produção ou das vendas.

- A venda envolve uma dimensão de processo e uma de resultado. No passado, os fabricantes supunham que, se o produto final (dimensão do resultado) agradasse o consumidor, a maneira como era vendido (dimensão do processo) tinha muito menos importância.

- À parte as ocasiões em que não têm opção, os Novos Consumidores se tornarão envolvidos em três condições: para poupar tempo, porque são recompensados por sua atitude e porque o envolvimento aumenta o prazer da compra.

- Quanto mais prazerosa for a transação, maior a satisfação e a subseqüente confiança que os Novos Consumidores provavelmente sentirão.

- Criar um terceiro local, onde eles possam relaxar e se socializar, pode aumentar significativamente tanto o prazer que os Novos Consumidores sentem ao fazer compras quanto o número de vendas realizadas.

- Hoje, os Novos Consumidores têm mais oportunidades de se informar sobre produtos ou empresas. Mas essa é uma rua de mão dupla, que também leva aos fabricantes mais informações sobre os consumidores. Como resultado, muitos bens e serviços estão sendo produzidos com a colaboração dos dois.

- Para envolver os Novos Consumidores, os funcionários também devem se sentir ativamente envolvidos no processo de produção e vendas.

7

Céu-Inferno do Varejo: Por Que os Novos Consumidores Detestam "Ir às Compras"

> *Propomos que o estresse poderia ser uma consideração importante em decisões que levem o consumidor a mudar de loja e supomos que os indivíduos tenderão a fazer compras nas condições mais satisfatórias e menos estressantes.*
> *Russell Aylott & Vincent-Wayne Mitchell*

Acabou-se o tempo em que a escolha era uma novidade e ir às compras representava uma forma prazerosa de exercer essa escolha em locais de luxo e facilidade. Em 1807, o poeta e contista Robert Southey observou:

> *As lojas se tornaram exibições de moda... Quando pessoas distintas estão na cidade, a ocupação usual das senhoras é ir às compras. E elas o fazem como se na verdade não quisessem comprar nada.*

Com o passar dos anos, novos desenvolvimentos acrescentaram excitação e opulência às premissas de varejo, assim como as tornaram amplamente disponíveis a pessoas de todas as classes sociais, ajudando, nas palavras de Emile Zola, a "democratizar o luxo". Em seu romance *The Ladies' Paradise*, que se passa em Paris, no século XIX, ele retrata a loja de departamento simbolizando o "*momentum* propulsor da era: as novas formas ousadas do capitalismo".

Mica Nava, importante autoridade acadêmica em mudanças culturais, comenta:

> *As lojas de departamento eram mais do que simples lugares para mercadorias serem compradas e vendidas. Elas faziam parte da imensa expansão do espaço e do espetáculo público, incluindo grandes exposições internacionais, museus, galerias, jardins para lazer e, pouco depois, o cinema[1].*

Sempre à frente da inovação, as lojas de departamento foram um dos primeiros lugares públicos a contar com energia elétrica, não só pela conveniência que oferecia aos compradores potenciais, como também para permitir a criação de vitrines e displays internos magníficos.

Para conceber esses espetáculos vívidos, os gerentes buscavam inspiração no teatro e em exposições. Promoviam desfiles regularmente, além de apresentações orientais espetaculares com cenas de haréns turcos, templos hindus e mercados do Cairo.

A fotografia, uma das maravilhas da tecnologia do século XIX, era usada para fornecer aos clientes a ilusão de viajar para terras distantes, voar em balões e até pousar na superfície da Lua. Além de displays de tirar o fôlego, as lojas procuravam tornar a experiência da compra o mais prazerosa e relaxante possível.

Porteiros uniformizados davam boas-vindas e vendedores cuidadosamente treinados e gentis atendiam a todo e qualquer desejo. Dentro da loja, todos eram recebidos em galerias magníficas, escadas largas, ornamentos em ferro e domos imensos de vidro. As paredes, revestidas de mármore e com espelhos. O assoalho, encerado e coberto de tapetes orientais exóticos e os móveis, revestidos com seda e couro.

Entre a ampla variedade de instalações fornecidas pelas grandes lojas, havia áreas para crianças, toaletes, provadores, salões, clubes de senhoras e cavalheiros, salas para escrever, bibliotecas, galerias de quadros, bancos, agências de viagem, restaurantes e salões de chá com orquestras ao vivo, extensos jardins de inverno e, em alguns casos, até zoológicos e rinques de patinação.

Não é de surpreender que, dado o nível de diversão e entretenimento que ofereciam, esses luxuosos palácios de fantasia fossem atrações turísticas. "Visitar as lojas nesse período tornou-se, então, um passeio, uma aventura excitante na fantasmagoria do cenário urbano" – diz Mica Nava.

Como os tempos mudaram!

Imagine a cena: um supermercado lotado, às vésperas de um final de semana. Muitos compradores passaram por ruas congestionadas e tiveram dificuldade para encontrar um lugar para estacionar. Empurraram carrinhos ou carregaram pesadas cestas para cima e para baixo em corredores lotados, lutaram para pegar todos os itens de que precisavam e agora estão em uma longa fila do caixa. A seguir está a perspectiva de carregarem tudo até o carro, antes de enfrentarem a tarefa cansativa e frustrante de voltar para casa.

Para a maioria das pessoas "ir às compras" se tornou "fazer as compras", uma tarefa que há muito deixou de ser agradável, para se transformar em uma inconveniência estressante. As pesquisas indicam que o estresse é extremamente provável nas situações de compras, tanto no supermercado como em outros lugares que fornecem utilidades para o lar, sendo que esses deveres domésticos compõem cerca de um terço de todas as saídas para esse fim.

Russell Aylott, da University of Sunderland Business School, e Vincent-Wayne Mitchell, da University of Manchester School of Management, afirmam:

> Os fatores geradores de estresse nos supermercados foram esquecidos até agora, apesar do fato de que respostas espontâneas dos clientes indicarem que as compras de supermercado são percebidas como a forma mais angustiante de compras.

Pressão sangüínea e estresse

Medidas da pressão sangüínea envolvem duas leituras. A primeira, chamada pressão sistólica, representa a pressão com que o sangue é bombeado do coração, quando as câmaras se contraem para levar o sangue pelo corpo. A segunda, a pressão diastólica, é registrada no sistema cardiovascular quando o coração descansa entre os batimentos. Ambas aumentam no momento em que o corpo passa por estresse, como parte da reação de medo (o que às vezes chamamos informalmente de "enfrentar ou fugir da raia"), que evoluiu a fim de nos ajudar a sobreviver ao perigo físico.

A pressão sistólica tende a ser mais suscetível ao estresse, enquanto a pressão diastólica dá uma indicação mais geral da resistência cardiovascular de um indivíduo. Em uma pessoa jovem, saudável, a pressão normal é em torno de 120 mm Hg sistólica e 89 mm Hg diastólica. Esses dados representam a altura de uma coluna de mercúrio (Hg) em milímetros, em um manômetro de mercúrio o dispositivo usado para medir a pressão sangüínea.

As empresas de seguro norte-americanas usam o padrão arbitrário de 140 mm Hg sistólica e 90 mm Hg diastólica como os limites máximos da leitura normal. The New York Heart Association considera que, com uma pressão sangüínea consistentemente acima desses valores, um indivíduo esteja sofrendo de hipertensão.

QUÃO ESTRESSANTE É FAZER COMPRAS?

Conduzi estudos em Londres e Nova York usando voluntários, homens e mulheres, cujas idades variavam de vinte e poucos anos a aproximadamente 75. Para medir o estresse, coloquei monitores que registravam automaticamente o batimento cardíaco e a pressão sangüínea, duas funções corporais especialmente sensíveis ao aumento do estresse. Além disso, eles estavam equipados com uma câmera de vídeo em miniatura, encaixada entre as lentes de óculos de sol, que gravava toda a viagem.

O quadro a seguir mostra os efeitos verificados em um Novo Consumidor, um homem com menos de 30 anos, que foi às compras na congestionada Oxford Street, em Londres, acompanhado de sua esposa e empurrando seu filho em um carrinho de bebê.

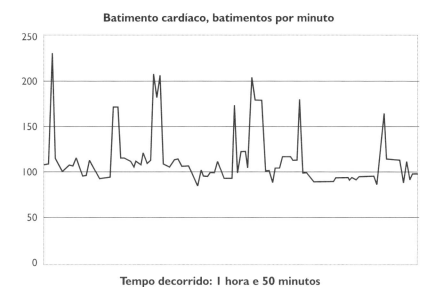

Figura 2   Experiência de Estresse Durante as Compras

Como você pode ver, tanto o batimento cardíaco como a pressão sangüínea indicaram altos níveis de estresse físico durante toda a viagem, às vezes em níveis que poderiam ser esperados entre policiais, ao se confrontarem com uma agitação de rua, ou de pilotos combatentes em ação. No melhor dos casos, as compras tendem a criar estresse; no pior, podem transformar seu corpo em um campo de batalha!

Com a intensa competição de preços entre vários itens, torna-se cada vez mais importante incentivar as pessoas a pesquisarem pelos corredores das lojas, de modo a refrearem as tentações de fazerem compras por impulso, para evitar os produtos com margens de lucro mais altas. O estresse, entretanto, transforma os pesquisadores potenciais praticamente em membros de uma equipe SWAT, cujo único objetivo é entrar correndo, agarrar o que querem e sair o mais rápido possível!

Mas, por que isso acontece? O que transforma com tanta freqüência um exercício potencialmente prazeroso em uma experiência desagradável?

O QUE TORNA AS COMPRAS TÃO ESTRESSANTES?

Minha pesquisa sugere que há quatro fatores principais, além de inúmeros outros menores, que contribuem para o estresse dos compradores. São eles:

- Congestionamento nas ruas próximas e nos corredores das lojas.
- Atrasos causados pela procura de um lugar para estacionar, pela necessidade de encontrar os itens desejados e pelo tempo de espera na fila do caixa.
- Dificuldades em localizar os itens desejados, muitas vezes agravadas pela falta de funcionários ou pela incompetência daqueles que estão disponíveis.
- Música em alto volume para criar "clima" em algumas lojas.

Os fatores adicionais de estresse físico incluem a temperatura no interior das lojas – quente demais ou excessivamente frias, assim como iluminação forte a ponto de doer os olhos ou tão fraca que dificulta a leitura de rótulos, etiquetas e detalhes sobre o produto. Anúncios freqüentes pelo sistema de som incomodam muitos clientes, como também lojas com layouts confusos, produtos que são mudados constantemente de lugar, sinalização ineficiente e mercadoria com rotulagem ruim.

O estado mental dos clientes ao entrar na loja desempenha um papel importante na determinação de como reagirão aos fatores expostos anteriormente. Dificuldades para dirigir e estacionar, transporte coletivo lotado, mau tempo, calçadas cheias de gente ou incômodos causados por crianças barulhentas podem gerar altos níveis de estresse antes de qualquer compra.

Não são apenas a demora, as frustrações ou o esforço físico durante as compras que estressam os Novos Consumidores, mas a ameaça à auto-estima causada pela espera em filas ou pelo tratamento descortês. É bom lembrar que nem sempre a descortesia tem a ver com a palavra falada. Uma expressão cansada ou irritada, a recusa em olhar nos olhos ou gestos impacientes podem transmitir a impressão de que os consumidores são irritantes e não a única fonte de renda da loja. Como exemplo, considere a seqüência de fotos a seguir, tiradas com uma câmera escondida.

- Foto 1: Uma compradora idosa, impossibilitada de pegar no fundo da prateleira o item que precisa, pede ajuda a um funcionário.
- Foto 2: Sem dar atenção a ela, sem sorrir ou mesmo olhar para ela, o funcionário vai impaciente e a passos largos até a prateleira, deixando que a compradora idosa siga atrás dele.
- Foto 3: Ao pegar o item, ele olha em direção à senhora, pela primeira e última vez durante o encontro, simplesmente para colocar o produto em suas mãos.
- Foto 4: Ainda sem proferir palavra, volta para sua tarefa de empilhar sanduíches em um balcão.

O encontro durou menos de 15 segundos. Não tenho meios de saber se a senhora ficou ou não aborrecida com tamanha descortesia. Talvez tivesse se sentido afrontada e comentado com sua amiga sobre a grosseria dos funcionários daquele supermercado. Espera-se que pelo menos tenha passado a fazer compras em outro lugar. No entanto, duvido. Enquanto descia pelo corredor para completar sua compra, a cliente parecia nem se dar conta da maneira como havia sido tratada. Provavelmente estivesse habituada a isso. Em mais de uma década de análise do comportamento do consumidor, tenho observado centenas de exemplos de descortesia e até claras grosserias dirigidas a consumidores idosos.

POR QUE OS VELHOS E OS NOVOS CONSUMIDORES SE ESTRESSAM EM SITUAÇÕES DIFERENTES

Tanto os Velhos como os Novos Consumidores se tornam estressados quando fazem compras, mas a causa do estresse tende a diferir entre eles, como revela a tabela abaixo.

Velhos Consumidores ficam mais estressados quando...	Novos Consumidores ficam mais estressados quando...
Sua marca favorita está em falta e eles têm de procurar uma alternativa	Os corredores são estreitos e estão congestionados
Mudam o produto de lugar	Há filas nos caixas
Têm opção demais	A música está em alto volume e há anúncios freqüentes pelo sistema de som
Há pouca sinalização	Os funcionários não são gentis
Têm medo de serem presos por engano	Têm de manobrar carrinhos
Têm sobrecarga de informações	Pessoas idosas ou carrinhos de bebê bloqueiam seu caminho
Estão sendo vigiados por câmeras de segurança	Não dispõem de tempo
Os rótulos são ruins	Há funcionários insuficientes ou não esclarecidos

Do ponto de vista dos varejistas, mais importante que as diferentes causas de estresse são as diferentes maneiras como Novos e Velhos Consumidores reagem a elas.

Uma vez que os Novos Consumidores freqüentemente não dispõem de tempo, os atrasos passam a ser uma fonte maior de estresse para eles do que para o Velho Consumidor, menos pressionado. Por enfrentarem demoras consideráveis na fila do caixa ou dificuldades para localizarem determinado produto, muitos Novos Consumidores abandonam suas compras e saem da loja. Em pesquisa recente, sete deles, em cada dez, me disseram ter feito isso pelo menos uma vez, em comparação a apenas um em cada cinco Velhos Consumidores. Peter Cochrane, chefe de pesquisa da British Telecom, explica:

> *Freqüentemente, o custo de esperar excede o custo de bens, ou redunda em uma proporção substancial do tempo total de uma viagem[2].*

Como resultado, apesar do preço desvantajoso, muitos Novos Consumidores mudam de supermercados para lojas de conveniência menores, onde podem desenvolver uma relação mais próxima com funcionários e realizar as compras mais rapidamente.

Os Velhos Consumidores, embora reconheçam que às vezes acham o supermercado estressante, relutam muito mais em abrir mão da "vantagem" de fazer compras no supermercado, argumentando que vale a pena o estresse e a fadiga para pagar preços melhores.

Novos Consumidores Tipo A

No início da década de 1970, dois cardiologistas norte-americanos do Harold Brunn Institute of Mount Zion Hospital, em San Francisco, Meyer Friedman e Ray Rosenman, perceberam que as cadeiras da sala de espera ficaram gastas e precisavam ser revestidas. A decisão teve conseqüências que os ajudaram a entender o papel que a personalidade desempenha no estresse e na doença cardíaca. O interesse deles foi despertado quando o tapeceiro observou que apenas sete centímetros da frente das cadeiras estavam gastos. Ele perguntou o que levava os pacientes a sentarem na beirada das cadeiras.

Intrigados com a pergunta, Friedman e Rosenman procuraram detectar algum padrão de emoção ou de comportamento que pudesse oferecer uma explicação. Em 1974, publicaram suas conclusões surpreendentes e controvertidas. Os pacientes com maior risco de doença cardíaca, alegaram eles, eram caracterizados por:

> *Um complexo ação-emoção que pode ser observado em qualquer pessoa que esteja extremamente envolvida em uma luta crônica, incessante, para conseguir cada vez mais em um tempo progressivamente menor e, se necessário, indo contra os esforços opostos de outras coisas ou pessoas.*

Eles descreveram esses indivíduos como tendo personalidade Tipo A, um rótulo escolhido, conforme sugestões, para ganhar mais aceitação de psiquiatras e psicólogos, que poderiam se sentir ofendidos pelo fato de cardiologistas estarem estudando um fenômeno "psicológico". O conceito Tipo A captou a imaginação de pesquisadores e gerou uma série de relatórios, a maioria amplamente apoiada nas conclusões de Friedman e Rosenman. Um estudo norte-americano, por exemplo, demonstrou que 35 de cada 50 indivíduos com doença cardíaca coronariana eram do Tipo A. Outro projeto de pesquisa similar, dessa vez desenvolvido por soviéticos, chegou à conclusão de que 82% dos pacientes cardíacos pertenciam ao Tipo A.

A cardiologista Ethel Roskies comenta que o debate acerca do conceito de comportamento Tipo A tem sido "particularmente polêmico". Isso ocorre em parte, sugere ela, porque, embora a maioria das pessoas concorde que fumar, não fazer exercícios e se alimentar de forma inadequada prejudicam a saúde, quase tudo na pessoa Tipo A parece ser digno de elogio para aqueles criados em uma sociedade ocidental competitiva. A ambição, a necessidade de realização, o desejo impulsivo de alcançar sucesso e progresso são, em diversos sentidos, características corretamente valorizadas. Ela explica:

> *Conscientemente, pelo menos, sabemos que é prejudicial comer e beber demais, fumar, dirigir em vez de andar. Mas podemos realmente acreditar que seja prejudicial ser dinâmico, ambicioso, trabalhador e orientado para a realização? Para muitos de nós, essas são virtudes que aprendemos desde pequenos!*

Três características distinguem os indivíduos Tipo A:

- Forte compromisso com o trabalho e muito envolvimento com seu emprego.
- Consciência contínua das pressões do tempo, trabalhando sempre contra o relógio para atender a prazos urgentes.
- Natureza fortemente competitiva.

Todos esses traços se encaixam perfeitamente bem na maioria dos Novos Consumidores. Eles alegam ter de lutar para manterem o controle dos acontecimentos, por estarem envolvidos e serem pró-ativos no mercado. Se há uma ameaça motivada por circunstâncias que vão além de seu controle, como atrasos inexplicáveis, funcionários mal treinados ou artigos em provisão insuficiente, sua resposta usual é investir mais tempo e esforço para "conseguir recuperar o controle", o que resulta, na maioria das vezes, em níveis sempre crescentes de estresse, frustração e raiva.

O indivíduo de personalidade Tipo B, em contraste, é mais tranqüilo, menos pressionado pelo tempo e menos preocupado em tentar exercer um controle rígido dos acontecimentos. É mais inclinado a "dançar conforme a música" e tolera mais os atrasos.

CONGESTIONAMENTO E ESTRESSE DE IR ÀS COMPRAS

Simplesmente basta estar em meio à multidão para aumentar os níveis de estresse acima do normal. Isso acontece, em parte, porque as pessoas representam uma invasão constante do espaço pessoal que, como agora se sabe, é a "bolha" invisível em que nos envolvemos. O tamanho dessa bolha varia de acordo com nossa nacionalidade, se vivemos na cidade ou no campo e se estamos familiarizados com quem nos rodeia. Parceiros íntimos podem se aproximar o quanto quiserem, mas as pessoas que conhecemos pouco, ou não conhecemos, são colocadas literalmente a distância.

Quando nosso espaço pessoal é invadido por estranhos, vários sinais corporais são trocados para deixar claro que isso acontece apenas devido às circunstâncias e não deve ser confundido com um convite à intimidade. Essas mensagens não-verbais incluem evitar o contato visual e manter um olhar "perdido", não direcionado. Embora a atitude seja útil em algumas situações de congestionamento, por exemplo, quando nos deslocamos em um meio de transporte público, em horário de pico, de forma alguma é adequada em uma loja lotada, onde devemos olhar constantemente para os outros, a fim de evitar colisões.

A aglomeração é uma causa significativa de estresse para os Novos Consumidores, particularmente devido a atrasos adicionais – especialmente nos caixas – causados pelos outros, e também porque seu forte senso de individualidade e independência os torna menos satisfeitos por fazerem parte de uma multidão.

Qual é a causa do congestionamento durante as compras?

Aparentemente, a causa mais óbvia de congestionamento são corredores estreitos demais para a quantidade de pessoas que passa por eles. Em alguns casos, é o que acontece. Os projetistas de lojas mais antigas não previram o crescimento intenso de compras em supermercados ou eram limitados pela falta de espaço dos prédios no centro da cidade. Como as duas premissas têm longo ciclo de vida, as estruturas passam a ser modificadas e aprimoradas, em vez de totalmente refeitas. Já que o espaço não muda e há pressões comerciais óbvias para se estocar a maior variedade de produtos possível, quase nada se pode fazer para ampliar os corredores. Os varejistas pioram o problema, bloqueando passagens já estreitas com grandes displays centrais, na maioria das vezes supérfluos, que forçam os compradores a passarem por espaços ainda mais apertados.

Mesmo sem considerar as limitações de espaço, encontrar a largura perfeita para um corredor é questão bem mais complexa do que pode parecer inicialmente. The Plaza, em Oxford Street, Londres, por exemplo, tem corredores de cinco metros de largura na entrada, estreitando-se para quatro metros e chegando a três em volta do átrio. Visto que o movimento desse supermercado é de cerca de 35 mil compradores por semana e ele está em uma rua por onde passam 37 milhões de pessoas por ano, o congestionamento nas horas de pico é inevitável.

Os modernos shoppings norte-americanos, em contraste, são construídos com corredores de até 12 metros de largura, para criar uma noção de espaço e liberdade. Mas a questão da largura do corredor não é tão simples quanto esses exemplos podem sugerir. O congestionamento em corredores largos parece bem pior nas horas de pico. E, mesmo quando o número de pessoas é pequeno, essas amplas passagens públicas dão a entender que só as lojas de um lado podem ser convenientemente vistas e visitadas. Corredores mais estreitos, até mesmo lotados, permitem aos compradores encontrarem itens de interesse no outro lado e atravessarem o corredor para examiná-los. Embora não haja solução fácil para o congestionamento dos shoppings em horário de pico, os lojistas precisam estudar o problema com mais seriedade.

O modo como os compradores reagem a multidões também é influenciado por vários outros fatores, como corredores estreitos e irregulares, prateleiras abarrotadas e pessoal insuficiente, que criam uma impressão de congestionamento desproporcional ao número de pessoas presentes. O ambiente também influencia a reação dos compradores. Em um grande mercado agitado, a multidão pode simplesmente aumentar a excitação. A mesma quantidade de indivíduos em um supermercado de tamanho semelhante provavelmente seja percebida pelos Novos Consumidores como um congestionamento intolerável.

A razão que leva as pessoas às compras também desempenha um papel importante para o congestionamento provocar ou não altos níveis de estresse. Há dois tipos principais de compras: as orientadas para tarefas e as não-orientadas para tarefas.

As compras orientadas para tarefas envolvem saídas mais curtas, cuidadosamente planejadas. Os compradores potenciais geralmente têm uma idéia clara do que desejam e é menos provável que façam compras por impulso. Nessas situações, multidões tendem a ser consideradas obstáculos ao sucesso, especialmente pelos Novos Consumidores que têm pouco tempo e, portanto, ficam estressados.

As compras não-orientadas para tarefas são como lazer, agradáveis, e encerram apenas a reunião de informações, sem qualquer busca real. Nessas circunstâncias, as multidões podem ser vistas de forma mais favorável, fator que aumenta o entusiasmo e a alegria da atividade.

O congestionamento e o fator empurrão

O antropólogo Paco Underhill, que estuda o varejo, identificou um aspecto especial do congestionamento que afeta as compradoras, denominado por ele "o fator empurrão". Seus estudos sugerem que, ao esbarrar em algo, seja móvel, mercadoria seja outro comprador, a mulher sempre sairá rapidamente da loja. É por isso, argumenta ele, que os produtos para mulheres, que precisam ser examinados mais de perto, não devem ser colocados na parte de baixo, nem em corredores estreitos ou próximos a obstáculos como os displays dispostos em corredores centrais, pois é provável que isso force as compradoras a uma proximidade ainda maior. Ele explica:

> *Você não pode deixar uma mulher em um ambiente lotado achando que ela vai suportar. Observe a expressão das compradoras em corredores cheios de gente... depois de dar alguns encontrões, elas começam a parecer incomodadas. E compradoras irritadas não ficam muito tempo em um local. Elas quase sempre saem antes de comprar o que precisam.*

NOVOS CONSUMIDORES E O ESTRESSE DA ESCOLHA

Outra fonte de estresse, que provavelmente afete mais os Novos Consumidores que os Velhos, é a necessidade de escolher.

Muitos ambientalistas questionam afirmações enganosas de supermercados que dizem oferecer a mais ampla diversidade possível. Eles destacam, por exemplo, que das 2.000 variedades de maçãs cultivadas comercialmente, ou para uso doméstico, no Reino Unido, apenas nove dominam as prateleiras de supermercados. No entanto, com mais de 40 mil itens disponíveis, muitos compradores são confrontados com a necessidade de fazer escolhas importantes. Isso ocorre particularmente com os Novos Consumidores, devido à contínua busca de originalidade ou autenticidade. De acordo com pesquisas feitas pelo psicólogo Irving Janis, quando alguém enfrenta qualquer tipo de escolha, a primeira decisão que deve ser feita é se há ou não necessidade de mudar.

Veja um exemplo comum. Uma compradora deseja comprar refrigerante para a festa de aniversário de seu filho. Próximo à marca que ele gosta há um novo produto que diz ter um sabor refrescante. Ela deveria comprá-lo, em vez de levar a bebida preferida do filho?

Os Velhos Consumidores – mais fiéis à marca e menos atraídos pela originalidade – têm muito mais probabilidade de procurar, quase por hábito, a bebida conhecida.

O resultado é uma escolha menos estressante, conhecida como adesão sem conflitos. Os Novos Consumidores não só são mais atraídos pela novidade, como também é menos provável que se sintam ligados à marca antiga pela fidelidade. Antes de pegar o refrigerante conhecido, estarão dispostos a experimentar um novo refrigerante. Aqui, novamente, temos uma escolha de baixo estresse, denominada mudança sem conflito.

Agora considere uma terceira possibilidade. A Nova Consumidora preocupa-se com a saúde e lê os rótulos. Enquanto procura a marca favorita, lembra-se de um artigo de jornal advertindo que o adoçante nele utilizado pode causar risco à saúde. Ela não consegue, no entanto, se recordar de todos os detalhes lidos anteriormente e não está certa se o novo refrigerante contém o mesmo adoçante e, nesse caso, em maior ou menor quantidade. Esse pensamento cria um dilema "duplo", em que qualquer escolha pode colocar o filho em risco. O mais sensato seria reler o artigo e verificar cuidadosamente os conteúdos descritos nos rótulos de ambas as garrafas. Se nenhum dos produtos parece tão saudável quanto ela gostaria, resta a alternativa de procurar algo melhor.

Pode-se pressupor que ela tenha tempo suficiente para tomar uma decisão informada. Mas, levando em consideração as pressões geradas por compras orientadas para tarefas, este raramente é o caso. Em algumas circunstâncias, o estresse resultante pode ser suficiente para comprometer sua capacidade de pensar com clareza. Irving Janis explica:

> As advertências que despertam intensas reações emocionais podem levar a uma resistência à mudança, a atribuições equivocadas, a julgamentos errôneos e a decisões incorretas[3].

Em algumas circunstâncias, o estresse pode levar a um estado semelhante ao pânico, chamado hipervigilância, no qual o comprador procura freneticamente uma forma de sair do dilema, oscilando rapidamente entre as alternativas e agarrando impulsivamente qualquer opção que pareça oferecer uma solução.

SUPERANDO A BARREIRA DO ESTRESSE NO VAREJO

O congestionamento em horas de pico muitas vezes é inevitável, embora uma loja com um layout melhor, sem displays no meio de corredores, possa amenizar a situação. Também ajudaria se o que Paco Underhill chama de "zona de descompressão", na entrada da loja, fosse seguido. Ele descobriu que os consumidores são invadidos por um estado psicológico nos primeiros 10 a 20 passos que dão para dentro da loja, e que essa impressão influencia fortemente sua disposição para comprar.

Uma zona de descompressão, com cerca de cinco metros, permite aos compradores desacelerar o passo, deixando o andar rápido que os trouxe das ruas ceder a um ritmo mais prazeroso, para poderem ver os artigos. Também parece fazer uma loja lotada ser menos estressante e mais espaçosa, ao mesmo tempo em que facilita a acomodação dos olhos a níveis mais baixos de iluminação, enquanto o comprador se adapta a mudanças de temperatura e umidade.

Embora essa zona às vezes seja usada para exibir cartazes e notícias de grupos comunitários e de caridade, não há razão para se colocar ali qualquer objeto de valor comercial, pois a maioria dos compradores não o notará. Estudos têm mostrado que uma mercadoria transferida da frente ou do centro da loja para mais longe, pode ter suas vendas aumentadas em até 30%. As placas dirigidas aos compradores, ou ofertas especiais de promoção, também se tornam bem mais efetivas quando colocadas mais ao fundo.

Se o prédio foi construído sem uma zona de descompressão, geralmente é impossível, ou pelo menos comercialmente impraticável, adotá-la. Há, no entanto, outras maneiras de os varejistas tornarem as compras menos estressantes, provavelmente muito mais agradáveis. Larry Hochman, diretor de pessoas e cultura da Air Miles, diz:

> *Como consumidores, queremos deixar claro o que é importante no serviço e não ter isso definido por uma empresa. Queremos controlar, queremos rapidez e facilidades. Queremos lidar com indivíduos que possam responder às nossas perguntas e que tenham segurança para tomarem decisões. Queremos um serviço com a velocidade da vida[4].*

Sua afirmação foi confirmada por uma importante pesquisa de opinião que minha consultoria conduziu no Reino Unido e nos Estados Unidos, para a ICL. Entre as recomendações de nível básico, estavam as seguintes:

Maior uso de tecnologia nas lojas, para possibilitar compras com mais rapidez

Sete de dez consumidores, tanto nos Estados Unidos (71%) como no Reino Unido (69%), acreditam que a tecnologia facilitará as compras, tornando-as mais rápidas e menos estressantes. As maneiras com que ela pode ajudar variam desde a utilização da Internet a um sistema interno que dirija os consumidores ao produto procurado e evite filas no caixa, deixando que eles próprios passem os códigos de barras das mercadorias pela leitora eletrônica.

Ficar aberto por mais tempo

Com os horários de trabalho cada vez mais irregulares, os consumidores gostam de poder comprar a qualquer hora. Aproximadamente três quartos concordaram com a afirmação: "Acho útil fazer compras fora do horário normal." (Estados Unidos 77%; Reino Unido 73%)

Novos procedimentos para evitar filas

Ficar na fila dos caixas de supermercado foi classificado como o aspecto mais desagradável das compras. Cerca de um terço dos norte-americanos (31%) e quatro de dez compradores ingleses (42%) apontaram as filas como o aspecto que mais detestam nas compras, ficando as multidões bem atrás (Estados Unidos 7%; Reino Unido 18%).

As sugestões dadas são particularmente significativas porque os entrevistadores não apresentaram alternativas aos consumidores, mas deixaram que fornecessem respostas próprias. Formas de impedir filas variaram entre empregar mais funcionários a abrir novos caixas e usar mais tecnologia.

Home shopping

A não ser que se tomem medidas para reduzir o estresse, as lojas de rua e aquelas distantes do centro da cidade podem perder cada vez mais negócios para as compras feitas em casa ou nos escritórios, pela Internet ou por canais de televisão.

Mais de um terço dos consumidores entrevistados em nossa pesquisa expressou interesse em home shopping ou em fazer pedidos de compras em casa – para buscá-los mais tarde. Mais de quatro em dez (41%) consumidores ingleses e 37% dos norte-americanos concordaram com a afirmação: "Eu me interessaria por um serviço de compras semanais de alimentos entregues em minha casa ou no local de trabalho, ou que ficassem prontas para ser retiradas".

Demonstrando uma atitude mais radical, um terço dos norte-americanos (34%) e um quarto dos compradores ingleses (24%) estariam dispostos a deixar de ir às lojas, se estivessem convencidos de ser um método alternativo confiável. Eles concordaram com a afirmação: "Sempre saí para fazer compras, mas ficaria bem satisfeito se existisse uma forma mais conveniente de fazê-las".

Esse resultado é de extremo interesse, pois as pessoas raramente se apresentam como voluntárias para mudar. Em geral, preferem experimentar antes, para ver se, comprovadamente, é a melhor alternativa. Nesse caso, as opiniões dos que dizem que desistiriam, efetivamente, de fazer compras, podem ter sido influenciadas pela experiência com o home shopping.

Para muitos, é atraente comprar pelo computador do escritório. Na sede da ICL, em Berkshire, na Inglaterra, esse sistema já está funcionando. Os funcionários entram no website de um supermercado próximo, digitam seu pedido e as compras, embaladas, são entregues na recepção da empresa, para serem retiradas no final do expediente.

Ficou constatado que os mais dispostos a mudarem seu método de compras eram predominantemente Novos Consumidores, que tendiam a ser de grupos de renda mais alta, tinham PCs e usavam a Internet regularmente. Provavelmente fossem homens, e talvez mais jovens, pois os acima de 55 anos mostravam-se mais resistentes às inovações. Esse comportamento poderia, pelo menos em parte, ser devido ao fato de que os compradores mais velhos aproveitam os aspectos sociais das compras e – como grupo – se sentem menos à vontade frente ao monitor.

Para a maioria dos compradores, entretanto, a maneira mais simples de reduzir o estresse e resgatar a diversão das rotineiras compras domésticas seria um retorno ao "círculo do desejo", princípio que tanto encantou e motivou os consumidores no final do século XIX, estratégia que os varejistas mais inovadores estão começando a seguir.

DE VOLTA AO FUTURO – O NOVO MUNDO E O VAREJO DE ENTRETENIMENTO

Uma compradora vitoriana, se transportada em uma máquina do tempo para praticamente qualquer supermercado ou shopping center de alguns anos atrás, ficaria horrorizada, sem entender por que os consumidores pagavam tanto para sofrer tamanho estresse e se divertir tão pouco.

Muitos consumidores dos dias atuais pensariam o mesmo. O número de idas semanais a shopping centers caiu de 2,6 em 1994 para menos de 1,7 em 1998. Reconhecendo a ameaça, um número crescente de varejistas está trabalhando para transformar completamente a experiência de compras e resgatar os tempos de glória vividos pelos compradores no século XIX.

Localizado em Kent, Bluewater, o maior shopping center da Europa, aberto em 1999, oferece opulência em mármore e dourado, com largas colunas e teto de vidro, semelhante ao que as lojas de departamento das cidades edwardianas ostentavam.

Mas a magnificência do Bluewater quase some em insignificância, quando comparada ao West Edmonton Mall, o maior do mundo, em Alberta, Canadá. Construído em 1986, esse shopping grandioso, com 371.612 metros quadrados e estacionamento para

20 mil carros, tem entre suas atrações uma réplica em tamanho natural do Santa Maria, a caravela de Colombo, de 24 metros de comprimento, uma réplica de dois quarteirões de Bourbon Street, um zoológico, uma igreja, um campo de golfe em miniatura, com 18 buracos, um rinque de patinação e um clube noturno com capacidade para 700 pessoas. Como se tudo isso não bastasse, o West Edmond também contém a Fantasyland, um parque aquático de 2 hectares, completo, com praia e ondas, mais a maior montanha russa do mundo, cujos carrinhos viajam a mais de 90 km por hora.

O maior shopping center da América do Norte, em Bloomington, Minnesota, orgulha-se de seu tamanho:

> *Quem pensar que o Mall of America é apenas um pequeno centro de compras provavelmente também pensará que o Grand Canyon é apenas um grande buraco no chão.*

Construído em 1992, usando duas vezes o aço empregado na Torre Eiffel, cobre uma superfície terrestre maior que a praça Vermelha de Moscou e poderia abrigar confortavelmente 20 basílicas de São Pedro, sete estádios Yankee e todos os jardins do palácio de Buckingham. Quatrocentas lojas ladeiam quilômetros de corredores, e o shopping inclui ainda uma escola, rinque de boxe, área esportiva para arqueiros e, em hectares, o maior parque temático coberto da América do Norte. Lá, em temperatura controlada por sofisticado sistema de ar-condicionado, você pode garimpar em uma mina de ouro e levar para casa o que encontrar.

Embora esses dois últimos shopping centers sejam excepcionalmente grandes, têm em comum o desejo de seus criadores de recuperarem a elegância do passado e acrescentar diversão à experiência de fazer compras. Materializam, assim, locais onde os freqüentadores vão para se divertir e fazer compras, pois as pessoas sentem prazer em ambientes que, além de inspirarem admiração e entusiasmo, captam todos os seus desejos. Esse é um conceito que muitos varejistas modernos parecem ter esquecido, mas que seus antecessores vitorianos teriam entendido e aplaudido. Eles sabiam que as pessoas, ao escolherem gastar dinheiro, são muito mais influenciadas pelas emoções do que por qualquer deliberação intelectual.

O que era comprovado no século XIX mantém a mesma relevância hoje. Muitas decisões de compra dependem mais de como nos sentimos em relação ao fornecedor e menos sobre o que pensamos a respeito do produto.

O Sainsbury's, uma rede de supermercados da Inglaterra, descobriu esse fato ao viver uma experiência negativa, vendo sua participação no mercado afundar cada vez mais, enquanto clientes fiéis eram atraídos pela concorrência. "Nós nos estabelecemos como profissionais práticos, metódicos, rigorosos e muito, muito precisos" – admite o diretor de marketing Kevin McCarten.

Mas as pesquisas revelaram que a empresa passou a ser percebida também como excessivamente autoritária e fora de compasso com a época. "Os atributos emocionais de nossa marca tornaram-se antiquados", concorda McCarten, acrescentando que daí em diante o Sainsbury's resolveu mostrar que se importava tanto com as pessoas como com os produtos.

RESUMO

- Ir às compras, em vez de ser agradável e prazeroso, pode se tornar uma tarefa estressante e cansativa.
- Compradores estressados reduzem significativamente o tempo gasto olhando os artigos e a quantidade de dinheiro empregado em cada compra.
- Os principais fatores estressantes incluem congestionamentos, atrasos, filas, falta de assistentes de vendas e tratamento indiferente ou grosseiro por parte de funcionários.
- Os Novos Consumidores podem ser mais suscetíveis ao estresse de compras que os Velhos Consumidores, devido a diferenças de personalidade entre os dois grupos.
- Formas de redução do estresse incluem maior uso de tecnologia para reduzir demoras, funcionamento por tempo mais prolongado e até mudar o varejo da rua para as casas, seja pela televisão ou pela Internet.
- Um número cada vez maior de varejistas está lutando para criar ambientes que voltem a captar a elegância e a diversão proporcionadas pelas compras no século XIX. À medida que os Novos Consumidores dominar cada vez mais o mercado, tais estratégias podem ser ainda mais necessárias para evitar uma perda significativa em relação às compras feitas de casa ou do escritório.

8

Novos Consumidores – Novos Comerciais: Por Que Propagandas na Televisão Devem Mudar ou Acabar

> *A propaganda de massa perdeu sua capacidade de mobilizar as massas. A tecnologia tem dado muito mais opções às pessoas, criando uma democracia do consumidor.*
>
> Sergio Zyman, *ex-diretor de marketing da Coca-Cola.*

Cristóvão Colombo seria um executivo perfeito na área de comerciais para televisão. Afinal, partiu sem idéia clara de onde chegaria. Quando chegou, não sabia onde estava. Ao voltar, não sabia onde esteve. Ainda por cima, fez tudo isso com o dinheiro dos outros!

Pelo menos é essa a acusação que um número cada vez maior de críticos respeitados tem feito ao setor publicitário, desde que a crescente influência dos Novos Consumidores começou a mudar a idéia tradicional do marketing de massa. Na última década, formou-se um consenso entre os pesquisadores de que o poder que muitos comerciais de televisão têm de afetar as vendas varia de insignificante a inexistente. A esse respeito, o jornalista Jon Rees comenta:

> *Alguns dos mais aclamados e memoráveis anúncios de todos os tempos têm sido muito ruins ao fazer aquilo para o que foram criados: vender produto[1].*

A Coca-Cola parecia ter captado o espírito da época quando mostrou uma multidão de adolescentes de diversas etnias no topo de uma montanha, dizendo aos espectadores: "Eu gostaria de ensinar o mundo a cantar." Esse comercial se tornou um clássico e ainda é lembrado com carinho 30 anos mais tarde. No entanto, durante a campanha, as vendas nos Estados Unidos permaneceram inalteradas ou diminuíram.

Mais recentemente, os comerciais para a Miller Lite, com o boxeador Joe Frazier dizendo "Tastes great, less filling" (Tem sabor excelente e nunca satisfaz), embora admirados pelos funcionários da empresa, distribuidores e clientes, não fizeram nada para ampliar as vendas que, ao contrário, diminuíram durante o período da campanha. Richard Pinder, diretor executivo da Ogilvy & Mather, explica:

> *As propagandas podem estar repletas de imagens memoráveis, interessantes; porém, não há nada no produto que forme uma ligação com o consumidor ou pelo menos lhe dê qualquer razão para comprá-lo[2].*

Para aumentar as lamúrias dos anunciantes, o número de espectadores está caindo, ao mesmo tempo em que as audiências se fragmentam. Em 1983, o episódio final da série *M*A*S*H*, uma comédia de sucesso, foi visto por 106 milhões de pessoas. Dezesseis anos mais tarde, o episódio final de *Seinfeld*, considerada a maior comédia de costumes de todos os tempos, foi visto por 76,5 milhões, ainda uma vasta audiência, sem dúvida, mas um terço a menos que a anterior, apesar da grande popularidade do programa.

Para complicar o problema, um número cada vez maior de programas, que mostram principalmente momentos importantes do esporte e filmes de prestígio, estão sendo vendidos como *pay-per-view* por canais especiais, em vez de serem patrocinados pela propaganda. Uma conseqüência quase inevitável é que a qualidade dos canais abertos cairá acentuadamente, tornando ainda menos atraente ver 90% dos programas que são assistidos só porque não há nada melhor.

Esses não são os únicos desafios que os comerciais enfrentam, à medida que cresce a influência do Novo Consumidor. Outro golpe na propaganda de interrupção, que pode ser ainda mais fatal, é uma tecnologia inovadora, o gravador de vídeo pessoal (personal vídeo recorder – PVR), que deve revolucionar os hábitos dos telespectadores em ambos os lados do Atlântico. Esse aparelho de baixo custo é capaz de armazenar até 100 horas de programação, enquanto os gravadores convencionais gravam apenas de 8 a 14 horas.

O mais crucial é que, como o sinal de recepção é digitalizado, os espectadores exercem controle total sobre o que assistem. Eles podem, por exemplo, instruir seu PVR para gravar todos os episódios de uma novela e qualquer filme de seu artista preferido. Além disso, têm a opção de eliminar os comerciais com apenas um clique, que corresponde a um salto instantâneo 30 segundos adiante.

Ainda em 2004, de acordo com a Forrester Research of Cambridge, Mass., cerca de 13% dos lares norte-americanos terão um PVR, o que corresponde a uma taxa de adoção mais rápida do que a atingida pelo gravador de vídeo agora presente em toda parte. Daqui a uma década, prevê Josh Bernoff, analista da Forrester, poucos espectadores verão programas no momento de sua apresentação. A maioria das pessoas fará gravações para assistir quando desejar. A não ser que os espectadores *desejem* assistir aos comerciais, não precisarão se incomodar com nenhuma propaganda. Na forma atual, parece improvável que alguém queira se submeter a eles.

Neste capítulo, quero considerar o que pode ser feito para que os comerciais de televisão sejam compreendidos como uma forma de comunicação, não só em relação a aspectos individuais de certos anúncios – apresentadores, animações, fotografia, cenários e assim por diante – como também um veículo capaz de transmiti-los. Para entender melhor a proposta, convém voltar mais ou menos seis décadas no tempo e ver como tudo começou.

O NASCIMENTO DOS COMERCIAIS DE TELEVISÃO

Em 1º de julho de 1941, o primeiro comercial de televisão foi transmitido pela NBC, em Nova York. O anúncio de um relógio Bulova durou 20 segundos e sua veiculação custou 9 dólares. Catorze anos mais tarde, em 22 de setembro de 1955, às 20h12, os telespectadores da Inglaterra viram seu primeiro comercial pelo novo serviço independente de televisão, com transmissão apenas para Londres. Era um anúncio de creme dental que conquistou seu lugar na história da televisão ao ganhar um concurso contra 23 concorrentes. Uma atriz chamada Meg Smith aparecia escovando os dentes da maneira correta, "para cima e para baixo e em movimentos circulares pelas gengivas", enquanto um tubo de creme dental saía de um bloco de gelo e o apresentador Alex Macintosh, da BBC, exclamava em tom suave: "É muito refrescante. É refrescante como o gelo. É o creme dental SR, da Gibbs."

De um início tão modesto, cresceu uma indústria que hoje gasta mais de 100 bilhões de dólares no mundo todo e só na Inglaterra produz mais de 10 comerciais por dia, todos os dias do ano.

Novos Consumidores – Novos Comerciais

Quando a Bulova transmitiu seu primeiro comercial de televisão, somente cerca de 10 mil norte-americanos tinham aparelhos. Menos de 20 anos depois, esse número passou para mais de 50 milhões e as emissoras de rádio deixaram de ser ouvidas, à medida que a televisão passou a ocupar o primeiro lugar na preferência de lazer. A grande contribuição para essa mudança foi dada pelo desenvolvimento da indústria de propaganda norte-americana.

"Moldamos o ambiente para adaptá-lo à nossa necessidade" – disse Edwin L. Artzt, ex-presidente do conselho e principal executivo da Procter & Gamble, em uma conferência, em 1994. "Criamos novelas, comédias, programas de variedades e policiais."

Durante a década de 1950, os comerciais mostravam essencialmente histórias de 60 segundos, cujo herói era o produto; anúncios que o produtor de televisão da BBC Nick Barker comparava a extensões da propaganda em tempo de guerra:

> *As pessoas esperavam que alguém lhes dissesse o que fazer. Era um momento extraordinariamente paternalista, dominado por todos esses homens de avental branco.*

Os espectadores mantinham-se pacientemente sentados durante os intervalos dos comerciais, prestavam atenção ao que viam e saíam para comprar o que os anunciantes lhes recomendavam.

Edwin Artzt descreve as primeiras décadas dos comerciais de televisão como a "Grande Era da Marca", um período em que:

> *Os anúncios podiam criar Tides e Tylenóis, Pampers e Pepsis quase da noite para o dia, utilizando o poder dinâmico de alcançar o público, o drama de filmes comoventes e a força repetitiva, aproveitando a imensa fidelidade da audiência à programação.*

Na década de 1960, os homens de aventais brancos foram substituídos por personalidades bem mais carismáticas – ainda basicamente homens – à medida que os comerciais começaram a imitar o estilo de apresentação dos programas de televisão.

Apesar dessas mudanças, o setor enfrentou crescentes acusações de banalidade e críticas de falta de criatividade. Seu caso amoroso com o público estava terminado e a tristeza tomou conta. Na tentativa de resgatar o coração e a mente dos telespectadores, os anunciantes trataram de aumentar os investimentos, produzindo comerciais caros, muito mais interessantes, criativos e com orçamentos mais altos que os próprios programas. Os diretores de Hollywood, alguns dos quais haviam começado sua vida profissional dirigindo comerciais de televisão, foram contratados de volta, cobrando honorários exorbitantes, para introduzir imagens mais excitantes, ângulos surpreendentes, trilhas sonoras vibrantes e efeitos especiais cada vez mais elaborados.

A agência de propaganda Bartle Bogle Hegarty gastou uma fortuna para filmar, no golfo do México, o primeiro comercial da Levi's. Ridley Scott, responsável pelos campeões de bilheteria *Alien* e *Blade Runner*, filmou um entregador empurrando sua bicicleta pela Gold Hill, em Shaftesbury, Dorset, enquanto se ouvia ao fundo *New World*, de Dvorak, em um comercial do pão Hovis. Para a British Airways, a Saatchi & Saatchi conseguiu uma obra-prima de efeitos especiais contratando os especialistas que fizeram *Guerra nas Estrelas* e mostrou o Manhattan pousando no aeroporto Heathrow!

A era dos comerciais milionários havia começado e conferiu à telinha a capacidade de criar atmosferas e contar histórias usando imagens visuais surpreendentes. Para transmitir suas mensagens, os comerciais não só adotaram imagens em vez de palavras, como passaram a mostrá-las com rapidez cada vez mais febril.

Embora esses comerciais frenéticos pudessem atordoar os Velhos Consumidores, causando certa confusão, por outro lado captavam a atenção dos Novos Consumidores, mais jovens, que os consideravam estimulantes. A maior sofisticação visual dos Novos Consumidores lhes permite entender imagens complexas, que mudam rapidamente, com mais facilidade e conforto que qualquer geração anterior. Para usar um termo cunhado pelo autor John Caldwell, eles são verdadeiros televisuais.

OS NOVOS CONSUMIDORES TELEVISUAIS

Em seu clássico cult *Understanding Media*, Marshall McLuhan afirma que os desenvolvimentos tecnológicos levam a novas idéias, ou a ferramentas para pensar, que resultam em uma mudança na consciência em si. Suas visões são ecoadas por Patricia Holland, que faz palestras sobre televisão:

> *A aceitação de tecnologias voltadas para o desenvolvimento de recursos e definições de imagens... reorganizou nossa experiência mental de tempo e espaço, não menos que o trem de alta velocidade e o avião transformaram anteriormente nossa experiência física.*

O modo como os Novos Consumidores, principalmente aqueles com menos de 30 anos, "reorganizaram sua experiência mental de tempo e espaço" permitiu-lhes entender imagens complexas, rápidas, em videoclipes, muitos comerciais, filmes de ação e, especialmente, em jogos eletrônicos. Parte do lazer diário de 85% dos jovens norte-americanos, os jogos eletrônicos provaram ser especialmente influentes no desenvolvimento de habilidades visuais superiores, uma vez que, para passar de um nível a outro, os jogadores têm de reagir a informações visuais complicadas, em ritmo sempre rápido.

Os altos níveis de sofisticação visual, adquiridos pelos jovens, permitem aos diretores de televisão e de cinema incorporar, em suas produções, imagens que exigem mais do público. Esse procedimento, que por sua vez ajuda a criar uma audiência, foi descrito pelo crítico Tony Rayns como "ritmo hipercinético". Ele consiste em fazer cortes de uma cena para outra com tanta rapidez que muitas imagens permanecem na visão por menos de dois segundos. Não se trata de imagem subliminar, mas de imagens que, embora mostradas brevemente, podem ser vistas de forma clara pelo público.

A fim de entender melhor as habilidades perceptivas aprimoradas pelos Novos Consumidores mais jovens, precisamos examinar a maneira como imagens e cenas separadas são reunidas para criar um todo coerente.

O Mito da Propaganda Subliminar

A noção de que você é realmente influenciado pelo que não vê transformou-se em um dos mitos mais profundos da propaganda, popularizado como "efeito subliminar" por Vance Packard, em 1957.

A propaganda subliminar foi uma invenção de James Vicary, um pesquisador de marketing de New Jersey. Ele afirmou, em 1958, que, ao inserir em um filme as mensagens "beba Coca-Cola" e "coma pipoca", de forma tão sutil que o público não as percebesse, as vendas desses produtos aumentariam. Mais tarde, incapaz de comprovar os resultados prometidos, Vicary confessou ter lançado o estudo inicial.

Nessa época, entretanto, a idéia de mensagens subliminares se tornou amplamente conhecida por meio do livro *Subliminal Seduction: Ad Media's Manipulation of a Not-so-Innocent America*, de Wilson Bryan Key, que vendeu mais de 2 milhões de exemplares. Embora a teoria tenha sido desacreditada desde então, ainda paira entre os consumidores a preocupação de que os anunciantes sejam capazes de "manipulá-los" para que "comprem sem oposição consciente, uma vez que a propaganda pode atingir o nível subconsciente".

Os cortes e a duração média das tomadas

Embora haja várias maneiras de montar as tomadas, uma das formas mais freqüentes é fazer um corte direto entre uma e outra, dentro de uma cena ou entre cenas diferentes. Quanto maior o número de cortes, mais rápido o ritmo e maior a energia emocional gerada. Estudos têm mostrado que o desempenho de atores em filmes com ritmo veloz é considerado mais poderoso do que a interpretação daqueles que representam o mesmo papel em filmes similares, com o mesmo diálogo, mas com um ritmo mais lento. O tempo que uma cena permanece na visão é conhecido como o tempo médio de uma tomada (ASL, *average shot lenght*) e tem diminuído rapidamente nos anos recentes.

Para efeito visual máximo, uma tomada deve ser cortada no pico de sua curva de conteúdo, momento em que os espectadores entendem todas as informações relevantes e estão prontos para assimilar a próxima tomada. Se o corte é feito depois que o pico passou, o público fica entediado. Se isso acontece antes, quem assiste pode ficar confuso e perplexo. Do ponto de vista psicológico, cortes precisos dependem tanto da complexidade das imagens como das habilidades visuais do público. A sofisticação crescente da capacidade de captação dos Novos Consumidores mais jovens pode ser julgada pelo decréscimo significativo do tempo médio das cenas nos últimos 30 anos.

Em 1978, um comercial de televisão de 30 segundos continha cerca de oito tomadas, incluindo um ASL com menos de quatro segundos. Hoje, o dobro, ou mesmo o triplo de tomadas, pode se encaixar no mesmo tempo de filmagem. A duração média das tomadas em comerciais é muito mais curta do que as apresentadas pelos programas de televisão que eles acompanham.

Duração média e número de tomadas de câmera para comerciais de televisão de 30 segundos

Ano	ASL (segundos)	Número médio de tomadas
1978	3,8	7,9
1980	3,4	8,9
1982	3,9	7,6
1984	3,9	7,7
1986	2,9	10,3
1988	2,6	11,5
1989	2,3	12,9
1991	2,3	13,2

Os ASLs em comerciais têm sido reduzidos ainda mais, desde 1991, com algumas tomadas de dois segundos ou menos. Ao mesmo tempo, a duração das tomadas para algumas reportagens e seriados aumentou, como indicado na tabela a seguir, que compara três programas norte-americanos de grande audiência com os comerciais que os acompanharam.

ASLs (em segundos) em programas de televisão em 1981 e 1991 e seus comerciais

	Programas		Comerciais	
	1981	1991	1981	1991
Bill Cosby	4,7	6,0	2,5	2,2
Roseanne	4,8	7,9	2,2	1,9
Who's the Boss?	4,9	6,1	2,4	2,2
A Different World	6,1	7,8	2,2	2,8

A sofisticação visual dos Novos Consumidores possibilitou que cortes rápidos, imagens complexas e roteiros complicados agora façam parte do cinema. Em *Nixon*, de Oliver Stone (1995), por exemplo, o público é obrigado a seguir uma narrativa tortuosa por vários espaços de tempo, enquanto em *Thin Red Line* (1999), Terrence Malick conta uma história trivial de guerra utilizando uma narrativa e um visual altamente não-convencionais. O fato de ambos os filmes serem campeões de bilheteria e sucessos artísticos demonstra o quanto se tornou poderosa a influência dos Novos Consumidores visualmente "competentes".

Embora modernos sistemas de edição digital tenham tornado a complexidade visual mais criativa e financeiramente viável, a estrutura de alguns filmes, como *A Rocha* (1996), *Con Air* (1997) e *Armageddon* (1998), revelou-se tão requintada que vários editores tiveram de trabalhar neles.

Nesses e em vários outros filmes modernos e programas de televisão, o objetivo de cortar não é apenas "pontuar" as imagens a fim de atingir continuidade, mas criar a atmosfera desejada, técnica conhecida como corte clássico.

Corte clássico

No início da década de 1920, o cineasta russo Lev (Leo) Kuleshov realizou experiências sobre efeitos de montagem, usando clipes tirados de filmes antigos. Ele justapôs tomadas de um famoso ator russo, Ivan Mozhukhin, com imagens que incluíam um prato de sopa, o portão de um presídio e uma cena ligeiramente erótica.

Embora a expressão do ator não variasse em cada combinação, o público a interpretava como se sugerisse um significado diferente.

Conhecida como "efeito Kuleshov", a técnica demonstra o poder da edição para alterar a realidade, mostrando que o significado de uma imagem em movimento reside menos nas tomadas em si do que forma como os editores resolvem manipulá-las.

Acredito que os comerciais de televisão explorem de modo insuficiente o efeito Kuleshov, que é suscetível de análise e previsão científica, não porque seus criadores não tenham capacidade ou disposição para tal, mas porque os clientes cautelosos e sem imaginação os deixam de mãos atadas.

Aprimorando o estilo

À medida que o tempo dos comerciais caiu de 60 para 30, e depois para 15 segundos e o ritmo de muitos deles se tornou cada vez mais frenético, as telas da televisão ficaram lotadas de anúncios, promoções e programas, que disputam a esgotada atenção dos espectadores. Para serem notados nesse tumulto e impedir que os espectadores mudem de canal, os comerciais e até mesmo certos programas procuraram melhorar seu estilo. John Thornton Caldwell, da California State University-Long Beach, observa:

> *A televisão chegou a um estilo ostentador, exibicionista. Os programas lutam por produtores de estilos identificáveis e olhares distintos, a fim de ganhar audiência dentro do fluxo de programas competitivos*[3].

Uma forma de captar o olhar dos Novos Consumidores é fazer com que os comerciais pareçam mais autênticos, dando-lhes uma impressão documental. O objetivo pode ser atingido usando-se técnicas iniciadas pelo *cinema vérité* (uma forma de filmagem documental), com câmeras na mão e som gravado diretamente, para dar a impressão de que os acontecimentos estão ocorrendo no momento da filmagem. Há outro recurso, adotado por algumas agências e diretores, que consiste em usar preto-e-branco, em vez de filme em cores, de modo a criar impressão de autenticidade e realidade.

O foco de alguns comerciais também tem mudado. Retratam personagens da "vida real" em ambientes da "vida real", para gerar maior identificação por parte de quem os assiste.

Embora seja indiscutível que essas opções criem imagens marcantes e memoráveis, há dúvidas se os anúncios realmente funcionam quando as tomadas se sucedem rapidamente. Mapes e Ross, uma empresa norte-americana especializada em medir a eficácia de comerciais de televisão, conduziu uma pesquisa sobre esse assunto em 1987 e descobriu um declínio contínuo na lembrança e na persuasão, à medida que o número de tomadas aumentava.

Desempenho medido pelo número de tomadas em um comercial de 30 segundos

Número de tomadas	Índice de Persuasão [Média = 100]	Índice de Lembrança [Média = 100]
1-5	110	115
6-8	104	102
9-12	110	100
13-19	84	95
20+	81	83

Como se pode ver, quando o número de tomadas aumenta acima de 12, em um comercial de 12 segundos, tanto o poder persuasivo como a lembrança diminuem. Em seu influente relatório de 1993, sobre a duração de tomadas, James MacLachlan e Michael Logan comentam:

> *Os dados sugerem que muitos anunciantes estão sobrecarregando seus comerciais com tomadas de câmera, afetando a persuasão e sua capacidade de permanecer na memória.*

Embora a afirmação parecesse verdadeira na época, minha pesquisa sugere que essa suposição já não se aplica aos Novos Consumidores mais jovens, que não só preferem índices rápidos de corte, como é muito mais provável que prestem atenção e sejam persuadidos por eles.

O GÊNIO DOS COMERCIAIS DE TELEVISÃO

Mesmo quem não gosta e sempre tenta evitar os comerciais de televisão devem admitir que, não importa o quanto a mensagem seja banal, muitos deles são obras-primas.

Em meio minuto, oferecem aos espectadores heróis e vilões, drama, fantasia, humor, excitação, tensões, denúncias, conflitos e romances. Com tantos valores, como habilidade, talento, dedicação e até mesmo devoção envolvidos na criação e produção de um anúncio, o que mais precisa ser feito para assegurar que os Novos Consumidores visualmente competentes desejem entrar em sintonia e prestar atenção?

Essa é uma questão para a qual minha consultoria tem buscado respostas há mais de uma década, usando uma técnica desenvolvida em nosso laboratório que denominamos Mind Scan. Desde o final da década de 1980, com experiências conduzidas na University of Sussex, usamos o Mind Scan – uma forma modificada de EEG (eletro encefalograma) – para registrar a atividade elétrica no cérebro de dezenas de indivíduos, enquanto assistem a uma ampla variedade de comerciais de televisão. Você encontrará uma descrição completa desse trabalho no apêndice.

Meu objetivo tem sido descobrir se, pelo estudo de padrões cerebrais dos espectadores, enquanto assistem a comerciais em casa, é possível medir como eles respondem aos anúncios que vêem.

A dimensão informação-imagem

Podemos dispor os anúncios de televisão de forma contínua, estando os comerciais totalmente voltados para a informação em um extremo e os que buscam evocar uma resposta exclusivamente emocional, com foco na imagem, em outro.

Foco na Informação   **Foco na Imagem**

Os comerciais voltados para a informação são orientados para o produto. Fornecem dados e números, demonstram características e fazem afirmações categóricas de uma maneira racional, lógica e factual. A mensagem é comunicada mais por palavras do que por imagens e os personagens e/ou uma voz ao fundo descrevem claramente os benefícios do produto anunciado.

Os comerciais com foco na imagem procuram produzir impacto visual, comunicando pouca informação factual, se houver. As imagens selecionadas variam desde uma evocação de valores "tradicionais" até aquelas altamente abstratas e mesmo fantásticas, enquanto os apelos são emotivos e de entretenimento.

Poucos comerciais situam-se em um dos extremos desse contínuo informação-imagem e grande parte deles combina aspectos de ambos. Alan Branthwaite e Alan Swindells, da Millward Brown International Swindells, sugerem:

> *Estes podem ser mais efetivos. Comunicam algo original a espectadores ingênuos e os lembram constantemente de opções de produtos, mas fazem isso de forma sempre interessante e divertida. Desse modo, mesclam os processos para o espectador.*

Minha pesquisa sugere que esse procedimento se aplica à maioria dos Velhos Consumidores, mas, para os Novos Consumidores mais jovens, a combinação de informações e imagens enfraquece significativamente o impacto do comercial. O produtor de televisão Nick Barker explica:

> *De crianças respeitosas, muitos espectadores cresceram para se tornar consumidores altamente promíscuos que vêem o mundo com grande ironia.*

Por essa razão, os Novos Consumidores desconfiam de anúncios que parecem ser tão manipuladores quanto aqueles feitos para uma venda agressiva.

Se o comercial é divertido, eles podem estar preparados para aceitar uma mensagem mista, mas na maioria dos casos a mudança de imagens puras para informação pura, ou vice-versa, resulta na queda de atenção, associada à desconfiança e não-aceitação do comercial e do produto ou serviço que está sendo anunciado.

CRIANDO COMERCIAIS AGRADÁVEIS E COM CREDIBILIDADE

Um dos programas de mais sucesso na televisão, em 1998, nos Estados Unidos, durava 30 minutos e era sobre os Sobakaws, travesseiros japoneses feitos de palha de trigo que, diziam, aliviava dores no pescoço. Embora parecesse pouco diferente de qualquer outro programa sobre estilo de vida, custara 250 mil dólares e tratava-se, na verdade, de um infomercial – forma de propaganda patrocinada pelo fabricante, que torna quase invisível a linha divisória entre um programa normal e uma promoção paga.

De todos os fatores que entram na criação de um infomercial eficaz, dois dos mais importantes, além de caminhos para a autenticidade, são que ele deve ser agradável e ter credibilidade. O Sobakaws, por exemplo, era apresentado por Jennilee Harrison, estrela da comédia popular Three's Company, e por um médico que praticava medicina oriental, para acrescentar credibilidade ao produto.

O Olgivy Center for Research and Development, instalado nos Estados Unidos, demonstrou pela primeira vez, em 1985, que os comerciais de televisão precisavam ser agradáveis para persuadir o espectador. Depois de examinar 73 comerciais veiculados em horário nobre, que apresentavam rapidamente vários produtos de consumo, eles concluíram que a probabilidade de os espectadores que gostavam "muito" de um anúncio serem convencidos pela sua mensagem era duas vezes maior, em comparação com aqueles que se sentiam emocionalmente neutros. Mike Bridgwater, ex-diretor de pesquisas do Ogilvy Center, comenta:

A propaganda que agrada causa impacto na persuasão porque um comercial agradável afeta o componente emocional de nossas atitudes em relação à marca[4].

Quando o público gosta de um comercial, cria-se uma aura positiva em torno do produto. Agora, mesmo que o aspecto mais comum da mensagem não agrade, há o risco de que seu poder de persuadir fique significativamente reduzido. Alguns profissionais de propaganda afirmam que não há necessidade de os espectadores gostarem de um anúncio, contanto que se lembrem da marca. Os comerciais de sabão em pó, ressaltam eles, são detestados pela maioria das pessoas, mas ainda assim ajudam a vender muito. Embora essa visão contenha certa verdade, há duas razões contundentes para um anúncio agradável prover um passaporte mais garantido para a persuasão, principalmente entre os Novos Consumidores: sua credibilidade também será maior e o produto parecerá mais autêntico.

Gostar aumenta a credibilidade

O fato de uma mensagem ter de agradar para obter credibilidade foi demonstrado em experimento no qual um ator contratado saiu para pedir dinheiro no Grand Central Station de Nova York. Em dias diferentes ele aparecia bem vestido, maltrapilho ou trajado com roupa esporte, mas sua história de má sorte era sempre a mesma. Tinha perdido a carteira e precisava de alguns dólares para chegar em casa. Caracterizado como um tipo bem-vestido, por quem os passantes apressados se inclinavam a sentir solidariedade e que, portanto, poderia ser aceito, ele arrecadou 513 dólares em um único dia. Muitas pessoas receptivas insistiam em lhe dar até o dobro do que ele pedia, para que pudesse tomar algo e superar o aborrecimento pelo que lhe acontecera! Usando roupa esporte, conseguiu 150 dólares. Mas, vestido como mendigo, conseguiu apenas 10 dólares de esmola durante um dia inteiro – e ninguém lhe ofereceu nada para beber. A aversão por sua aparência fez sua história perder quase toda a credibilidade.

A importância de ter credibilidade

As pesquisas sobre o impacto da credibilidade na propaganda mostraram que, como regra geral, quanto mais idônea for a fonte, maior a naturalidade com que os Novos Consumidores desconfiados se deixarão ser persuadidos. Para eles, um endosso de terceiros aumenta significativamente a autenticidade.

É essencial, entretanto, que a aparência do porta-voz no anúncio não diminua seu crédito. Quando os apresentadores de noticiários da televisão norte-americana Linda Ellerbee e Willard Scott fizeram um comercial para o café Maxwell House em um cenário que lembrava um noticiário, foram criticados por subverter a objetividade jornalística. Como a credibilidade da marca dependia de sua autoridade como repórteres de televisão, a mensagem transmitida deve ter sido considerada por eles como menos persuasiva.

Gostar, credibilidade e prestar atenção

No Capítulo 3, expliquei como a quantidade de atenção que dedicamos a um anúncio depende da categoria de tempo que dispomos quando ele é apresentado. Dentro de lapsos variáveis de atenção, a extensão em que gostamos de comerciais e a credibilidade que atribuímos à televisão também influenciam a quantidade de atenção que lhes dispensamos.

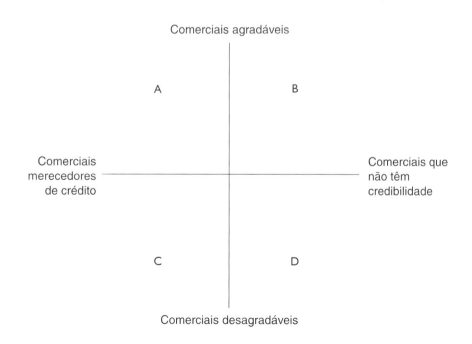

Quando assistimos a comerciais, nós os colocamos, sem consciência disso, em uma dessas quatro categorias. É um julgamento que subseqüentemente tem influência significativa na quantidade de tempo e atenção que investimos neles.

- No quadrante A (agradável e com credibilidade) é onde a vasta maioria de anúncios, relações públicas, displays de varejo e sinalização busca posicionar produtos ou serviços. Embora tais mensagens atraiam a atenção de um amplo espectro da população, elas tendem a manter um apelo um pouco maior para os Velhos do que para os Novos Consumidores.

- No quadrante B (agradável, mas sem credibilidade) aparecem muitas formas de publicidade, elogios feitos por celebridades e press releases. Enquanto os comerciais agradáveis têm a mesma probabilidade de atrair a atenção de quaisquer telespectadores, os Velhos Consumidores, que confiam, são mais inclinados a ser persuadidos por eles do que os Novos Consumidores, céticos e freqüentemente mais bem-informados.

- No quadrante C (desagradável, mas com credibilidade) ficam agregados anúncios mais realistas. Embora a maioria dos comerciais lute para ser o mais agradável possível, há ocasiões em que os anunciantes procuram chocar os espectadores, mostrando um retrato vívido de crueldade, violência ou brutalidade. Até recentemente, os anunciantes evitavam essa abordagem, dominada mais pelas mensagens destinadas a deixar as pessoas indignadas, para provocar uma reação e despertar a consciência para questões como crueldade com animais ou abuso infantil, injustiça social ou conseqüências após desastres naturais. Na década passada, os principais anunciantes produziram anúncios cujas imagens e mensagens são mais descompromissadas. Embora a maioria dos Velhos Consumidores critique os comerciais realistas, eles têm apelo para muitos Novos Consumidores mais jovens. Embora as táticas de choque certamente captem a atenção daqueles que poderiam evitar a abordagem do assunto em questão, as emoções negativas despertadas podem fazer a mensagem ser mal entendida.

- No quadrante D (desagradável e sem credibilidade), mesmo parecendo ser um terreno tão infértil, notavelmente ainda pode ser encontrado um grande número de comerciais e talvez os exemplos mais assíduos nessa categoria sejam os anúncios de sopas instantâneas. Embora possam ajudar determinada marca a causar boa impressão nos Velhos Consumidores, a reação dos Novos Consumidores talvez seja mudar de canal ou ignorar o comercial.

NOVOS CONSUMIDORES – NOVOS COMERCIAIS

Só o mais complacente dos anunciantes ou um executivo de televisão negaria que o comercial em seu formato atual está em crise. O público telespectador está se fragmentando em grupos cada vez menores, os índices de audiência estão caindo e os anunciantes precisam descobrir outros meios mais diretos de transmitir suas mensagens aos Novos Consumidores, usando tudo, desde *mailing* até Internet. Ao mesmo tempo, a criatividade e a inovação em comerciais estão sob pressão de orçamentos reduzidos, clientes excessivamente cautelosos e ausência de uma sólida metodologia de pesquisa.

Mais de meio século depois que Bulova esbanjou 9 dólares para anunciar seu relógio a um público potencial de 10 mil norte-americanos, a era dos anúncios tradicionais de televisão está se esgotando. Se os comerciais são cada vez mais ignorados ou cortados de programas gravados, enquanto os que ainda são vistos provocam pouco ou nenhum impacto nas vendas, pode não demorar muito até que as empresas comecem a questionar se até mesmo 9 dólares seria um preço alto demais a pagar.

Alguns alegam que os comerciais de televisão não precisam mudar radicalmente – não importa se o público preste ou não atenção conscientemente a eles, uma vez que, pela pura repetição, ainda conseguirão transmitir sua mensagem. Andrew Ehrenberg, professor de marketing na South Bank University, de Londres, ressalta:

> *A maior parte da propaganda não está tentando vender. Está apenas mantendo sua posição em um mercado competitivo. Trata-se de relembrar as pessoas e manter vivas as marcas, de modo que elas peçam Coca em vez de Pepsi*[5].

Martin Sorrell, diretor executivo da WPP, o segundo maior grupo de propaganda do mundo, faz uma afirmação extremamente válida:

> *A televisão ainda continua sendo o instrumento daquelas pessoas que querem atingir o maior número de pessoas no menor tempo*[6].

Os céticos também destacarão que, enquanto se tem afirmado que praticamente toda inovação em televisão, desde o controle remoto ao VCR, tem soado como o toque de morte da propaganda de interrupção, o número de comerciais continua a crescer, independentemente disso. Mesmo com uma miríade de meios competindo por sua atenção, o espectador médio continua a passar cerca de três horas por dia assistindo à televisão.

Embora seja verdade, certamente não há espaço para a complacência. Além das ameaças da nova tecnologia, deve-se considerar a proliferação contínua de canais, o desenvolvimento de mercados de nicho e o número crescente de canais alternativos de propaganda. Dada a influência e o músculo financeiro cada vez mais fortes dos Novos Consumidores, é claro que muitos aspectos da propaganda de televisão devem mudar, e mudar rapidamente, para que os comerciais sejam vistos e, mais ainda, consigam persuadir esse público exigente e descrente, desconfiado e que sofre a pressão do tempo.

Com base em meus estudos e de outros, ofereço sete sugestões sobre a forma que essas mudanças podem assumir.

Pesquisa cada vez mais sofisticada

Muitos profissionais de propaganda, especialmente os criativos, erguerão as mãos, horrorizados, diante desta sugestão e insistirão que o setor deles já está sobrecarregado de pesquisas. Embora seja verdade, muito da atual metodologia de pesquisa, onerosa, é para ecoar, nas palavras de Macbeth, "repleta de ruído e fúria sem sentido!"

Os métodos para testar a resposta do espectador, por exemplo, revelam-se tão grosseiros quanto invasivos. São apresentados às pessoas comerciais sob condições significativamente diferentes daquelas em que os espectadores os vêem em suas casas. Aqueles que estão avaliando comerciais podem ser convidados a puxar uma alavanca para indicar quais as partes de uma imagem eles acham mais interessantes. Isso os força a focalizar aspectos específicos de tomadas isoladas, em vez de levá-los a ver o comercial como um todo. Da mesma forma, grupos de discussão e pesquisas realizadas nas esquinas geram apenas uma série de respostas baseadas em lembranças que contêm muito pouco ou nada das reações intelectuais e emocionais que brotam enquanto se vê o anúncio.

Para tornar o problema mais complexo, as reações a comerciais, sejam positivas sejam negativas, muitas vezes operam abaixo do nível de consciência. Enquanto estudávamos os padrões cerebrais de mulheres que assistiam a anúncios do perfume Monsoon, por exemplo, detectamos apreensão e ansiedade durante uma determinada seqüência que mostrava um homem correndo atrás de uma mulher por uma floresta, debaixo de uma forte chuva, até pegá-la e girá-la no ar. A natureza claramente ambígua dessas imagens – uma ambigüidade acentuada pela escolha do ângulo da câmera e pela iluminação – resultou em uma inquietação significativa entre jovens Novas Consumidoras. Essa angústia só desapareceu quando ficou claro que a mulher estava no controle da situação e ansiosa para ser abraçada pelo homem. Meus pesquisadores e eu acreditamos que o reaparecimento dessa ansiedade, que operou abaixo do nível de consciência e não foi mencionado por nenhuma das mulheres, poderia tê-las levado a não gostar subconscientemente do produto e desencorajá-las a comprá-lo.

As pesquisas costumam se deparar com a considerável hostilidade e resistência dos "criadores" das agências, que reclamam de sua influência a ponto de levar os clientes a rejeitarem o trabalho realmente criativo e a se voltarem para o que é familiar e comum. É uma visão da qual compartilho, mas lembro que, enquanto a intuição e a experiência desempenharem um papel vital na decisão de quais comerciais funcionarão e quais merecem ser abandonados na prancha de desenho, pesquisas mais sofisticadas também poderiam influir nessas decisões. Graham Lancaster, chairman de Relações Públicas da empresa Biss Lancaster, sugere:

> *O problema talvez seja que não há pesquisas suficientes, nem suficientes e adequadas. Talvez os tipos de antipesquisa achem que o marketing seja diferente das tomadas de decisão publicitárias. E que, como Mozart, eles têm inspiração divina e só precisem fazer algumas anotações embaixo. E talvez eles estejam totalmente errados*[7].

Comerciais em lugares inesperados

Como há inúmeras opções para praticamente qualquer coisa que possamos desejar e o número de anúncios, em torno de 3 mil por dia, competem por nossa atenção limitada na Nova Economia, os anunciantes devem começar a tratar os Novos Consumidores como indivíduos ou grupos cada vez menores.

No lugar de intervalos comerciais, algumas empresas de propaganda e televisão sugerem que o problema de pular comerciais pode ser resolvido com a utilização de bâneres ao longo dos programas ou logotipos no canto da tela. Em minha opinião, ambos os métodos seriam contraproducentes, pois alienariam os Novos Consumidores. Há muitos outros lugares onde os comerciais podem ser exibidos, para que sejam vistos e bem-recebidos pelos consumidores.

Próximo do final de 1999, por exemplo, a rede inglesa de supermercados Sainsbury's colocou telas planas de vídeo acima das caixas registradoras, uma idéia inovadora na Europa. Programas diferentes, que variavam de destaques nos esportes até cartoons e lançamentos de filmes, eram mostrados em vários terminais, para que os clientes pudessem assistir ao seu favorito. A idéia, conforme explicou o porta-voz, era manter as crianças quietas enquanto seus pais esperavam na fila. "Mas – acrescentou – acreditamos que a tecnologia que aprimorará a experiência de compra está à frente disso."

Com a rápida queda dos custos desse tipo de tecnologia, poderíamos ter cartões de fidelidade com telas de vídeo do tamanho de um relógio. Elas orientariam os consumidores dentro das lojas e passariam flashes de notícias, ofertas especiais e promoções. Telas maiores, encaixadas nos carrinhos de supermercado, mostrariam aos clientes a localização exata de cada item, acrescentando mensagens comerciais, talvez intercaladas com cartoons e programas de esportes para entreter as crianças.

Embora a Internet seja vastamente divulgada como o meio publicitário do futuro e os gastos em 1999 tenham sido em torno de 3,2 bilhões de dólares, está longe de ser o pote de ouro que algumas empresas parecem acreditar. Inúmeros estudos têm mostrado que a grande maioria dos internautas ignora bâneres publicitários, abrindo poucos deles e sendo incapaz de se lembrar do último em que clicou.

Em uma tentativa de atrair a atenção fugaz, alguns anúncios estão se tornando mais rápidos, usando animações, voz, música ou outros sons em bâneres e mesmo em vídeo. Alguns fornecedores, por exemplo, produzem anúncios com clipes curtos, digitalizados.

Uma abordagem ainda mais radical é o anúncio intersticial, que interrompe os usuários sem avisá-los. Um tipo, conhecido como Superstitials, entra sorrateiramente em computadores ociosos, armazena-se no disco rígido e se apropria de uma parte da tela para exibir suas mensagens. Embora muitos usuários reclamem com irritação dessas intrusões, anunciantes e profissionais de marketing alegam que só se tornando intrusivos os anúncios são capazes de transmitir suas mensagens pela Internet. Em curto prazo, essas táticas para atrair a atenção parecem compensar e os resultados sugerem que elas são melhores que as formas tradicionais de anúncios na web, para converter navegadores em compradores. Em prazo mais longo, entretanto, a hostilidade dos Novos Consumidores, ao virem seu tempo e atenção sendo roubados dessa forma, provavelmente leve a uma rejeição crescente de tais mensagens.

Um caminho mais producente, tanto para a televisão como para a Internet, talvez seja pagar aos espectadores e usuários de computador para verem os comerciais, seja em dinheiro seja com alguma outra forma de incentivo.

Comerciais mais rápidos, engenhosos, visualmente mais agradáveis

Os roteiristas de Max Headroom, uma série de televisão da década de 1980, inventaram os *blipverts*, comerciais de televisão comprimidos em cinco segundos. Eles provaram ser tão persuasivos que os espectadores se apressavam a comprar tudo o que era anunciado. Os *blipverts* tiveram um efeito colateral desastroso, entretanto – deram um nó no cérebro dos espectadores!

Deixando de lado essa dificuldade, se os *blipverts* se tornassem uma realidade prática, não faltariam anunciantes ansiosos para usá-los. Não só sua transmissão no horário nobre seria muito mais barata, como também os Novos Consumidores sem tempo provavelmente prestariam atenção durante cinco segundos, e não 30, e seriam perfeitamente capazes de entender o que estivesse acontecendo na tela.

Em 1978, um anunciante líder levantou a possibilidade de os anúncios durarem apenas um segundo. Em 1998, essa previsão se concretizou, quando a empresa norte-americana MasterLock colocou na tela vários comerciais de um segundo durante um programa de grande audiência – a transmissão em horário nobre chegava a custar um milhão de dólares. Logo, enquanto os *blipverts* permanecem no âmbito da ficção científica, os *flashverts*, como se poderia chamá-los, provavelmente se tornem cada vez mais comuns.

Ritmo ainda mais acelerado e maior uso de imagens, em vez de palavras, para comunicar idéias e gerar emoções, ajudarão a criar comerciais marcantes, de estilo, que deixem o espectador estimulado e atento.

Reconheça as mudanças sociais

A sociedade ocidental está envelhecendo e as minorias crescem em importância econômica e social. No entanto, a propaganda em geral e muitos comerciais de televisão, em particular, parecem inseridos em uma realidade social que, mesmo duas décadas atrás, era altamente discutível. Parte significativa do público predominante dos Estados Unidos formado por famílias brancas, de classe média, baseadas em casais heterossexuais, ofende-se com o subtexto das mensagens. Grupos minoritários como pais solteiros, pessoas com necessidades especiais, minorias étnicas, casais com parceiros de raças diferentes, homens e mulheres homossexuais freqüentemente sentem que seus valores e estilos de vida estão sendo rejeitados e diminuídos.

Nos Estados Unidos, as empresas dedicam menos de 2% de sua publicidade total a hispânicos e asiáticos[8]. Em 1998, de acordo com a Association of Hispanic Advertising Agencies, os gastos em propaganda latina foram de 1,8 bilhão de dólares, contra uma despesa total de 186 bilhões. Isso, apesar do fato de os hispânicos responderem por 7% do total de gastos de consumo, cerca de 458 bilhões de dólares. Embora a renda disponível de asiáticos seja mais baixa, seu salário médio – 46.695 dólares – é maior que o de qualquer outro grupo racial, incluindo os brancos.

No Reino Unido, ainda que a população acima de 60 anos abranja quase um quarto da população (21%), ela continua sub-representada, tanto em comerciais de televisão como na programação principal, que lhe concede apenas 6% dos personagens em novelas, seriados e comédias. Sally Greengross, diretora geral da Age Concern, comenta:

> Os programadores ignoram as pessoas mais velhas e correm esse risco. Ao sub-representar os idosos, também estão desconsiderando o poder que eles têm como consumidores[9].

O mesmo pode ser dito em relação a homossexuais, que raramente aparecem em propagandas e vivem sendo ridicularizados em programas de televisão. Tal negligência e estereotipagem não só é socialmente divisional, como também se revela uma tolice do ponto de vista comercial, uma vez que leva as empresas a ignorarem um nicho de mercado lucrativo, que abrange homens e mulheres conscientes de consumo, que raramente têm dependentes e cuja renda total disponível é estimada em 10 bilhões de libras.

O perigo de alienar esse grupo minoritário influente foi ilustrado quando o Bank of Scotland irritou gays ingleses ao fazer, inadvertidamente, um empreendimento de risco com o evangélico homofóbico norte-americano Pat Robertson. Depois que protestos levaram ao cancelamento de contas de pessoa física e importantes instituições ameaçaram transferir seus investimentos, o banco desfez o negócio, desculpou-se profusamente e iniciou um longo trabalho para recuperar as "libras cor-de-rosa" perdidas.

Mesmo quando conseguem evitar a alienação de grandes grupos formados por clientes potenciais, os comerciais podem errar ao se dirigir ao tipo errado de consumidor. Como exemplo da falta de relevância, Richard Pinder da Ogilvy & Mather, cita propagandas de carros pequenos:

> Três quartos de todos os carros pequenos são comprados por pessoas acima de 55 anos. Mas quase todas as propagandas de carros pequenos são direcionadas a jovens com 20 anos. A propaganda funciona quando... fala ao público-alvo da maneira que eles acham relevante[10].

Evite comerciais que misturam informações e imagem

Como ressaltei antes, os comerciais que incluem tanto elementos focados em imagens como em informações não agradam nem merecem a confiança de muitos Novos Consumidores. Seria mais efetivo fornecer informações factuais de maneira divertida, estimulante e visualmente atraente. Vender dizendo às pessoas coisas que elas querem ou precisam saber é uma área relativamente pouco desenvolvida da propaganda, mas que os Novos Consumidores, com seu forte desejo de permanecer envolvidos e informados, receberiam bem.

Da mesma forma, comerciais puramente focados em imagem, contanto que sejam interessantes, atraentes e originais, provavelmente captem sua atenção.

Programação importante com mensagens comerciais interativas

No momento, fornecer um número para ligação gratuita a quem quer mais informações sobre o produto ou serviço anunciado é a forma mais interativa que a propaganda na televisão pode alcançar. No futuro próximo, entretanto, os comerciais não só se tornarão totalmente interativos, como provavelmente serão incorporados à programação.

Eles poderiam, por exemplo, ser apresentados como novela ou programa humorístico, sem qualquer intenção clara de venda, mas com praticamente todo produto apresentado disponível para compra. Tudo o que um telespectador interessado terá de fazer é apontar um dispositivo semelhante a um seletor de canais para a tela e pedir detalhes de preço, informações sobre o produto e sua disponibilidade. Outro clique e os bens seriam solicitados e enviados. As fãs do programa de televisão *Baywatch*, por exemplo, que quisessem ter um maiô vermelho igual ao de Pamela Anderson, só teriam de apontar e clicar na peça para que o pedido fosse feito e atendido. O mesmo poderia se aplicar a qualquer item presente nos programas, desde carros até roupas e de móveis a aparelhos.

Pode-se prever como isso aconteceria em AsSeenIn.com, que permite aos espectadores vasculhar sets de programas populares da televisão norte-americana como *Any Day Now*, *Charmed* e *7th Heaven*. O site inclui passeios virtuais também por várias locações. Clicar em itens de interesse leva o espectador diretamente a uma loja apropriada.

Em *7th Heaven*, por exemplo, um clique no quadro de Mary and Lucy's Room transporta diretamente a uma foto do quarto delas, onde se pode andar utilizando o mouse e ampliando qualquer item desejado. A reprodução a óleo de um lampião antigo no criado-mudo chamou minha atenção e um clique me levou ao website do varejista, uma empresa da Tailândia chamada Fantasy Lighting.

Embora tenha sido uma experiência limitada, na ocasião em que escrevi este livro, a poderosa idéia por trás de AsSeenIn.com poderia, no futuro próximo, fazer com os comerciais tradicionais de televisão o mesmo que Henry Ford fez com o cavalo e a carroça, já que a associação com personalidades sempre aumenta as vendas.

O mesmo acontece com um personagem de ficção, como demonstra o enorme sucesso da exibição de produtos nos filmes de James Bond. *GoldenEye*, por exemplo, foi usado como uma plataforma de lançamento para o Z3 Roadster, da BMW, que apareceu no filme antes de ser vendido na Inglaterra. Quando o carro ficou disponível, os pedidos tiveram de ser encerrados, pois 6 mil clientes já estavam na fila para comprá-lo[11]. As vendas do Omega Seamaster, de 1000 libras, que substituíram o Rolex de 007, subiram em 40% na Inglaterra depois do lançamento do filme. A casa de moda italiana Brioni, que fornecia ternos feitos sob medida para *GoldenEye* e para o James Bond mais recente, o *The World is Not Enough*, de 70 milhões de dólares, viu suas vendas nos Estados Unidos dispararem.

Ironicamente, os diretores de cinema podem até usar certos produtos como forma de dar a seus filmes um ar de autenticidade. Foi a motivação verificada em *2001: Uma Odisséia no Espaço*, de Stanley Kubrick (1968), no qual o diretor incluiu marcas reais como PanAm e BBC para aumentar a sensação de realismo.

Comerciais psicologicamente mais persuasivos

Combinando-se o conhecimento dos interesses das pessoas, obtido pela análise do *tastespace* (mapa das preferências individuais), com novas idéias psicológicas adquiridas pelo melhor entendimento dos processos cerebrais, logo seria possível desenvolver comerciais bem mais persuasivos do que qualquer um transmitido atualmente.

Não estou falando de nenhuma forma de manipulação subliminar, mas de imagens montadas de forma a desencadear o desejo de comprar na mente dos espectadores a quem elas são dirigidas. Para alguns pode parecer uma previsão arrepiantemente orwelliana* – e talvez seja. Mas, dadas as pressões comerciais sobre as empresas e a escassez de tempo e atenção dos Novos Consumidores, não pode haver dúvida de que várias agências de propaganda já estejam pesquisando tais possibilidades.

Vários comerciais para o uísque Johnnie Walker, lançados no final de 1999, procuravam usar um apelo emocional. O que tornava esses anúncios singulares era o fato de que não havia sinal do produto. Em vez disso, víamos Harvey Keitel, rodeado por leões, atravessando o coliseu de Roma a passos largos, até uma parede no centro da área, enquanto descrevia seus sentimentos de vulnerabilidade como jovem ator. Quando ele empurrava a parede, ela tombava e os leões desapareciam.

"Você aprende a superar seus medos ou passa a vida voando com as asas alheias" – anunciava ele. A tela então era tomada pelo logotipo do Striding Man de Johnnie Walker e pela mensagem "Keep Walking".

---

* O autor se refere a George Orwell, autor inglês do romance de ficção científica *1984*, escrito em 1948, em que descreve uma sociedade controlada e manipulada, onde cada cidadão é vigiado, não tem autonomia nem liberdade de ação. (N. da T.)

Há também outro comercial interessante, que mostra Ramon Kelvink, equilibrista francês, andando entre dois arranha-céus de Nova York. Propagandas de aspiração, indiretas como essas, que buscam ligar o produto à realização pessoal, provavelmente se tornem cada vez mais populares à medida que corporações globais como a Coca-Cola, a Nike e a Kodak tentem construir vínculos emocionais com suas marcas. Nigel Bogle, diretor executivo da agência de propaganda inglesa Bartle Bogle Hegarty, que criou os comerciais para Johnnie Walker, diz:

> *O desejo de progredir é um dos impulsos mais fundamentais e instintivos da humanidade. A campanha "Keep Walking" não só retratará o progresso, como também vai inspirá-lo... e fala de realização e não do sucesso conspícuo. É notável a rapidez com que o consumidor no mundo todo capta essa idéia.*[12]

Embora esse tipo de abordagem, com ênfase na realização, possa ter mais apelo para números significativos de Novos Consumidores que a propaganda direta tipo "prove e sinta o sabor", sua eficácia deve ainda ser questionada. Não tanto porque o comercial seja falho, mas porque, se o produto – seja uma bebida, um tênis ou um filme – não for percebido como tendo uma autenticidade intrínseca, o efeito entre os Novos Consumidores provavelmente será desprezível. Além disso, esses espectadores cínicos e desconfiados podem rejeitar qualquer mensagem que pareça transformar em commodity o que eles mais prezam: as próprias realizações.

RESUMO

- Mercados em fragmentação, consumidores de nicho e o declínio no entretenimento de massa estão apresentando aos comerciais de televisão um dos maiores desafios já enfrentados.
- Os Novos Consumidores mais jovens são extremamente sofisticados visualmente e podem entender imagens complexas apresentadas com extrema rapidez.
- Esses "televisuais" também são capazes de acompanhar uma narrativa complexa, mesmo quando as imagens se sucedem rapidamente. Muitas vezes eles prestam mais atenção e demonstram lembrar-se mais desses comerciais visualmente desafiadores. Embora cortes rápidos, que dotam o comercial de energia e impacto, reduzam a persuasão e a lembrança entre os Velhos Consumidores, geralmente causam efeito oposto nos Novos.

- Os Novos Consumidores são altamente sensíveis a qualquer subtexto em uma propaganda e alguns comerciais podem perder muito de seu impacto ou mesmo funcionar contra o produto que está sendo comercializado, se as mensagens forem desinteressantes.
- Os comerciais deveriam, em geral, lutar para ser os mais agradáveis possíveis, uma vez que isso aumentará a credibilidade e a autenticidade da mensagem.
- Enquanto a intuição e as habilidades de mentes criativas são essenciais para produzir propagandas eficazes de televisão e cinema, pesquisas mais empíricas poderiam ajudar a desenvolver comerciais mais efetivos, enquanto eliminam prováveis falhas logo no início.
- Nos próximos anos, os comerciais devem passar por mudanças radicais, a fim de sobreviver mas não meramente mudanças em termos de como são filmados e editados, como também em relação aos locais em que são mostrados.

9

Vencendo Corações e Mentes: Fidelidade Autêntica *versus* Fidelidade Aparente

> *Os consumidores têm mudado de clientes fiéis, confiáveis e previsíveis, para transitórios – hoje aqui, amanhã passando para o outro lado da rua.*
> Joan Pajunen e Susan O'Dell, *The Butterfly Customer*

Antes do avanço conquistado pelos Novos Consumidores, que transformou o mercado para sempre, empresas importantes podiam ser comparadas a transatlânticos majestosos. Esplêndidas e monolíticas, em tamanho e potência, passavam com facilidade e confiança pelas fortes tempestades econômicas. Atualmente, muitas dessas mesmas corporações podem ser mais adequadamente comparadas a dois náufragos, cada um agarrado a um lado de um barril que gira continuamente. Enquanto um náufrago respira, o outro afunda nas ondas, até a situação se inverter. Esta é a realidade: períodos limitados de sucesso intercalados a tempos difíceis, quando as empresas são obrigadas a se adaptar a novas demandas, para que o barril gire rapidamente e elas se ergam acima da água em meio ao turbulento oceano comercial.

Para muitos fabricantes e fornecedores, essa ordem confusa representa a desvantagem da Nova Economia em rápido movimento, baseada na informação. A globalização significa que as instalações de produção não precisam ficar permanentemente em certo país, mas podem se mover para onde houver mão-de-obra mais barata ou as regulamentações do governo forem menos restritivas. De forma similar, a fidelidade dos Novos

Consumidores flui para quem tiver as melhores idéias e implementar as inovações mais recompensadoras. O principal objetivo almejado pelos ambiciosos executivos de marketing, agora é conquistar a fidelidade desses consumidores para a vida toda, oferecendo produtos e serviços superiores aos de seus concorrentes. Como alguém descreveu para mim, "vender produtos que não voltam, a clientes que voltam!"

Isso resultou em dois cursos de ação. O primeiro deles, em que muitas empresas – principalmente as japonesas – têm sido muito bem-sucedidas, é aprimorar continuamente a qualidade, ao mesmo tempo em que os preços são reduzidos.

O segundo tem sido focar mais o cliente, na esperança e na expectativa de gerar fidelidade permanente. A meta tem sido atingida com pouco sucesso e por duas razões: as noções do que é necessário para satisfazer aos clientes são freqüentemente confusas e limitadas e há uma crença equivocada de que a fidelidade de clientes satisfeitos pode ser dada como certa. Infelizmente, a satisfação geralmente resulta apenas em curta pseudofidelidade, em vez da longa fidelidade autêntica.

Uma pesquisa entre 3 mil diretores de marketing das melhores empresas inglesas, feita por Smith Bundy & Partners, verificou que, embora uma grande maioria considerasse a atenção ao cliente essencial, muitos defendiam a idéia apenas da boca para fora. Menos de um quarto das empresas pesquisadas faziam qualquer tentativa de medir a satisfação do cliente. Mais da metade enfatizou a qualidade do produto e a determinação competitiva de preços como suas principais estratégias para assegurar a fidelidade, considerando secundários alguns aspectos essenciais do serviço, como a rapidez com a qual os telefones eram atendidos, os bens entregues e as reclamações resolvidas. O marketing de relacionamento, concebido de forma a direcionar produtos e serviços específicos a clientes individuais, foi classificado consistentemente como um aspecto "insignificante" dos programas de atendimento ao cliente. No entanto, as pesquisas mostram que nem a qualidade nem a determinação de preços é a razão principal para os clientes fazerem negócios com outros. Somente um em sete consumidores muda de fornecedor por ficar insatisfeito com a qualidade, e somente um em 10 é tentado por preços mais baixos. Mais de dois terços, entretanto, mudarão de fornecedor devido a "uma atitude de indiferença".

As empresas têm dirigido seus esforços para conseguir clientes que fiquem meramente satisfeitos com o tratamento recebido. Embora o comportamento resultante possa sugerir que o consumidor se tornou fiel, ele pode procurar os concorrentes sem pensar duas vezes, uma vez que não tenha estabelecido uma ligação emocional.

OS NOVOS CONSUMIDORES SÃO IRREMEDIAVELMENTE DESLEAIS?

Uma série de levantamentos e estudos recentes tem confirmado que os Novos Consumidores são potencialmente menos fiéis que os Velhos. As pesquisas conduzidas por minha consultoria na Inglaterra e nos Estados Unidos sugerem o seguinte:

- Um em cada cinco Novos Consumidores sente pouca ou nenhuma fidelidade a qualquer fornecedor em particular e acredita que toda transação tem seus próprios méritos. Mais de dois terços dos Velhos Consumidores expressam essa fidelidade.
- Dois terços dos Novos Consumidores dizem que estão sempre abertos a uma oferta melhor, em comparação com menos de um terço dos Velhos Consumidores.
- Um em 10 Novos Consumidores considera aqueles que permanecem fiéis a um determinado fornecedor como "tolos que não conseguem os melhores negócios possíveis", opinião partilhada por menos de um em 30 Velhos Consumidores.
- Somente um Novo Consumidor em 20 insiste que nada o convenceria a abandonar um fornecedor predileto, enquanto entre os Velhos Consumidores mais da metade diz que nunca faria isso.

A partir desses dados, pode parecer que os Novos Consumidores são irremediavelmente desleais, enquanto os Velhos Consumidores são inquestionavelmente fiéis. Na verdade, os Novos Consumidores têm potencial para se tornarem muito mais fiéis que os Velhos. O fato de raramente serem fiéis decorre em grande parte do encantamento das empresas com seu sucesso em recrutar os Velhos Consumidores. Elas acabam supondo que as mesmas táticas funcionarão com os Novos Consumidores. Infelizmente, tudo o que geralmente conseguem é a pseudofidelidade, a qual, como vão perceber a duras penas, pode desaparecer rapidamente.

FIDELIDADE AUTÊNTICA *VERSUS* PSEUDOFIDELIDADE

A fidelidade resume-se a uma resposta básica, que consiste de um comportamento e de uma resposta secundária, emocional, envolvendo afeição e sentimentos de ligação à pessoa, produto ou empresa em questão.

A pseudofidelidade consiste apenas de uma resposta básica, enquanto a fidelidade autêntica envolve tanto um elemento emocional como comportamental.

	Respostas		
	Básica	**Secundária**	**Resultado**
Pseudofidelidade	Repetir negócio	Neutra	Fidelidade a curto prazo
Fidelidade autêntica	Repetir negócio	Positiva	Fidelidade a longo prazo

A resposta básica, tanto de consumidores pseudofiéis como de autenticamente fiéis é idêntica. Ambos dedicam ao fabricante, ou ao prestador de serviço por quem sentem fidelidade, uma parte maior de seu tempo, atenção e renda, muito mais do que destinam aos concorrentes.

Se a resposta básica envolve um benefício real e mensurável para a empresa, muitos seguem nessa busca e não tentam desenvolver um vínculo emocional mais próximo. Por essa razão, o consumidor nunca se torna psicologicamente "atado" ao relacionamento e está sempre aberto a uma oferta melhor.

Considere, por exemplo, o destino do humilde saquinho de chá. Na década de 1980, a marca líder nesse mercado de 600 milhões de libras era a PG Tips, que foi a número um por mais de 30 anos. Seus comerciais de televisão apresentavam aqueles chimpanzés convincentes que descrevi anteriormente. Em segundo lugar, e aparentemente destinado a permanecer nessa posição, estava o Tetley's Tea, que também fazia uma campanha publicitária há muito tempo, centrada em personagens de cartoon conhecidos como "turma do chá Tetley". A fidelidade dos usuários de PG Tips estava estabelecida há tanto tempo que a empresa pode ter pensado que poderia contar com isso. Talvez fosse o caso, se a Tetley não introduzisse uma pequena inovação, extremamente onerosa – o saquinho de chá. Em um ano, assumiu a liderança. "Uma simples mudança era o que precisavam para enfrentar 35 anos de fidelidade" – comenta John Grant, que trabalhou para a PG Tips.

Outra desvantagem, não menos séria, da pseudofidelidade é que, se o consumidor não está motivado emocionalmente, é improvável que se torne defensor da empresa e a recomende a amigos e parentes.

Antes de olhar maneiras práticas de incentivar os Novos Consumidores a se tornarem autenticamente fiéis, precisamos examinar seis atitudes que geram pseudofidelidade.

Necessidade

Os compradores na ex-União Soviética davam preferência a varejistas como a Moscow's GUM (State Department Store) não porque as 150 lojas que abrangem a maior loja de departamento da Rússia ofereciam a mais ampla escolha, a mais alta qualidade e o melhor preço, mas porque não tinham alternativa e, assim que essa necessidade desapareceu, também sumiu a maioria dos compradores potenciais.

O monopólio local que várias lojas detinham em muitas cidades pequenas dos Estados Unidos, antes da Segunda Guerra Mundial, resultou em "fidelidade" similar, devido à necessidade. Os varejistas geralmente tinham o apoio de sua comunidade porque havia poucas alternativas convenientes. A Nova Economia significa que as empresas não estão mais competindo dentro de limites nacionais, mas em um mercado global. À medida que o *e-tailing* e o *e-commerce* se tornam cada vez mais firmemente estabelecidos e de fácil acesso, essa tendência desempenhará um papel ainda mais significativo devido aos clientes que navegam pela Internet em busca dos melhores negócios.

Gosto pessoal

Embora a necessidade certamente desempenhe um papel importante na sobrevivência de muitos negócios pequenos, de família, os vínculos de afeição pessoal que freqüentemente se desenvolvem entre fornecedores e clientes também colaboram. Nesses casos, os clientes geralmente estão sendo fiéis não ao negócio em si, mas a um indivíduo dentro da empresa. Antigamente, uma única família às vezes atendia a uma comunidade durante gerações e os proprietários podiam desenvolver relações pessoais com seus clientes. Esses lojistas da comunidade sabiam tudo sobre cada cliente habitual, do que gostava e não gostava e ainda conheciam sua história familiar. À medida que as lojas e as comunidades cresceram e se tornaram mais impessoais, esses vínculos de fidelidade desapareceram. Atualmente, nas raras ocasiões em que grandes organizações atraem seguidores que as admiram e se afeiçoam a elas, geralmente é porque são chefiadas por indivíduos carismáticos e conhecidos.

Cerca de 20 anos atrás, quando a Skytrain, de Freddie Laker, fechou, devido ao que ele alegou serem práticas "predatórias e monopolistas" de outras empresas de aviação, admiradores do mundo todo enviaram doações a ele, grandes e pequenas, em uma tentativa inútil de salvar sua empresa daquela situação desastrosa.

Conveniência

Uma vez que o tempo e a atenção são os novos tipos de escassez, qualquer coisa que permita aos Novos Consumidores poupar um deles resultará em "fidelidade" – até o momento em que algo ainda mais rápido e eficiente aparecer. Os supermercados de produtos destinados ao consumo de massa ofereciam mais conveniência que os varejistas menores, até que as lojas afastadas do centro da cidade acrescentaram facilidade de estacionar e maior opção.

Eles também estão sob crescente ameaça do *e-commerce*, com pedidos feitos via Internet, para serem entregues mais tarde em domicílio ou no escritório. Não queremos sugerir que a conveniência não desempenhe papel na obtenção de clientes genuinamente fiéis. Em muitos setores é um componente extremamente importante, mas há duas razões para não ser a história toda. As empresas que baseiam seu apelo apenas na maior conveniência que oferecem, em comparação aos concorrentes, estarão sempre desempenhando um jogo de pega-pega. Assim que um varejista importante introduzir uma inovação para ganhar fidelidade, tornando seu serviço mais conveniente do que o de seus rivais, os outros rapidamente farão o mesmo ou tentarão se desviar do ataque de alguma forma. Logo que um varejista introduzir novas tecnologias para tornar as compras em suas lojas ligeiramente mais convenientes, oferecendo, por exemplo, leitoras de código de barras de modo que os clientes não fiquem na fila do caixa, os concorrentes farão o mesmo.

No que diz respeito aos Novos Consumidores, a conveniência é uma condição necessária, mas não suficiente para a fidelidade genuína.

Hábito

As pessoas saem para comprar em certas lojas, torcem por um determinado time de futebol ou votam em um partido político não por uma forte convicção intelectual ou emocional, mas simplesmente porque sempre o fizeram. Elas agem dessa forma porque seus amigos e vizinhos também agem, porque os modelos que aparecem na mídia e seus pais são assim. É provável que os Velhos Consumidores demonstrem esse tipo de pseudofidelidade mais que os Novos, geralmente por serem menos informados sobre outros fornecedores e porque se sentem mais seguros quando seguem uma trajetória conhecida, em vez de se aventurarem pelo desconhecido.

Os Novos Consumidores, em contraste, têm o "poder da informação" e são consideravelmente mais exigentes na hora de gastar seu dinheiro. Eles comparam preços, procuram qualidade, discutem sobre lançamentos, buscam informações sobre produtos e assistem a programas de televisão dirigidos ao consumidor.

Richard Oliver destaca:

> *Foram-se os dias do consumidor passivo. Se não tiverem todas as informações que desejam, os clientes vão a outro lugar sem hesitar. Basta apertar uma tecla na Internet para terem informações sobre o produto do concorrente e os custos para o cliente agora são quase nulos[1].*

Os Novos Consumidores se envolvem mais nos processos de produção e consumo. Sua abordagem independente e individualista os faz evitar, sempre que possível, os bens e serviços produzidos e negociados em massa, que os Velhos Consumidores adoram.

Propina

Desde 1997, quando os cartões de fidelidade foram introduzidos na Inglaterra pela Tesco's, estima-se que 90 milhões de cartões tenham sido emitidos e 35 milhões estão sendo usados regularmente. Quatro de dez americanos e seis de dez compradores ingleses possuem pelo menos um, sendo que a metade deles tem dois ou três cartões. O paradoxo é que os varejistas estão disputando para oferecer esquemas de fidelidade facilmente acessíveis, mas quase não há distinção entre eles.

Um estudo que minha consultoria conduziu em nome da ICL, verificou que a mera posse de um cartão de fidelidade não incentiva os Novos Consumidores a comprarem com mais freqüência em determinada loja. Nos Estados Unidos 75% dos compradores e na Inglaterra 70% disseram que possuir um cartão não os incentivava a comprar mais freqüentemente naquela loja. Quatro de dez compradores norte-americanos e dois de dez ingleses admitiram que raramente usavam os pontos acumulados de fidelidade, nem procuravam receber as recompensas oferecidas. Finalmente, a posse de um cartão de fidelidade classifica-se bem abaixo na lista de prioridades, quando se trata de definir a preferência por um supermercado. Os cartões de fidelidade pouco conceituados ou mal controlados podem se revelar um erro oneroso, seja em termos de perda de receita, seja de má publicidade ou de ambos.

Propinas ainda mais óbvias, com o objetivo de gerar fidelidade, são descontos nos preços e vendas pelo custo ou abaixo do custo. Uma vez que os consumidores acompanham o valor de mercado do que procuram, calculam facilmente o quanto estão economizando. Infelizmente, como os varejistas sabem muito bem, essas reduções deixam os clientes habituados a preços mais baixos. Quando eles retornam ao normal, as pessoas mudam para outra marca mais barata.

O custo costuma ser uma consideração menos importante para os Novos do que para os Velhos Consumidores. Assim, baixar os preços na tentativa de ganhar sua fidelidade poderia ser contraproducente. Mike Watkins, gerente da ACNielsen, de serviços de varejo, explica sucintamente: "Os compradores de desconto, na Inglaterra, são os mais promíscuos de todos."

Amarras da fidelidade

Quando o custo da mudança é maior do que o da permanência, diz-se que o consumidor está preso ao fornecedor. Por exemplo: se uma empresa investiu uma grande soma para montar uma rede de computadores e treinar funcionários, prefere manter o sistema, mesmo que ele seja menos eficiente do que o esperado. Desativá-lo e começar do zero sairia caro demais – em termos de desembolso, horas paradas e, em muitos casos, por afetar o ego da empresa.

Algumas amarras se revelam muito menos seguras do que se poderia supor. Costumava-se acreditar, por exemplo, que os usuários da Internet se manteriam presos aos serviços de seus provedores porque avisar dezenas, talvez centenas de contatos, que seu e-mail mudou seria entediante e levaria tempo. Em 1996, essa crença foi abandonada depois que a América Online enfrentou um problema técnico que resultava em sinal de ocupado. Quase imediatamente, dezenas de milhares de clientes supostamente "presos" à AOL mudaram de provedor.

À medida que a competição global chegar a níveis nunca vistos na história do comércio, as empresas desenvolverão formas de quebrar as barreiras criadas pelas amarras da fidelidade.

Você está preso a uma rede de telefonia móvel por causa de um contrato ou pela necessidade de manter o mesmo número? Uma empresa rival terá o maior prazer em resolver seu problema para tê-lo como cliente.

Você está preso ao cartão de crédito A porque não efetuou pagamentos? O cartão de crédito B assumirá a dívida e até oferecerá um desconto para diminuí-la.

Qualquer que seja o impasse, não importa o quanto um consumidor e um fornecedor pareçam estar ligados, alguém, em algum lugar, inventará um jeito de cortar esse vínculo para prendê-lo a seu sistema.

Dado o individualismo, o envolvimento e a independência que caracterizam os Novos Consumidores, dificilmente surpreenderia o fato de que esses esquemas de fidelidade em massa, para prender consumidores, sejam-lhes pouco atraentes. Embora possam se filiar a tais programas e aproveitar os benefícios fornecidos, é improvável que mesmo os sistemas mais generosos e mais bem-administrados de descontos, pontos de recompensa, milhagem e upgrades – por si sós – assegurem algo que vá além da pseudofidelidade.

Em muitos casos, somente quando os Novos Consumidores perceberem certa autenticidade no produto ou no serviço oferecido é que passarão da resposta básica à secundária, demonstrando não só fidelidade sincera, como também incentivando ativamente os outros a seguirem seu exemplo. O único caminho para a fidelidade autêntica, em uma época em que a alta qualidade e os preços competitivos são como dádivas, é fazer o cliente gostar sinceramente de sua empresa e confiar nela.

CONSTRUINDO A FIDELIDADE ON-LINE

Em 1999, as vendas de varejo pela Internet, nos Estados Unidos, que somavam menos de 2% do total de vendas no varejo, ainda assim eram superiores a 6 bilhões de dólares. Com a proporção de vendas on-line previstas para alcançar 37% do total de vendas no varejo dentro de 10 anos, é natural que as empresas estejam lutando nessa arena.

Para os varejistas que só trabalham na Internet, ou seja, sem lojas convencionais, adquirir um novo cliente custa atualmente em torno de 83 dólares em propaganda e marketing, de acordo com um relatório recente da Shop.org e Boston Consulting Group. Os custos de aquisição são um pouco mais baixos para empresas do mundo real que também trabalham na Internet, graças às marcas estabelecidas e a uma base de clientes já existente. A Saks Fifth Avenue, por exemplo, recebeu milhares de visitas em seu novo site, mesmo antes do lançamento oficial. "A fidelidade à marca em tal caso é imensa" – diz Rohit Agarwal, vice-presidente de marketing da CommercialWare, uma empresa de soluções de software para varejo.[2]

Mesmo assim, até os varejistas já estabelecidos estarão planejando gastar mais de 1,4 bilhão de dólares em propaganda no próximo ano. Devido a esse alto custo, uma vez conquistado o interesse de um cliente, os varejistas devem fazer esforços excepcionais para retê-lo.

Infelizmente, os *e-customers* no setor B2C (empresa para consumidor) são famosos por sua deslealdade. Peter Burke, diretor de estratégia da Logobrand, na Internet, comenta:

> *No momento, as pessoas on-line são aquelas que vêm e vão, que mudam de canal, usam a web para encontrar o preço mais baixo e a entrega mais rápida, o que conflita com a fidelização*[3].

A afirmação levanta inevitavelmente a questão sobre a garantia ou não de conquista da fidelidade dos Novos Consumidores e, em caso afirmativo, de que maneira.

Algumas empresas estão seguindo métodos de marketing tradicionais on-line. A Coca-Cola, por exemplo, ligou-se à casa de leilão QXL.com, na Internet, para atrair adolescentes inelegíveis para cartões de crédito. Os clientes juntam os anéis que abrem as latinhas e os convertem em créditos que podem ser usados como moeda para ofertas on-line. A QXL relata que até 70 mil pessoas participam e acredita que a iniciativa acrescentou valor real ao seu negócio.

Da mesma forma, a Virgin coloca seu esquema de fidelidade I-can (Eu-posso) na rede, permitindo aos consumidores obterem descontos nos produtos de seu portfólio, como telefones móveis Virgin a baixo custo, 40% de desconto em livros da Virgin Publishing e ofertas-relâmpago de férias. Segundo a empresa, as vendas de Virgin Cola aumentaram em 15%, desde a implantação do esquema, e as pessoas estão passando mais tempo no site, sete minutos em média.

Entretanto, parece altamente duvidoso que esses métodos conseguirão atrair a verdadeira fidelidade on-line. Brian Blair, chefe de marketing da Modern Media, na Europa, adverte:

> *Construir a fidelidade genuína on-line não requer esquemas nem truques... No mundo digital, trata-se de prover um serviço que responda à pergunta do cliente: "O que você faria por mim?" Se você não conseguir responder a essa pergunta dentro de poucos segundos, os clientes irão a outro lugar. Reconhecemos que o cliente está no controle completo de uma relação digital e a fidelidade à marca está a um clique. O indivíduo tem o poder de decidir aonde irá on-line, o que lhe permite escolher as marcas mais importantes para ele. Logo, marcas individuais e suas mensagens obedecerão a necessidades individuais.*[4]

Uma estratégia muito melhor é levar em conta o tempo e a atenção, principais tipos de escassez que afligem os Novos Consumidores, enquanto se reconhece a tremenda importância que eles dão para serem tratados como indivíduos que não só querem, como também exigem ser vistos de forma especial. Tal estratégia requer que os seguintes passos sejam seguidos:

- Simplifique radicalmente os processos que os clientes usam para comprar produtos e serviços. Nossas pesquisas sugerem que, muito freqüentemente, a amnésia corporativa se instala após o primeiro pedido e espera-se que os clientes pressionados pelo tempo expliquem de novo quem são, por que entraram em contato com o serviço e quanto progrediram, juntamente com detalhes do cartão de crédito.

- Dinamize processos que liguem o atendimento, o gerenciamento de relações com o cliente e os sistemas de planejamento de recursos. Os varejistas devem se certificar de que a ligação, em termos de custo, entre compras e manufatura seja suficiente para entregar os bens aos clientes da forma mais rápida e efetiva possível.

- Compare informações a respeito dos padrões de compra de cada cliente com outra inteligência de negócios, para identificar suas preferências pessoais e ter condições de fazer ofertas e sugestões altamente dirigidas. A JC Penney, por exemplo, usa tecnologia própria que introduz automaticamente seus clientes mais fiéis e valorizados em um esquema de privilégio, que os reconhece quando eles voltam ao site e lhes apresenta um conteúdo baseado em seus padrões de compra anteriores.

- Crie sites que não se limitem a anunciar os produtos, mas ofereçam interesse e valor diferenciados. O site da Dove, por exemplo, não só dá informações sobre o sabonete, como também apresenta tópicos orientados para estilo de vida, como técnicas de relaxamento e outros elementos que promovem o bem-estar do consumidor.

- Procure construir um relacionamento pessoal com o Novo Consumidor por meio do site. Kristina Nordsten, principal consultora da PA Consulting, explica:

> *O mundo é promíscuo demais e os consumidores passaram de compradores potenciais a indivíduos que fazem trocas dentro de um certo repertório. Quando você cria conversas com os clientes on-line, deve ser um diálogo estrategicamente rico. Você deve envolver os clientes e fazê-los tornarem-se parte do conteúdo.*[5]

Embora construir a fidelidade on-line imponha exigências técnicas diferentes às empresas, o elemento mais crucial para o sucesso permanece o mesmo – gerar fidelidade ao fornecer aos Novos Consumidores o que eles consideram um serviço autêntico. Isso, por sua vez, é atingido com a certeza de que cada cliente se sinta não apenas satisfeito com a transação, como também supersatisfeito.

GERANDO A FIDELIDADE AUTÊNTICA PELA SUPERSATISFAÇÃO

A distinção fundamental entre consumidores satisfeitos e supersatisfeitos foi demonstrada há mais de uma década, em um estudo fundamental feito pela Xerox Corporation. A empresa verificou que, se os níveis de satisfação fossem medidos em uma escala de 1 (completamente insatisfeito) a 5 (completamente satisfeito), os clientes que atribuíssem 4 pontos (satisfeito) tinham uma probabilidade seis vezes maior de serem desleais do que os que dessem o máximo de 5.

Para se tornarem autenticamente fiéis, os Novos Consumidores devem ter plenamente satisfeitos – conforme escreveu Tom Peters – todos os seus sentidos (visão, audição, tato, olfato e paladar), ao fazerem negócios com determinada empresa. A fidelidade autêntica só pode ser atingida se for fornecido a eles o que descrevi no Capítulo 1 como *miryokuteki hinshitsu*, a qualidade que fascina, em vez de *atarimae hinshitsu*, a qualidade esperada.

As dimensões do resultado e do processo

Como vimos no Capítulo 6, há dois aspectos na oferta de qualquer produto ou serviço. A dimensão de resultado refere-se a adequação e confiabilidade do que é vendido. Alguém que esteja comprando férias, por exemplo, espera que a agência de viagem reserve bilhetes nos vôos certos e quartos em um hotel que corresponda às especificações apresentadas no livreto promocional. Os fornecedores não deixarão os Novos Consumidores supersatisfeitos simplesmente atendendo às suas expectativas quanto à dimensão do resultado – mas só vão gerar críticas se deixarem de fazê-lo.

O segundo aspecto é a dimensão de processo, ou a maneira pela qual um produto ou serviço é oferecido. Ela tem quatro componentes:[6]

- Tangíveis – incluindo tudo que seu cliente vê, ouve ou toca. Incluem a aparência de escritórios ou showrooms da empresa, premissas de varejo, recepção, quartos e áreas públicas em hotéis, blocos de anotações, livretos promocionais, literatura de vendas, propaganda e assim por diante.
- Capacidade de reagir – a rapidez com que as necessidades dos clientes são satisfeitas e a disposição dos funcionários para ajudar.
- Garantia – o conhecimento e a experiência adquiridos pelos funcionários, sua cortesia no atendimento, confiança e segurança com a qual se comunicam.

- Empatia – a certeza dos clientes de que eles estão sendo ouvidos e compreendidos pelo fornecedor e que a atenção que recebem é sincera e adaptada de modo a atender a necessidades específicas.

Enquanto cada um desses aspectos seja obviamente importante para todo cliente, a dimensão de processo se torna ainda mais crucial no caso de Novos Consumidores, cujas expectativas gerais tendem a ser bem mais altas e cuja zona de tolerância é muito mais restrita.

Os tangíveis importam porque os Novos Consumidores esperam que todo detalhe de uma transação importante seja tão perfeito quanto possível. A capacidade de reagir é importante porque eles estão freqüentemente sob intensa pressão de tempo. A garantia e a empatia são fundamentais na busca de autenticidade que caracteriza o Novo Consumidor. O atendimento falso, da categoria "tenha um bom dia", dito em tom monótono e acompanhado de uma expressão irritada, é considerado por muitos como um ataque ao valor pessoal do consumidor. Faz com que eles se sintam como "outro cliente qualquer", quando eles querem tanto ser considerados especiais e diferentes.

Julgando as dimensões de resultado e serviço

A dimensão de resultado só pode, evidentemente, ser avaliada depois que o produto ou serviço foi entregue. Você não pode saber se um carro tem o desempenho especificado ou se uma comida pronta é saborosa, se não tiver dirigido o carro ou experimentado a comida. Os Novos Consumidores consideram óbvia essa dimensão e recompensam poucos pontos, se o fazem. Os clientes julgam a dimensão de processo como o serviço que está sendo oferecido. É nesse ponto, portanto, que uma oportunidade surge para construir a fidelidade autêntica entre os Novos Consumidores.

Um serviço ou produto entregue abaixo do que o consumidor considera satisfatório coloca o fabricante e o fornecedor em desvantagem competitiva. Seus clientes terão pouca fidelidade, ou nenhuma, e passarão para um concorrente, sem hesitar.

As empresas que satisfazem consistentemente às expectativas de seus clientes, mas não fazem nada mais que isso, ainda gerarão apenas pseudofidelidade. Em todo caso, é uma vantagem competitiva sobre quem fornece um serviço mais fraco, sem garantia de fidelidade a longo prazo.

A fidelidade autêntica só pode ser gerada quando as empresas vão consistentemente além das melhores expectativas dos consumidores e os deixam supersatisfeitos com a experiência. Esses clientes não só terão mais probabilidade de permanecer fiéis, como, além disso, também se tornarão entendidos no produto, recomendando a empresa a amigos e colegas, embora sem receberem nada por isso.

Talvez pareça nada mais que bom senso e certamente deveria ser. No entanto, em mais de uma década de estudos sobre padrões de serviço em organizações que variam de supermercados a pequenas lojas, de empresas aéreas a aeroportos e de hotéis a hospitais, descobri que poucos se aproximaram de um serviço consistente e confiável, resultando na supersatisfação. Em muitos casos, a compreensão, a garantia e a capacidade de reagir exibidas por eles ficaram muito aquém desse padrão, mesmo quando o produto que vendiam era confiável e seus tangíveis eram exemplares.

Para melhorar essa dimensão de processo, normalmente não é necessário gastar grandes somas. Tudo que se exige é treinamento e incentivos, que permitirão aos funcionários, em todos os níveis dentro da organização, oferecer os melhores padrões de serviço de que são capazes.

Supersatisfação e atos de cortesia espontânea

Em qualquer tipo de negócio, há os "momentos da verdade" – os pontos de entrega, ocasiões em que a empresa e o consumidor estão em contato direto. Isso normalmente acontece longe da supervisão, quando os funcionários estão sozinhos com o consumidor. Nessas situações, eles só serão capazes de oferecer a promessa da marca se considerarem seus valores como próprios e não meramente impostos pela direção.

Nesses momentos, os clientes podem ser expostos a atos de cortesia espontânea ou, como acontece mais freqüentemente, de descortesia espontânea – lembre-se da senhora no supermercado que descrevi no Capítulo 7.

Quando a cortesia é espontânea, pode transformar o momento da verdade, representado por um encontro comum, em uma oportunidade capaz de desencadear a fidelidade autêntica, não só para quem a ação foi dirigida, como também aos que a presenciaram. Vou lhe dar um exemplo de experiência própria. Não faz muito tempo, eu viajava de trem do aeroporto de Gatwick para Londres. O trem estava lotado por pessoas em férias, incluindo um grupo de turistas norte-americanos de meia-idade, e funcionários de empresas aéreas, dentre os quais duas aeromoças da British Airways. Vendo que alguns dos norte-americanos tinham dificuldade com sua bagagem e também para encontrar um lugar, elas decidiram ajudá-los imediatamente, lidando com as malas e garantindo que os casais conseguissem sentar-se juntos. Foi uma gentileza espontânea, fora do local de trabalho, que impressionou os outros passageiros, bem como os turistas presentes.

Uma atitude gentil, natural, é uma das maneiras mais rápidas, fáceis e menos onerosas de criar a fidelidade autêntica entre os Novos Consumidores, por isso deveria gerar recompensa a funcionários de todos os níveis. Infelizmente, como uma pesquisa feita com 1.000 funcionários pela consultoria de marca Siegel & Galé mostrou, a maioria das empresas parece fazer pouco ou nenhum esforço para recrutar os corações e mentes de sua equipe dessa maneira. Peter Gilson, diretor executivo da consultoria, explica:

> *Descobrimos que as metas e os objetivos de empresas diferentes eram bem entendidos por pessoas de fora, por meio de livretos corporativos e relatórios anuais, mas não pelas pessoas que trabalhavam na linha de frente. No entanto, a transferência da estratégia de negócio de cima para baixo, na organização, é fundamental, principalmente quando funcionários de nível inferior estão lidando com clientes diariamente.*

O problema é mais de falha de comunicação do que de uma política deliberada para manter os funcionários desinformados. Algumas empresas, como a Virgin Atlantic, a 3M, a Apple e a Motorola, quebraram essa barreira e se beneficiaram de uma força de trabalho focada e informada. Em qualquer grande organização é o nível gerencial médio que deve receber o que Gilson denomina "entendimento e recursos para transmitir a mensagem", uma vez que estudos mostraram ser mais provável que os funcionários de nível inferior confiem neles do que os de nível sênior.

Momentos da verdade podem durar apenas segundos, no entanto as pesquisas indicam claramente que cerca de 70% da satisfação ou insatisfação do cliente surgem durante esse breve período. É a hora em que a fidelidade do cliente nasce ou acaba.

BARREIRAS À SUPERSATISFAÇÃO

Do que eu disse até aqui, pode parecer que tudo o que uma empresa precisa fazer para criar Novos Consumidores autenticamente fiéis é fornecer o nível mais alto possível de serviços, todos os dias, sem parar, o ano todo. Embora essa atitude possa convencer um número significativo de consumidores a serem autenticamente fiéis, minhas pesquisas sugerem que mesmo esses exemplos de verdade ainda perderão uma parte significativa de Novos Consumidores.

"Costumamos pensar – supondo realmente – que a satisfação e a fidelidade andam juntas" – comenta Thomas A. Stewart, articulista da *Fortune*. "A suposição está errada."[7]

Há três razões para isso acontecer. Primeira: saber exatamente do que consiste a supersatisfação é, em certa extensão, subjetivo. Não importa o quanto uma empresa lute para ser excelente, há sempre clientes que não se deixarão impressionar. Talvez quando tentaram confiar pela primeira vez, os sistemas de controle de qualidade falharam e eles receberam um serviço abaixo do esperado. Isso provavelmente ocorrerá de tempos em tempos e as empresas eficientemente gerenciadas deveriam, é claro, ter redes de segurança capazes de captar e corrigir erros ocasionais. As expectativas também poderiam ser irrealisticamente altas, de modo que não importa o que você faça para agradá-los, eles ainda ficarão aborrecidos. Da mesma forma, um produto ou serviço que alguns Novos Consumidores consideram possuidores de uma qualidade que fascina pode ser considerado comum para outros. Finalmente, à medida que os Novos Consumidores se acostumam a certo nível de serviço ou qualidade de produto, começam a catalogá-lo dentro de uma expectativa padrão e exigem um serviço ou qualidade ainda melhor para se sentirem supersatisfeitos.

CONSTRUINDO A FIDELIDADE AUTÊNTICA COM BASE NA AUTENTICIDADE

Considerando a individualidade, o envolvimento e a independência que caracterizam os Novos Consumidores, eles passarão da pseudofidelidade para a fidelidade autêntica e incentivarão ativamente os outros a seguirem seu exemplo, somente se forem capazes de perceber certa medida de autenticidade no produto ou serviço oferecido. Um produto ou serviço considerado autêntico é, quase por definição, aquele que, com plena certeza, cumprirá com o que se propôs. Ao distribuir parte de seus escassos recursos de confiança a produtos e serviços autênticos, portanto, os Novos Consumidores economizam mais seu tempo e atenção igualmente escassos, necessários para encontrar e testar alternativas.

Não se pode produzir autenticidade em larga escala. Ao contrário, deve ser introduzida quase entre pessoas, sendo os desejos, as necessidades, as expectativas e os interesses individuais plenamente levados em consideração. Até bem recentemente, tal tarefa seria impossível, exceto para o menor fornecedor, a lojinha da esquina, a oficina especializada ou para artesãos que tinham como saber as preferências e necessidades de cada um de sua base limitada de clientes. Hoje, a análise de informações do consumidor, feita no computador, permite às empresas criar um quadro das preferências íntimas de cada cliente, o que possibilita até às maiores corporações oferecer o "serviço pessoal"

Vencendo Corações e Mentes

que muitos Novos Consumidores consideram autêntico. Fredrick F. Reichheld, analista de negócios, comenta:

> Fazer negócio com pessoas que confiam e entendem é mais previsível e eficiente e, assim, mais lucrativo do que fazer negócios com estranhos em quem não se investiu. [8]

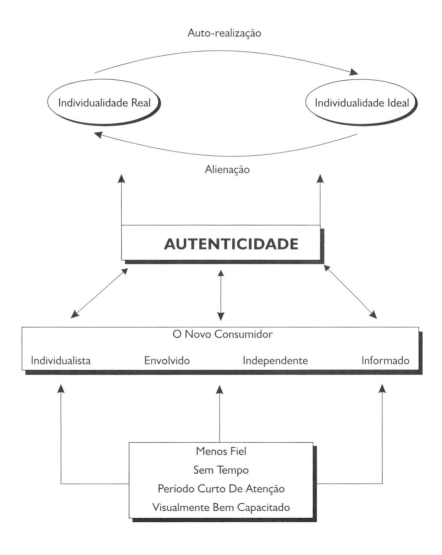

Criar um produto ou serviço autêntico e depois oferecê-lo de maneira também autêntica não só é a maneira de assegurar consumidores autenticamente fiéis, como também o caminho mais rápido para o sucesso comercial na Nova Economia.

RESUMO

- O que muitos fornecedores consideram fidelidade por parte de seus clientes é muitas vezes apenas pseudofidelidade parcial e temporária.
- As empresas com clientes pseudofiéis são vulneráveis a altos níveis de rotatividade de clientes, sempre que os concorrentes fazem ofertas mais atraentes.
- A fidelidade é composta de duas respostas: uma básica, abrangendo comportamento, e uma secundária, envolvendo emoções positivas em relação ao produto ou serviço. Somente quando ambas estão presentes é que o consumidor pode ser considerado autenticamente fiel.
- Embora tenham alto potencial para serem desleais, acreditamos que os Novos Consumidores também possam ser transformados nos clientes mais autenticamente fiéis que qualquer fornecedor poderia esperar encontrar.
- Os consumidores autenticamente fiéis não só se dedicam a um fornecedor particular, como também preparam-se para agir como defensores sem remuneração ou conhecedores daquela empresa.
- Criar a fidelidade autêntica envolve fornecer um produto ou serviço autêntico, de modo que os Novos Consumidores também o considerem autêntico.

10

Dando Controle à Alma

> *As pessoas sempre lutaram para controlar os acontecimentos que afetam suas vidas. Exercendo influência sobre as esferas em que podem ter certo controle, elas são capazes de perceber futuros desejados e impedir os indesejados.*
> Albert Bandura, Self-Efficacy: The Exercise of Control

Dâmocles, um cortesão de Dionísio, o velho tirano de Siracusa, era um lisonjeador de primeira linha. Quem quisesse se livrar da crueldade do monarca, devia manter uma forma civilizada de falar. Mas Dâmocles era tão gentil que até o imperador finalmente se cansou de suas excessivas lisonjas.

Uma noite, Dionísio convidou Dâmocles para um banquete suntuoso e o colocou no trono real. O lisonjeador, entretando, logo passou do deleite absoluto ao mais arrepiante terror, quando viu uma espada suspensa por um fio pendendo diretamente sobre sua cabeça.

O objetivo do monarca era demonstrar a Dâmocles a distinção crucial entre poder e controle. Como tirano, Dionísio gozava de autoridade absoluta sobre seus súditos, no entanto, sendo mortal, não tinha qualquer controle sobre o destino, da mesma forma que o cortesão infeliz. Ambos estavam a menos de um passo do desastre.

Essa história antiga – que nos chega de uma época situada por volta do século III a. C. – é altamente relevante para se entender exatamente o que os Novos Consumidores realmente querem dos fornecedores.

Há pelo menos duas décadas, empresas grandes e pequenas têm lutado para convencer os consumidores de que o "cliente é rei", na expectativa de assegurar o sucesso competitivo. Essa filosofia da delegação de poder recebeu o endosso entusiasta de Tom Peters e Robert Waterman: "As melhores empresas são impulsionadas pelos clientes e eles adoram isso" – observaram, em aprovação, no seu clássico best-seller de 1982, *In Search of Excellence*. "O usuário impera como gerador e experimentador de idéias."

Como vimos no Capítulo 9, embora tratar os clientes com cortesia e consideração seja uma precondição para o sucesso comercial, não é, em si, uma condição suficiente. Todos os benefícios implícitos em estratégias como "o cliente é rei", "marketing de relacionamento", "vendas uma a uma" e "o cliente em primeiro lugar" são considerados *normais* pelos Novos Consumidores. Conseqüentemente, oferecer produtos e serviços com semelhantes promessas fornece pouca ou nenhuma vantagem competitiva, embora não fazê-lo certamente coloque a empresa em desvantagem significativa comparada às mais orientadas para o cliente.

Uma vez que os Novos Consumidores, cuja mentalidade é independente, consideram normal o bom serviço e procuram outros benefícios, eles são autônomos em suas decisões de compra. Embora o procedimento exija mais tempo e atenção do que seguir os outros e comprar o que todos estão comprando, essa continua sendo a estratégia mais viável em tempos de mudança social, já que o mercado está se fragmentando em grupos de auto-interesse cada vez menores.

Infelizmente, essa situação gera mais incerteza e estresse. Ao se adotar uma posição independente, automaticamente perde-se o conforto de pertencer a milhões de outras pessoas que pensam e se comportam da mesma forma. O isolamento que resulta desse movimento para dentro responde por um crescente afastamento social, o que pode ser verificado por números significativos de Novos Consumidores.

Martin Hayward, do Henley Centre, na Inglaterra, explica:

> *A sociedade agora é incrivelmente fluida. Os consumidores de hoje desfrutam melhor condição, mas estão mais confusos e menos previsíveis que antes. Com tantas escolhas e oportunidades, agora podem decidir em extensão muito maior quem e o que são eles.*[1]

O antídoto para essa sensação de afastamento é o controle de situações. Quanto maior a noção de controle, menos estresse sentimos, mesmo quando estamos agindo independentemente. Embora os Novos Consumidores sejam tão ansiosos quanto os Velhos para comprar, eles são, como vimos, muito mais motivados por sua busca pela autenticidade.

Sobre essa verdade pessoalmente significativa, Wade Clark Roof diz, em seu livro *Spiritual Marketplace*:

> *As forças energizantes surgem de buscas. Nem tanto pela identidade de grupo ou posição social, mas por uma vida interior autêntica.*

Como expliquei no Capítulo 2, os Novos Consumidores vêem freqüentemente a aquisição de produtos e serviços autênticos como um meio de atingir a auto-realização, o pico da hierarquia das necessidades de Abraham Maslow, sinalizando a concretização do verdadeiro potencial. Essa realização abre a possibilidade atraente de estendermos o controle sobre todos os aspectos de nossa vida psicológica, sobre pensamentos e emoções, ações e reações, autoconfiança e auto-estima.

CONTROLE EM TRANSAÇÕES COMERCIAIS

O controle nesse contexto significa assegurar que os pequenos detalhes, bem como os aspectos principais de qualquer transação, sejam acertados com eficiência. Imagine-se, por exemplo, telefonando a um novo fornecedor para fazer um pedido. Sua ligação cai em um centro de chamadas e você tem de pressionar uma série de botões para chegar ao departamento que deseja. Você espera, enquanto ouve uma música irritante, interrompida a cada segundo por uma voz computadorizada dizendo que sua ligação é importante para a empresa e que você será atendido em breve. Pior ainda, você é informado, em seguida, de que os atendentes estão ocupados e solicita que você ligue novamente. Se você resolve esperar mesmo assim, ouve um "até logo" muito firme e a ligação é encerrada.

Quando você finalmente consegue ser atendido, a empresa não tem disponível o produto que você deseja e lhe oferece um substituto, mas sem condições de lhe passar o preço na hora. O atendente promete lhe telefonar com dados exatos, mas não o faz.

Em cada etapa do processo, a empresa – ou a máquina – e não o cliente está no controle dos resultados. Para qualquer comprador potencial, a resposta sugerida anteriormente seria frustrante e alienante. Os Novos Consumidores, em época de abundância e opção, interromperiam de vez o contato. Eles querem estar no controle. E querem estar no controle agora.

DANDO CONTROLE AOS NOVOS CONSUMIDORES

O que os fabricantes, fornecedores e varejistas fazem para assegurar que os Novos Consumidores se sintam no controle de todos os aspectos da transação, desde o primeiro contato até a entrega do produto ou serviço? Há cinco questões-chave que se deve ter em mente para que uma empresa atenda às necessidades dos Novos Consumidores, concedendo o controle de suas almas.

Entenda o tastespace

Como expliquei no Capítulo 4, o *tastespace*, mapa das preferências pessoais, pode ser obtido pelo conhecimento pessoal do indivíduo ou, como é bem mais provável, pela análise extensa e detalhada de suas compras anteriores.

O marketing que classifica consumidores em médias de qualquer coisa provará ser cada vez mais contraproducente. O matemático John Allen Paulos comenta, em seu livro imensamente divertido, *Once Upon a Number*:

> *Para pegar um exemplo extremo, há algo desumano e ligeiramente pornográfico na estatística que sustenta que, se metade dos habitantes dos Estados Unidos são homens e metade mulheres, o adulto norte-americano médio tem um ovário e um testículo. Ou que o residente médio de Dade County, Flórida, nasce hispânico e morre judeu.*

Os Novos Consumidores que se acharem submetidos ao marketing de massa terão maior probabilidade de rejeitar do que de aceitar situações semelhantes à sugerida no exemplo anterior. Como também estarão bem menos dispostos a dedicar tempo, atenção ou confiança a empresas similares. Na Nova Economia você encontrará apenas dois tipos de negócio: os muito rápidos e os muito inúteis.

Acrescente autenticidade e ganhe confiança

Produtos novos e originais passam rapidamente ao consumo em larga escala. Os que podem ser produzidos com mais facilidade logo perdem o valor, enquanto aqueles com características genuinamente autênticas mantêm ou aumentam seu valor.

O grande crescimento da oferta e as elevadas expectativas dos Novos Consumidores quanto à qualidade tornam a autenticidade essencial para que seu produto ou serviço se destaque em um mercado variado e competitivo.

Como expliquei no Capítulo 2, há quatro maneiras principais de ligar a autenticidade a um produto ou serviço. A originalidade e a credibilidade são importantes, assim como a localização da oferta em local específico ou em determinado momento.

Estabelecer a autenticidade é tão importante quanto ganhar a confiança dos Novos Consumidores. Algumas organizações procuram conquistar a confiança por meio de um porta-voz carismático e eloqüente que geralmente é – embora não necessariamente, ou seja – o fundador da empresa.

Não é necessário ter status de celebridade para ser visto como pessoa honesta e confiável com quem se pode fazer negócio. Fundador da Boden, uma confecção que faz entrega de roupas pelo correio, com um giro anual de 24 milhões de dólares, Johnnie Boden não é um nome familiar. No entanto, ainda tem sido capaz de usar sua personalidade aberta e receptiva para conseguir seguidores extremamente fiéis. O negócio de Johnnie prospera porque seus clientes supõem que o conhecem como indivíduo. Eles o param na rua para conversar sobre as últimas novidades, abordam-no em restaurantes para cumprimentá-lo por uma linha nova e, acima de tudo, confiam nele. Também acham que Johnnie é autêntico, o que o torna e à sua empresa atraentes ao Novo Consumidor.

A desvantagem, como já expliquei, é que, se um dia o líder perde essa posição privilegiada, pode pôr em dúvida a credibilidade de toda a empresa.

A segunda maneira de ganhar confiança é com a criação de um espaço seguro, um terceiro local, nem a casa nem o trabalho, onde as pessoas se sintam seguras, como descrevi no Capítulo 6. Em tal refúgio, seja no mundo objetivo, seja em comunidades ciberespaciais, os Novos Consumidores encontram amigos, fazem novas amizades, trocam idéias, fofocam, contam novidades e relaxam.

Respeite a escassez de tempo e atenção

Quando os Novos Consumidores "não têm opção senão ouvir", seu incômodo e frustração provavelmente resultem na rejeição imediata da mensagem.

Mesmo com permissão, espere somente o mínimo absoluto de tempo e atenção. Ao vender pela Internet, por exemplo, crie websites fáceis de serem encontrados e rápidos, sem qualquer gráfico complexo que demore para abrir ou que tenham difíceis opções de navegação com exigências excessivas. O serviço no mundo virtual deve ser tão eficiente quanto um negócio no mundo real – um ponto importante ignorado por muitas empresas, como foi evidenciado por uma pesquisa norte-americana na qual 24% dos websites investigados não forneciam assistência pré-vendas, 32% não davam instruções de compra e em apenas 20% deles havia informações sobre disponibilidade dos produtos.

Embora os Novos Consumidores estejam dispostos a investir em tudo que acham pessoalmente relevante ou recompensador, eles não desculpam prontamente as empresas que lhes tomam ou esbanjam os recursos escassos. É exatamente o que acontece com os comerciais de televisão que interrompem seus programas favoritos e lhes dizem coisas absolutamente irrelevantes e de pouco interesse. Como forma de combater essa invasão, eles podem sair da sala ou mudar de canal, não porque sejam as alternativas mais recompensadoras, mas para se sentirem no controle da situação.

Para que as empresas consigam transmitir com sucesso sua mensagem aos Novos Consumidores impacientes, devem recompensar seus investimentos de tempo e atenção. Uma forma de fazê-lo é tornar os comerciais de televisão tão divertidos que a *opção* do telespectador seja vê-los. Outro caminho, que alguns anunciantes estão adotando, é pagar aos internautas, em dinheiro ou em espécie, para ler suas mensagens.

Mas não é apenas ao planejar o marketing de seus produtos ou serviços que as empresas devem se lembrar da escassez de tempo e atenção do Novo Consumidor. O mesmo se aplica a todo aspecto da transação, desde facilitar o contato com sua organização, tendo um número de telefone e endereço eletrônico, fáceis de serem lembrados, até escrever instruções simples para acompanhar o produto ou o serviço. Ela também deve ser lembrada até quando se abrem canais de ajuda e sessões de aconselhamento gratuitos. E servem tanto para facilitar o contato como para dar clareza às informações. E lembre-se: não espere que um Novo Consumidor aguarde durante dias uma resposta de e-mail.

Envolva-os

Transporte-se por um momento para uma feira ao ar livre na França, Itália ou Espanha. Imagine que você faz parte das multidões que se apertam em volta de cada barraca, sentindo aromas de frutas frescas, vegetais, flores, queijos, café, pão e carne defumada. Olhe as pilhas de produtos, desde tortas até postas de peixes no gelo. Experimente uma fruta, escolha os cortes mais apetitosos de carne, as melhores verduras. Seus sentidos são bombardeados pelas visões e sons da feira. É um ambiente em que mesmo as compras mais comuns se tornam agradáveis e você vive uma aventura em vez de uma tarefa estressante e tediosa.

É essa mesma noção de envolvimento que os Novos Consumidores estão procurando quando vão às compras, principalmente quando compram por impulso e foi proporcionando a eles experiências práticas que empresas como a Lush, de cosméticos, tiveram tanto sucesso. O ambiente de varejo deve atrair as pessoas e incentivá-las a manusear as mercadorias, em vez de criar barreiras entre os consumidores e o que há para ser consumido.

Em 1998, por exemplo, Estée Lauder aumentou suas vendas em quase um quarto quando substituiu os balcões de vidro tradicionais por displays abertos e incentivou os clientes a pegarem os cosméticos, experimentarem produtos diferentes e olharem à vontade, sem terem de pedir ajuda.

Deixar tudo muito fácil, para que os Novos Consumidores manipulem, experimentem e testem os produtos, enquanto imergem em um ambiente receptivo, convidativo e amigável, será cada vez mais essencial nos próximos anos. Lojas que pareçam intimidantes, com mais cara de museu do que de feira, estão fadadas a desaparecer.

CONSUMIDORES COMO PRODUTORES

Kevin Kelly descreve uma analogia em forma de enigma apresentado por Stuart Brand:

> *Em uma sociedade do século XXI, ligada em redes instantâneas, o marketing é o espelho e o consumidor coletivo é o camaleão. De que cor é o consumidor quando você o coloca no mercado?*[2]

Essa é uma pergunta fundamental para entender o que os Novos Consumidores comprarão e por quê, na Nova Economia, e também para ajudar a explicar o ritmo frenético com que tantos produtos autênticos são transformados rapidamente em *commodities*.

Colocando a mesma analogia em um contexto diferente, imagine um restaurante novo. Embora pareça atraente e sua comida seja excelente, no início apenas algumas pessoas resolvem comer lá. Outros clientes potenciais, passando por lá, vêem só algumas mesas ocupadas e continuam andando, pois quase todos evitamos restaurantes vazios. À medida que mais pessoas começam a entrar, outras são atraídas porque o lugar é movimentado e claramente popular. Em pouco tempo, o restaurante se torna tão procurado que o congestionamento e as dificuldades para fazer reserva começam a afastar as pessoas e o número de clientes declina novamente. Enquanto esse número cai, as pessoas voltam a freqüentá-lo, já que agora está mais fácil encontrar um lugar...

Esse modelo oscilante de oferta e demanda funciona muito bem com os Velhos Consumidores, uma vez que, como vimos, muitas de suas opções de consumo são determinadas pela conveniência e conformidade. Os Novos Consumidores, entretanto, tendem à mudança assim que algo – restaurante, *resort* de férias ou produto – se torna popular, pois, para eles, perdeu a autenticidade e transformou-se em commodity. Daí o fechamento de restaurantes que já estiveram na moda e o abandono de resorts antes exclusivos e preferidos.

Como camaleões, portanto, os Novos Consumidores optam por uma cor e então mudam de novo, quando um número excessivo de pessoas começa a fazer a mesma escolha.

Os Novos Consumidores, *cool hunters* e conhecedores são os primeiros a adotar novidades e a mostrar interesse por tudo que é novo. Se a agitação que fazem torna o produto ou o serviço mais conhecido, um número cada vez maior de Novos Consumidores passa a adquiri-lo, até que – a não ser que os fornecedores tomem medidas para impedir – a autenticidade é perdida e os Novos Consumidores se afastam em busca de algo novo e original.

O ritmo em que o ciclo autenticidade-commodity ocorre depende da rede pela qual a informação é comunicada. Antes, poderia ser por comentários, pela mídia impressa, cinema, rádio e televisão.

À medida que a Nova Economia liga cada vez mais esses canais previamente díspares de informação em redes digitais, a velocidade com que a informação pode ser produzida e disseminada aumenta significativamente. Juntas, essas redes influenciarão os desejos e demandas de Novos Consumidores em uma extensão ainda maior do que o rádio e a televisão capturaram os corações e mentes dos Velhos Consumidores.

Por exemplo: há mais de 100 mil indicados no *Zagat – Guia de Restaurantes*, em mais de 40 cidades norte-americanas e estrangeiras, descritos por seus criadores como "comentários organizados de consumidores exigentes".[3] Cada estabelecimento participante recebe uma classificação com base na opinião de centenas ou mesmo milhares de especialistas.

À medida que fontes cada vez mais disponíveis de informações em tempo real começam a projetar imagens de nossos comportamentos de consumo, as atividades, mesmo de um pequeno grupo de Novos Consumidores, podem exercer uma influência profunda sobre o mercado. Kevin Kelly explica assim:

> *O mundo moderno está sendo pavimentado com espelhos. Temos câmeras de televisão em toda parte e pesquisas de opinião diárias, sem parar ("63 % dos norte-americanos são divorciados") para espelhar cada nuança de nossa ação coletiva... Todo consumidor se torna tanto um refletor, uma causa, como um efeito.*[4]

Com os Novos Consumidores e produtores se tornando cada vez mais indiferenciados, as diferenças entre os dois se tornam cada vez menos distintas. Veja, por exemplo, o estabelecimento de padrões eletrônicos, como o CD, minidisco ou DVD, em que as expectativas do consumidor em relação às reações de outros consumidores são cruciais para determinar quais produtos terão sucesso e quais fracassarão. Carl Shapiro e Hal Varian comentam:

> *Na competição para se tornar padrão, ou pelo menos para atingir a massa crítica, as expectativas do consumidor são fundamentais. Em um sentido real, o produto que deve se tornar padrão se tornará padrão. As expectativas auto-realizadoras são uma manifestação de economia com feedback positivo e efeitos bandwagon. Como resultado, as empresas que estão participando de mercados com fortes efeitos de rede procuram convencer os clientes de que seus produtos se tornarão o padrão, enquanto produtos incompatíveis, rivais, logo ficarão órfãos.*

Essa é uma razão para o crescimento de leilões on-line, que funcionam entre consumidores sem que o produtor intervenha e oriente a escolha.

Os Novos Consumidores, com suas necessidades básicas facilmente atendidas, estão livres para focalizar a inovação, a originalidade e a autenticidade – que representam aspectos diferentes da informação. E, uma vez que nunca se pode ficar sem informação, quanto mais tudo é consumido, mais há para se consumir. Assim, o consumo gera mais consumo, até que se torna uma compulsão e uma forma de vida.

A ALMA É O MERCADO – O MERCADO É A ALMA

Em um mundo hipercompetitivo, de mercados fragmentados e indivíduos com opiniões próprias, bem-informados, as empresas que não conseguirem entender e atender às necessidades de Novos Consumidores, estão fadadas à extinção. O mercado será dividido entre corporações muito amplas e extremamente poderosas de um lado e empresas altamente adaptáveis, flexíveis, pequenas, que atendem a nichos especializados, de outro.

Haverá pouco futuro na Nova Economia para qualquer negócio que seja moderadamente viável. Atualmente, a vida média de uma empresa importante raramente passa de 40 anos. Na próxima década, qualquer empresa que seja menos que altamente bem-sucedida verá seu tempo de vida reduzido em 10 vezes.

O segredo do sucesso comercial na Nova Economia reside em adquirir uma consciência muito aguçada do que esses consumidores bem-informados comprarão e por quê. Consiste em mostrar respeito por sua escassez de tempo e atenção e ajudá-los em sua busca pela autenticidade. Está em reconhecer seu individualismo independente e tornar-se merecedor de sua confiança permanente. Em suma, em entender a alma do Novo Consumidor.

Apêndice

O Programa de Pesquisa do Mind Scan

Desde o final da década de 1980, com experimentos conduzidos na Universidade de Sussex, os pesquisadores de minha consultoria têm medido a atividade elétrica do cérebro, enquanto as pessoas assistem a comerciais de televisão. O objetivo desses experimentos é determinar se essas medidas oferecem uma ferramenta útil de pesquisa no estudo de respostas do espectador.

Tal abordagem não é, de forma alguma, nova. Em 1986, por exemplo, os pesquisadores da Escola de Administração da Universidade de Wisconsin publicaram um trabalho intitulado "EEG activity and the processing of television commercials" (Atividade do EEG e o processamento de comerciais de televisão).

A novidade de nosso trabalho reside na simplicidade dos dados obtidos e na facilidade com que podem ser convertidos em um gráfico que não exige habilidades de um especialista para ser interpretado. Um dos principais problemas dos primeiros estudos que usaram aparelho de EEG para obter seus registros foi o volume de dados produzidos durante até mesmo um comercial de 30 segundos.

O benefício de nosso equipamento, que desenvolvemos especialmente para essa pesquisa, é que o fluxo de dados é mantido dentro de proporções gerenciáveis, sem perda significativa de informações vitais.

COMO O MIND SCAN FUNCIONA

O sistema Mind Scan abrange um eletroencefalograma especializado (EEG), juntamente com uma interface de computador que detecta, mede, registra e analisa padrões elétricos nos lados esquerdo e direito do cérebro do espectador.

Depois de filtrar as freqüências que nos interessam, o Mind Scan transforma os dados em unidades de energia por freqüência, por período de tempo. Embora possa parecer complicado, tudo o que significa, na realidade, é que a informação que ele fornece seja facilmente entendida. Ao analisar comerciais, selecionamos períodos de tempo que correspondam à duração de cenas individuais. Isso permite perceber o impacto de cada cena e sua relação com as que a precedem ou seguem, algo a ser avaliado e comparado.

A única restrição é que o período mínimo de tempo é grande demais para deixar que as freqüências menores sejam observadas adequadamente. Para ondas alfa (ver a seguir), temos aproximadamente um segundo.

Antes de descrever alguns dos resultados obtidos, daremos algumas explicações sobre o valor dessas medidas, principalmente para distinguir as respostas de Novos e Velhos Consumidores.

NOSSOS CÉREBROS ELÉTRICOS

É possível comparar o cérebro a um computador que funciona com energia elétrica de aproximadamente oito watts. Essa atividade elétrica pode ser detectada como "ondas cerebrais", cuja freqüência (ciclos por segundo) e energia (amplitude) variam continuamente, dependendo do estado mental e dos desafios intelectuais que estão sendo enfrentados.

As ondas cerebrais têm sido classificadas em inúmeras bandas, de acordo com sua freqüência medida em Hertz (Hz). Essas bandas são mostradas na tabela a seguir.

As duas ondas de interesse para nossa pesquisa são alfa e beta.

Freqüência de ondas cerebrais (Hz)	Nome do estado cerebral	Características
0.5–4	Delta	Estados mais profundos de sono
4–8	Teta	Confusão mental, sonhos Cochilo
8–14	Alfa	Vigília relaxada. O cérebro não está engajado em qualquer atividade mental específica ou emocional.
14–22	Beta	Comportamento de alerta, atividade mental concentrada. Também presente quando há ansiedade e apreensão
22–23	Alta beta	Aumento da ansiedade ou reações e pensamentos acelerados
33+	Complexo K e sem nome	Breves lampejos durante a solução e a memorização

As ondas alfa altas têm sido associadas a um estado mental relaxado e, por isso, não especialmente atento. Entretanto, nossas pesquisas sugerem que a produção alfa deve ser considerada em relação à produção de ondas beta, visto que analisar a produção alfa isoladamente resulta em uma impressão distorcida da reação do espectador.

Ondas beta altas combinadas com ondas alfa altas, por exemplo, significam que o espectador não só está prestando atenção ao comercial, como também o faz em estado mental relaxado, embora alerta. Entretanto, quando é encontrado um padrão de beta caindo e alfa subindo, pode-se concluir com segurança que ele está desinteressado.

As ondas beta, que são o segundo tipo mais comum produzido pelo cérebro humano, fornecem uma medida de atenção e interesse. Por essa razão, e também por ser conveniente, para entender as reações aos comerciais, definimos a produção total de beta como Índice de Resposta Cortical (ICR, de Index of Cortical Response). Consideramos que assim podemos chegar a uma medida direta de quanto o espectador está interessado no comercial e atento a ele.

DIFERENÇAS ENTRE O LADO ESQUERDO E O DIREITO DO CÉREBRO

As pesquisas sugerem que, para uma pessoa destra, o lado esquerdo do cérebro está envolvido em análise lógica, objetiva, enquanto o lado direito tem a ver com a fantasia e a imaginação. Em um estudo, verificou-se que os artistas produziam maior atividade no lado direito, enquanto os contadores mostraram domínio do lado esquerdo do cérebro.

Parece provável, portanto, que durante o processamento episódico de um comercial focado em imagem haverá uma atividade um pouco maior no lado direito.

A atividade no lado esquerdo é associada com mais freqüência a uma abordagem intelectual, enquanto a atividade mais forte no lado direito indica uma resposta intuitiva. Quando um comercial está sendo processado com base nas informações factuais que contém, tende-se a ver maior atividade no lado esquerdo do cérebro, em espectadores com dominância da mão direita (cerca de 80% da população).

Deve-se lembrar sempre, no entanto, que, com exceção de casos raros de danos severos, o ser humano funciona como um todo unificado. É tão equivocado enfatizar a importância de um hemisfério sobre o outro, em certos tipos de atividade mental, quanto seria sugerir que as câmaras do lado esquerdo do coração são mais essenciais que as do lado direito durante exercícios físicos.

A esse respeito, Howard Gardner, psicólogo de Harvard, aponta:

> *Afirmações sobre a divisão de trabalho entre essas duas metades estão se tornando cada vez mais distantes do que é conhecido ou mesmo suspeito. De fato, a atual forma de apresentação de pesquisas do cérebro humano ameaça revelar mais sobre artigos acadêmicos que sobre a função neurológica.*

Notas

Prefácio

1 "Grim Prospects', *New Scientist*, 2 dez 2000: 5.
2 Mark Fischetti, *Scientific American*, nov 2000: 33.

Capítulo 1

1 Citado em Vance Packard, 1978: 128.
2 Comunicação pessoal com o autor.
3 Bryan Appleyard, "Essay", *Sunday Times Magazine*, 7 jan 1999: 36-41.
4 De uma entrevista com James Dyson, por David Cheal, publicada em *How to Spend It*.
5 Essa pesquisa foi publicada originalmente em H. M. Guetzkow, Groups, Leadership and Men, em um trabalho intitulado "Effects of group pressure upon the modification and distortion of judgement". Quando sua réplica foi tentada em 1981, por Perrin e Spencer, eles descobriram índices muito baixos de conformidade. Uma explicação alternativa para a tardia recusa dos estudantes em concordar com a visão obviamente incorreta de seus colegas é que, quando eles quiseram replicar a experiência, os psicólogos foram pressionados a encontrar estudantes que não tivessem conhecimento das conclusões originais. Os únicos departamentos em que participantes ingênuos poderiam ser encontrados eram os de matemática, química e engenharia. Esses estudantes podem não saber nada de psicologia e menos ainda de cuidados, mas sua formação científica pode aumentar em muito a probabilidade de insistirem que sua observação é exata, não importando quantas pessoas tentem lhes dizer o contrário!

6   Citado novamente em Lucia van der Post, "How to stay a cuff above the rest", Financial Times, 9 ago 1999.
7   "The e-corporation", *Fortune*, 8 dez 1998.

Capítulo 2

1   Citado no capítulo 18 do fascinante *Uncommon Grounds: the History of Coffee and How it Transformed Our World*, de Mark Pendergrast.
2   Vijay Vishwanath e David Harding, *Harvard Business Review*, mar-abr 2000: 17-18.
3   Citado em John Grant, *The New Marketing Manifesto*.
4   Jeremy Hunt, "Race to put Titanic back to sea", *Sunday Business*, 24 out 1999: 9.
5   Para uma exploração interessante de Allport e sua influência sobre a moderna psicologia, ver Morton Hunt, *The Story of Psychology*, p. 316-18.
6   Citado novamente em Maslow's *Towards a Psychology of Being*.
7   Citado em *The Fourth Discontinuity*.
8   David Corten citado em *When Corporations Ruled the World*.
9   Citado em Paul Lukas, "Tippecanoe and Tylenol Too", *Fortune*, fev 1999: 20.
10 Ohanian, 1991.
11 Malcolm Gladwell, "Message in a bottle", *The Independent on Sunday Magazine*: 6.
12 Michael J. Wolf, "The future of digital entertainment", *Scientific American*, nov 2000: 33.

Capítulo 3

1   "Dying for information", um relatório publicado pela Reuters Business Information, em 1996, baseou-se em 1.300 gerentes do Reino Unido, Estados Unidos, Cingapura, Hong Kong e Austrália.
2   Citado em *Information Anxiety*, de Richard Saul Wurman.
3   *Methods for Satisfying the Needs of the Scientist and the Engineer for Scientific and Technical Communication*.
4   Michael de Kare Silver, 1999.
5   "Ads with legs and the writing on the wall", *Sunday Business*, 23 mai 1999.
6   Theodore Levitt, 1960.
7   Janet Bush, "Sting in the tail for new breed of bargain hunters", *The Times*, 11 ed. nov 1998: 33.

Capítulo 4

1. *Business Week*, 26 jan 1998.
2. "Market segmentation really is cool", *Market Leader,* primavera de 1998.
3. Rachel Kennedy e Andrew Ehrenberg, "What's in a brand?", *Research,* abr 2000, Edição 407.
4. *Admap,* set 1993: 5
5. Keith McNamara, registros internos da ICL, 1998.
6. Citado em Mark Nicholson, "Getting more value from the customers", *Financial Times,* 13 out 1999: 32.
7. John Hagel III e Jeffrey F. Rayport, "The coming battle for customer information", *Harvard Business Review*, jan-fev 1997: 55-67.
8. Nigel Morris, "'A truly intelligent customer", *Real Business,* jun 1999: 66.
9. *Ibidem.*

Capítulo 5

1. Malcolm Gladwell, 1997: 86.
2. *Ibidem.*: 84.
3. Naoko Nakamae, "'Girl power' helps Japan's retailers buck recession", *Financial Times,* 19 jun 1999.
4. Richard Adams e Alice Rawsthorn, "Renaissance of the cardigan helps shape vital statistics", *Financial Times,* 24 mar 1999.
5. Gregory Schmid, "Deregulating for the sophisticated consumer", relatório para o Institute for the Future (www.iftf.org).
6. Faith Popcorn e Lys Marigold (1996) *Clicking,* Londres: Thorsons: 282.
7. Citado por Quentin Curtis in "Black magic", *Daily Telegraph Magazine,* out 1999: 58-62.
8. Kerry Capell, Larry Light & Ann Therese Palmer, "Just wild about Harry", *Business Week,* 16 ago 1999.
9. Gary Hamel & Jeff Sampler. (1998) "The e-corporation", *Fortune,* 8 dez: 52-63.
10. Citado novamente em Jones, "Hey, yeah, get a life, mum", *The Bookseller,* 1999.

Capítulo 6

1. Larry O'Brien & Frank Harris, 1991.
2. Michael Wolf, 1999: 77.
3. *Publishers Weekly*, 26 abr 1999: 36.
4. Richard Dean, "Let 'er rip", *Wired*, abr 1999: 157.
5. Chuck Martin, 1997: 33.
6. Ken Irons, 1998.

Capítulo 7

1. Mica Nava, "Modernity's disavowal", in Pasi Falk & Colin Campbell, 1997: 66.
2. Peter Cochrane (1999) *Tips for Time Travelers*, Nova York: McGraw-Hill.
3. Irving Janis (1977), citado em "Decision making under stress", in L. Goldberger e S. Breznitz (eds.) 1982.
4. Larry Hochman, citado novamente em "Into the unknown", *Tempus*, 15: 8.

Capítulo 8

1. Jon Rees, "Award-winning ads fail to sell", *Sunday Business*, 27 ago 1999: 13.
2. *Ibidem*.
3. John Caldwell, 1954: 5.
4. C. Bridgewater & A. Biel (1990) "Television commercials'",*Advertising Research*, jun-jul: 20.
5. Andrew Ehrenberg, professor titular de marketing na London's South Bank University, citado novamente em Richard Tomkins, "Commercial breakdown", *Financial Times*, 5 ago 1999: 19.
6. *Ibidem*.
7. Graham Lancaster, "Creating Time for Research", *Marketing*, 6 ago 1992.
8. Betty Liu, "Latin stars pops up at PepsiCo.", *Financial Times*, 3 set 1999.
9. Citado novamente em Carol Midgley,"Elderly 'almost extinct' on TV", Time, 8 set 1999: 4.
10. Citado novamente em Rees, op. cit.
11. Citado em Jon Rees, "The name is Bond... James Bond. Licensed to fill the order books", *Sunday Business*, 14 mar 1999: 13.

12 Citado novamente em John Williams, "Scotching old perceptions", *Financial Times*, 19 nov 1999: 16.

Capítulo 9

1. Richard Oliver, 1999: 57.
2. Jennifer Saba, "The costliest customers", *Business 2.0*, nov 2000: 81.
3. "Netting loyalty", *Grocer*, 7 out 2000: 38-9.
4. *Ibidem*.
5. *Ibidem*.
6. A. Passamuran, A. Berry & L. L. Zeithaml (1991) "Understanding customer expectations of service", *Sloan Management Review*, 32 (3, primavera): 39-48.
7. Thomas A Stewart, "A satisfied customer isn't enough", *Fortune*, 21 jul 1999: 70.
8. Frederick F. Reichheld, 1996: 2.

Capítulo 10

1. Martin Hayward, Henley Centre, citado novamente em Stuart Wavell, "Invasion of the mutant spenders", *The Sunday Times*, 22 nov 1998.
2. Kevin Kelly, 1995: 90.
3. http://zagat.com/about/history.asp.
4. Kevin Kelly, *op.cit.*: 93.

Bibliografia

Aaker, D. A. & Stayman, D. M. (1990) "*Measuring audience perception of commercials and relating them to ad. impact*", Journal of Advertising Research, 30 (4): 7-17.

Aaker, D. A. & BieL, A. L. (1993) *Brand Equity and Advertising: Advertising's Role in Building Strong Brands. New Jersey.* Lawrence Erlbaum Associates.

Adams, S. (1998) *I'm Not Anti-Business, I'm Anti-Idiot: a Dilbert Book.* Londres: Boxtree.

Allport, G. (1971) *Personality.* Londres: Constable.

Anschuetz, N. (1997) "Point of view: building brand popularity. The myth of segmenting to brand success", *Journal of Advertising Research,* 37 (1): 63-6.

Aylott, R. M. & Mitchell, V. W. (1998) "An exploratory study of grocery shopping stressors", *International Journal of Retail and Distribution Management,* 26 (9): 362-73.

Bakan, D. (1966) "Behaviourism and American urbanization", *Journal of Historical and Behavioural Sciences,* (2): 5-28.

Baldinger, A. L. R. & Rubinson, J. (1996) "Brand loyalty: the link between attitude and behaviour", *Journal of Advertising Research,* 36 (6): 22-34.

Bandura, A. (1997) *Self-Efficacy: the Exercise of Control.* Nova York: W. H. Freeman.

Barnet, R. & Cavanagh, J. (1994) *Global Dreams.* Nova York: Simon and Schuster.

Bauman, Z. (1992) *Intimations of Postmodernity.* Londres: Routledge.

Baumeister, R. F. (1986) *Identity: Cultural Change and the Struggle for Self.* Oxford: Oxford University Press.

Bayley, S. (1991) *Taste: the Secret Meaning of Things.* Londres: Faber and Faber.

Bayton, J. A. (1958) "Motivation, cognition, learning – basic factors in consumer behaviour", *Journal of Marketing,* 22: 282-9.

Bazin, A. (1967) *What Is Cinema?* Los Angeles, CA: University of California Press.

Beaujeu-Garnier, J. & Delobez, A. (1979) *Geography of Marketing*. Londres: Longman.

Bell, D. (1973) *The Coming of Post-Industrial Society: a Venture in Social Forecasting*. Nova York: Basic Books.

Bell, D. (1980) *The Social Framework of the Information Society*. Oxford: Blackwell.

Benson, J. (1994) *The Rise of Consumer Society in Britain: 1880-1980*. Londres & Nova York: Longman.

Berger, P. L. & Luckmann, T. (1967) *The Social Construction of Reality: a Treatise in the Sociology of Knowledge*. Harmondsworth: Penguin.

Biel, A. L. & Bridgewater, C. A. (1990) "Attributes of likable television commercials", *Journal of Advertising Research*, (jun-jul): 38-43.

Bier, W. C. (ed.) (1972) *Alienation: Plight of Modern Man?* Nova York: Fordham University Press.

Blair, M. H. (1988) "An empirical investigation of advertising wearin and wearout", *Journal of Advertising Research*, (dez/jan): 45-50.

Blythman, J. (1996) *The Food We Eat*. Londres: Michael Joseph.

Bolter, D. (1984) *Turing's Man: Western Culture in the Computer Age*. Londres: Duckworth.

Bowlby, R. (1993) *Shopping with Freud*. Londres: Routledge.

Bowler, P. J. (1989) *The Invention of Progress: the Victorians and the Past*. Oxford: Basil Blackwell.

Bradley, S. P., Hausman, J. A. & Nolan, R. R. (1993) *Globalization, Technology and Competition: the Fusion of Computers and Telecommunications in the 1990s*. Boston, MA: Harvard Business School Press.

Branson, R. (1999) *Losing my Virginity: the Autobiography*. Londres: Virgin Publishing.

Branthwaite, A. S., *Capturing the Complexity of Advertising Perceptions*, Millward Brown International: 19.

Britt, S.H. (1966) *Consumer Behaviour and the Behavioural Sciences: Theories and Applications*. Nova York, John Wiley.

Britt, S. H. (1970) *Psychological Experiments in Consumer Behaviour*. Nova York: John Wiley.

Brothers, L. M. D. (1997) *Friday's Footprint: How Society Shapes the Human Mind*. Nova York/Oxford: Oxford University Press.

Brown, J. A. C. (1963) *Techniques of Persuasion: From Propaganda to Brainwashing*. Harmondsworth: Penguin.

Brown, K. (1999) "Approval of big business in Britain at 30-year low", *Financial Times* 1.

Brown, M. (1998) *The Spiritual Tourist*. Londres: Bloomsbury.

Budd, M., Craig, S. & Steinman, C. (1999) *Consuming Environments: Television and Commercial Culture*. New Jersey/Londres: Rutgers University Press.

Burton, S. A. & Babin, L. A. (1989) "Decision making helps make the sale", *Journal of Consumer Marketing*, 6 (Primavera): 15-25.

Caballero, M. J., Lumpkin, J. R. & Madden, C. S. (1989) "Using attractiveness as an advertising tool: an empirical test of the attraction phenomenon", *Journal of Advertising Research*, (ago-set): 16-21.

Calder, A. (1969) *The People's War: Britain 1939-45*. Londres: Jonathan Cape.

Caldwell, J. T. (1954) *Televisuality: Style, Crisis and Authority in American Television*. New Jersey: Rutgers University Press.

Campbell, C. (1987) *The Romantic Ethic and the Spirit of Modern Consumerism*. Oxford: Macmillan.

Campbell, J. (1968) *Creative Mythology: the Masks of God*. Nova York: Viking Penguin.

Carroll, J. M. B. & Bever, T. G. (1976) "Segmentation in cinema perception", *Science*, 191 (março): 1053-4.

Castells, M. (1997) *The Power of Identity*. Londres: Blackwell.

Chisnall, P. M. (1985) *Marketing: a Behavioural Analysis*. Londres: McGraw-Hill.

_____.(1992) *Marketing Research*. Londres, McGraw-Hill.

Cobb, R. (1995) "The brains behind commercials: technology that reads viewers' grey matter as they watch prospective ads", *Marketing*.

Comfort, A. (1967) *The Anxiety Makers*. Londres: Thomas Nelson.

Coren, S. (1996) *Sleep Thieves: an Eye-Opening Exploration into the Science and Mysteries of Sleep*. Nova York: Free Press.

Coupey, E. A. & Jung. K. (1993) "Influences of category structure on brand positioning and choice", University of Illinois, College of Commerce and Business Administration, Faculty Working Paper.

Csikszentmihalyi, M. & Rochberg-Halton, E. (1981) *The Meaning of Things: Domestic Symbols and the Self*. Cambridge: Cambridge University Press.

Cummings, C. H. (1999) "Entertainment foods", *The Ecologist*, 29 (1):16-19.

Davidow, W. H. & Malone, M. S. (1992) *The Virtual Corporation: Structuring and Revitalizing the Corporation for the 21st Century*. Nova York: HarperCollins.

Davis, S. & Meyer, C. (1999) *Blur: the Speed of Change in the Connected Economy*. Oxford: Capstone.

Dawson, J. A. (1983) *Shopping Centre Development*. Londres: Longman.

De Chernatony, L. & MacDonald, M. (1992) *Creating Powerful Brands in Consumer, Service and Industrial Markets*. Oxford: Butterworth Heinemann.

Deighton J., Henderson, C. M. & Neslin S. A. (1994) "The effects of advertising on brand switching and repeat purchasing", *Journal of Marketing Research*, 31 (1, fev): 28-44.

Dion, K. K. (1972) "Physical attractiveness and evaluation of children's transgressions", *Journal of Personality and Social Psychology*, (24):207-13.

Dion, K. K., Berscheid, E. & Walster, E. (1972) "What is beautiful is good", *Journal of Personality and Social Psychology*, (24): 285-90.

Donnelly, J. H. (1996) *25 Management Lessons: from the Customers Side of the Counter*. Londres: Irwin Professional Publishing.

Dowling, G. R. U. & Uncles, M. (1997) "Do customer loyalty programs really work?", *Sloan Management Review*, Verão.

Drucker, P. (1992) *The Age of Discontent*. Londres: Transaction Publishing.

Drucker, P. F. (1994) *Post-Capitalist Society*. Londres: Butterworth – Heineman.

Dyson, P., Farr, A. & Hollis, N. (1996) "Understanding, measuring, and using brand equity", *Journal of Advertising Research*, 36 (6):9-21.

Dyson, E. (1998) *Release 2.1*. Londres: Penguin.

Eales, J. (1998) "Brand evaluation: horses for courses", *Market Leader*, 1 (1): 43-7.

Edwards, P. (1998) "The age of the trust brand", *Market Leader*, 3 (1):15-19.

Enis, B. M. & Cox, K. K. (1972) *Marketing Classics*, 6. ed. Boston, MA: Allyn and Bacon.

Etcoff, N. (1999) *Survival of the Prettiest: the Survival of Beauty*. Londres: Little, Brown.

FC&A (1997) *Top Secret Information the Government, Banks and Retailers Don't Want You to Know*. Peachtree City, GA: FC&A Publishing.

Falk, P. (1994) *The Consuming Body*. Londres: Sage.

Falk, P. & Campbell, C. (1997) *The Shopping Experience*. Londres: Sage.

Feather, F. (1997) *The Future Consumer*. Nova York: Warwick.

Feldman, E. B. (1967) *Varieties of Visual Experience*. New Jersey/Nova York, Prentice Hall/Harry N. Abrams.

Fleishman, E. A. (1967) *Studies in Personnel and Industrial Psychology*, Homewood, IL: Dorsey Press.

Fletcher, W. (1992) *A Glittering Haze: Strategic Advertising in the 1990s*, Henley-on-Thames: NTC Publications.

Foxall, G. R. (1977) *Consumer Behaviour: a Practical Guide*. Corbridge: Retail and Planning Associates.

Frank, R. H. (1999) *Why Money Fails to Satisfy in an Era of Success*, Cornell University/Free Press.

_____. (1999) *Luxury Fever: Why Money Fails to Satisfy in an Era of Excess*. Nova York: Free Press.

Franzen, G. (1994) *Advertising Effectiveness*, Henley-on-Thames: NTC Publications.

Freidheim, C. (1998) *The Trillion-Dollar Enterprise: How the Aliance Revolution Will Transform Global Business*. Nova York: Perseus Books.

Freud, S. (1921) *Group Psychology and the Analysis of the Ego*. Londres: Hogarth.

_____. (1930) *Civilisation and its Discontents*. Londres: Hogarth.

Fromm, E. (1942) *The Fear of Freedom*. Londres: Routledge and Kegan Paul.

Gabriel, Y. & Lang, T. (1995) *The Unmanageable Consumer: Contemporary Consumption and its Fragmentations*. Londres: Sage.

Galbraith, J. K. (1969) *The Affluent Society*. Harmondsworth: Penguin.

Gardner, B. (1963) *The Wasted Hour: the Tragedy of 1945*. Londres: Cassell.

Gardner, H. (1985) *The Mind's New Science: a History of the Cognitive Revolution*. Nova York: Basic Books.

Gershuny, J. (1988) Lifestyle, innovation and the future of work", *International Journal of Development Banking*, 6 (1, janeiro): 65-72.

Gibson, R. (1998) *Rethinking the Future*. Londres: Nicholas Brealey Publishing.

Gibson, W. (1995) *Neuromancer*. Nova York: Voyager.

Giddens, A. (1999) *Runaway World: How Globalization Is Restructuring Our Lives*. Londres: Profile Books.

Gilder, G. (1990) *Life After Television: the Coming Transformation of Media and American Life*. Knoxville, TN: Whittle Direct Books.

Gladwell, M. (1997) "Annals of style – the coolhunt", *the New Yorker*, Março 17 ed. 78-90.

Gleick, J. (1999) *Faster: the Acceleration of Just About Everything*. Nova York: Little, Brown.

Godin, S. (1999) *Permission Marketing: Turning Strangers into Friends, and Friends into Customers.* Nova York: Simon & Schuster.

Goffman, E. (1963) *Behaviour in Public Places.* Nova York: Free Press.

Goldberger, L. (ed.) (1982) *Handbook of Stress: Theoretical and Clinical Aspects.* Nova York: Free Press.

Grant, J. (1999) *The New Marketing Manifesto: the 12 Rules for Building Successful Brands in the 21st Century.* Londres: Orion.

Gross, R. D. (1992) *Psychology: the Science of Mind and Behaviour.* Cambridge: Hodder & Stoughton.

Gurvietz, P. (1997) "Trust: a new approach to understanding the brand-consumer relationship, new and evolving paradigms", *Proceedings of the American Marketing Association Special Conference.* Dublin.

Guy, C. M. (1984) *Food and Grocery Shopping Behaviour in Cardiff.* Cardiff: Department of Town Planning, UWIST.

Haley, R. I. (1968) "Benefit segmentation: a decision-oriented research tool", *Journal of Marketing,* 32: 30-35.

Hill, S. & Rifkin, G. (1999) *Radical Marketing: from Harvard to Harley, Lessons from Ten that Broke the Rules and Made It Big.* Nova York: HarperBusiness.

Hof, R. D. & Himelstein, L. (1999) "eBay vs Amazon.com", *Business Week,* maio 31 ed. 48-55.

Holland, P. (1997) *The Television Handbook.* Londres/Nova York: Routledge.

Hollinger, P. (1999) "Stores develop ways to counter deep discounting", *Financial Times.*

Humphery, K. (1998) *Shelf Life: Supermarkets and the Changing Cultures of Consumption.* Cambridge: Cambridge University Press.

Hunt, M. (1993) *The Story of Psychology.* Nova York: Doubleday.

Institute of Personnel and Development. (1999) *Living to Work?* Londres: IPD.

Irons, K. (1998) "Do you sincerely want to build relationships?", *Market Leader,* 3 (1): 50-53.

Jacob, R. (1994) "Why some customers are more equal than others", *Fortune,* setembro 19 ed. 141-6.

Jauregi, J. A. (1995) *The Emotional Computer.* Oxford/Cambridge, MA: Blackwell.

Jeffreys, J. B. (1954) *Retail trading in Britain 1850-1950.* Cambridge: Cambridge University Press.

Jenkins, R. (1992) *Bringing Rio Home: Biodiversity in our Food and Farming*. Londres: Sustainable Agriculture, Food and Environment Alliance (SAFE).

Jensen, R. (1999) *The Dream Society*. Nova York: McGraw-Hill.

Jones, C. (1998) "The next stage for brand equity in the US", *Market Leader*, 1 (2): 64.

Kamp, E. M. & Macinnis, D. H. (1995) "Characteristics of portrayed emotions in commercials: when does what is shown in ads affect viewers", *Journal of Advertising Research*, 35 (6): 19-28.

Kaplan, B. M. (1985) "Zapping – the real issue is communication", *Journal of Advertising Research*, 25 (2): 9-12.

Kare-Silver, M. D. (1999) *e-shock: the Electronic Shopping Revolution: Strategies for Retailers and Manufacturers*. Nova York: American Management Association.

Kawasaki, G. M. (1999) *Rules for Revolutionaries*. Londres: HarperCollins.

Kelly, G. A. (1955) *The Psychology of Personal Constructs*. Nova York: W.W. Norton.

Kelly, K. (1995) *Out of Control*. Londres: Fourth Estate.

_____. (1998) *New Rules for the New Economy*. Nova York: Viking.

Keyfitz, N. (1992) "Consumerism and the new poor", *Society*, 29 (2):2-7.

Kortum, S. (1995) *The Hatless Man*. Nova York: Penguin.

Kotler, P. & Levy, S. (1969) "Broadening the concept of marketing", *Journal of Marketing*, 33: 10-15.

Kotlowitz, A. et al. (1999) *Consuming Desires: Consumption, Culture, and the Pursuit of Happiness*. Washington: Island Press.

Kraft, R. N. (1986) "The role of cutting in the evaluation and retention of film", *Journal of Experimental Psychology*, 12 (1): 155-63.

Krishnan, H. S. & Chakravarti, D. (1999) "Memory measurements for pretesting advertisements: an integrative conceptual framework and a diagnostic platform", *Journal of Consumer Psychology*, 8 (1): 1-37.

LaBarbera, P. A. & Tucciarone, J. D. (1995) "GSR reconsidered: a behavior-based approach to evaluating and improving the sales potency of advertising", *Journal of Advertising Research*, 35 (5):33-40.

Lancaster, G. (1992) "Creating time for research". *Campaign* (agosto, 6).

Landfield, A. W. & Leitner, L. M. (1980) *Personal Construct Psychology*. Nova York: John Wiley.

Lane, R. E. (1991) *The Market Experience*. Cambridge: Cambridge University Press.

Lasch, C. (1984) *The Minimal Self Psychic Survival in Troubled Times*. Londres: Pan Books.

_____ .(1991) *The True and Only Heaven: Progress and its Critics*. Nova York: Norton.

Lebergott, S. (1993) *Pursuing Happiness: American Consumers in the Twentieth Century*. Princeton: Princeton University Press.

Lee, B. & Lee, R. S. (1995) "How and why people watch TV: implications for the future of interactive television", *Journal of Advertising Research*, 35 (6): 9-18.

Lee, M. (1993) *Consumer Culture Reborn: the Cultural Politics of Consumption*. Londres: Routledge.

Levine, R. (1997) *Geography of Time: the Temporal Misadventures of a Social Psychologist*. Nova York: Basic Books.

Levitt, T. (1960) "Marketing myopia". *Harvard Business Review*, 35:24-48.

Levy, S. (1982) "Symbols, selves and others", *Advances in Consumer Research*, 9: 542-3.

Lewis, D. (1985) *Loving and Loathing: the Enigma of Personal Attraction*. Londres: Constable.

Lewis, D. D. (1989) *The Secret Language of Success: How to Read and Use Body-Talk*. Londres: Bantam Press.

_____. (1993) *Winning New Business*. Londres: Piatkus.

_____. (1996) *How To Get Your Message Across: a Practical Guide to Power Communication*. Nova York: Barnes and Noble.

Lewis, H. D. (1985) *Freedom and Alienation*. Edinburgh: Scottish Academic Press.

Lewis, P. (1975) *Just How Just?* Londres: Secker and Warburg.

Lipsey, R. G. (1975) *An Introduction to Positive Economics*. Londres: Weidenfeld & Nicolson.

Longmate, N. (1973) *How We Lived then: a History of Everyday Life during the Second World War*. Londres: Arrow Books.

Mack, J. & Lansley, S. (1985) *Poor Britain*. Londres: George Allen and Unwin.

Madge, J. (1963) *The Origins of Scientific Sociology*. Londres: Tavistock.

Markham, J. E. (1998) *The Future of Shopping: Traditional Patterns and Net Effects*. Basingstoke: Macmillan.

Martin, C. (1997) The Digital Estate: Strategies for Competing, Surviving and Thriving in an Internetworked World. Nova York: McGraw-Hill.

Martin, J. (1995) "Ignore your customers", *Fortune*, maio, 1 ed. 82-6.

Martin, J. A. (1999) "Spinning a new web: Publishers find creative ways to promote titles and authors – on the Internet", *Publishers Weekly*, (abril, 26 ed. 36-9).

Maslow, A. H. (1968) *Towards a Psychology of Being*, 2. ed. Nova Jersey: Van Nostrand.

_____. (1970) *Motivation and Personality*, 2. ed. Nova York: Harper and Row.

McCracken, G. (1988) *Culture and Consumption: New Approaches to the Symbolic Character of Consumer Goods and Activities*. Bloomington: Indiana University Press.

McGovern G. (1999) *The Caring Economy: Business Principles for the New Digital Age*. Dublin: Blackhall Publishing.

Mick, D. G. (1986) "Consumer research and semiotics: exploring the morphology of signs symbols and significance", *Journal of Consumer Research*, 13: 196-213.

Milgram, S. (1974) *Obedience to Authority*. Londres: Tavistock.

Miller, D. (1989) *A Theory of Shopping*. Cambridge: Polity Press.

Miller, D. (1995) *Acknowledging Consumption: a Review of New Studies*. Londres: Routledge.

Miller, D., Jackson, P., Thrift, N., Holbrook, B. & Rowlands, M. (1998) *Shopping, Place and Identity*. Londres/Nova York: Routledge.

Mitchell, V. W. & Bates, L. (1998) "UK consumer decision making styles", *Journal of Marketing Management*, 14: 199-225.

Mitchell, V. W. & Boustani, P. (1992) "Consumer risk perceptions in the breakfast cereal market", *British Food Journal*, 94 (4): 17-27.

Negroponte, N. (1995) *Being Digital*. Londres, Hodder & Stoughton.

Neuborne, E. & Kerwin, K. (1999) "Generation Y", *Business Week*: 44-50.

O'Brien, L. & Harris, F. (1991) *Retailing: Shopping, Society, Space*. Londres: David Fulton Publishers.

O'Dell, S. M. & Pajunen, J. A. (1997) *Butterfly Consumer*. Toronto: John Wiley.

Oliver, R. W. (1999) *The Shape of Things to Come*. Londres: McGrawHill.

O'Shaughnessy, J. (1987) *Why People Buy*. Nova York: Oxford University Press.

Ohanian, R. (1991) "The impact of celebrity spokespersons on consumers intention to purchase", *Journal of Advertising Research*, fev-mar: 46-52.

Osaka, M. (1979) "Spectral analysis of EEG during mental activity", *Japanese Journal of Psychology*, 50(1): 45-8.

Packard, V. (1978) *The People Shapers*. Bucks: Futura.

Panofsky, E. (1993) *Meaning in the Visual Arts*. Harmondsworth: Penguin.

Pappenheim, F. (1959) *The Alienation of Modern Man*. Nova York/Londres: Modern Reader Paperbacks.

Park, C. W. & Young, M. S. (1986) "Consumer response to television commercials: the impact of involvement and background music on brand attitude formation", *Journal of Marketing Research*, 23 (1): 11-24.

Paulos, J. A. (1998) *Once upon a Number: the Hidden Mathematical Logic of Stories*, Harmondsworth: Penguin.

Paxton, A. (1994) *Food Miles*. Londres: Sustainable Agriculture, Food and Environment Alliance (SAFE).

Pendergrast, M. (1993) *For God, Country and Coca-Cola*. Londres: Weidenfeld and Nicolson.

Pendergrast, M. (1999) *Uncommon Grounds: the History of Coffee and How it Transformed Our World*. Nova York: Basic Books.

Penn, R. (1971) "Effects of motion and cutting rate in motion pictures", *AV Communication Review*, 19 (1): 29-50.

Perrot, P. (1994) *Fashioning the Bourgeoisie: a History of Clothing in the Nineteenth Century*. New Jersey: Princeton University Press.

Perry, S. M. (1994) "The Brand – Vehicle for Value in a Changing Marketplace", President's Lecture. Londres.

Peters, T. J. & Waterman, R. H. Jr. (1982) *In Search of Excellence*. Nova York: Harper & Row.

Pierce, J. R. & Noll M. (1990) *Signals: the Science of Telecommunications*. Nova York: W. H. Freeman.

Pool, I. d. S. (1990) *Technologies Without Boundaries*. Cambridge, MA: Harvard University Press.

Pratkanis, A. R. & Aronson, E. (1992) *Age of Propaganda: the Everyday Use and Abuse of Persuasion*. Nova York/Oxford: W. H. Freeman.

Raven, H. (1995) *Off Our Trolleys? Food Retailing and The Hypermarket Economy*. Londres: Institute for Public Policy Research.

Reeves, B., Lang, A., Thorson, E. & Rothschild, M. (1989) "Emotional television scenes and hemispheric specialisation", *Human Communication Research*, 15 (4): 493-508.

Reichheld, F. F. (1996) *The Loyalty Effect*. Boston, MA: Harvard Business School Press.

Rheingold, H. (1994) *The Virtual Community: Finding Connection in a Computerized World*. Londres: Martin Secker & Warburg.

Ries, A. (1996) *Focus: the Future of Your Company Depends on it*. Londres: HarperCollins.

Roof, W. C. (1999) *Spiritual Marketplace*. Princeton, NJ: Princeton University Press.

Rosen, E. (2000) *The Anatomy of Buzz: How to Create Word-of-Mouth Marketing*. Nova York: Currency Doubleday.

Rosenberg, L. (1998) *Breath by Breath*. Londres: HarperCollins.

Rosenblatt, R. (ed.) (1999) Consuming Desires: *Consumption, Culture and the Pursuit of Happiness*. Washington, D. C.: Shearwater Books.

Roskies, E. (1987) *Stress Management for the Healthy Type A*. Nova York: The Guilford Press.

Rothschild, M. L., Thorson, E., Reves, B., Hirsch, J. E. & Goldstein, R. (1986) "EEG activity and the processing of television commercials", *Communication Research*, 13 (2): 182-220.

Rothschild, M. L., Hyun, Y. J., Reeves, B., Thorson, E. & Goldstein, R. (1988) "Hemispherically lateralized EEG as a response to television commercials", *Journal of Consumer Research*, 15 (setembro): 185-94.

Rothschild, M. L., Hyun, Y. J., Reeves, B., Thorson, E. & Goldstein, R. (1990) "Predicting memory for components of TV commercials from EEG", *Journal of Consumer Research*, 16 (março): 472-8.

Rucci, A. J., Kirn, S. P. & Quinn, R. T. (1998) "The employee – customer profit chain at Sears", Harvard Business Review (jan-fev): 83-97.

Salt, B. (1977) "Film style and technology in the forties", *Film Quarterly*, 31: 46-57.

Sampson, P. (1993) "A better way to brand image", *Admap*, 28(7 jul/ago): 19-24.

Samuelson, P. & Nordhaus, W. S. (1989) *Economics*. Nova York: McGraw-Hill.

Schelling, T. C. (1978) *Micromotives and Macrobehaviour*. Nova York/Londres: W. W. Norton.

Schneider, B. & Bowen, D. E. (1995) *Winning the Service Game*. Boston, MA: Harvard Business School Press.

Searle, J. R. (1995) *The Construction of Social Reality*. Harmondsworth: Penguin.

Seybold, B. P. (1998) *Customers.com: How to Create a Profitable Business Strategy for the Internet*. Londres: Random House.

Shapiro, C. and Varian, H. R. (1999) *Information Rules: a Strategic Guide to the Network Economy*. Boston, MA: Harvard Business School Press.

Sherrington, M. (1998) "Market segmentation really is cool", *Market Leader,* 1 (1): *22-5*.

Silverstein, S. (1974) *Where the Sidewalk Ends*. Nova York: HarperCollins.

Simmons, J. (1964) *The Changing Pattern of Retail Location,* University of Chicago, Department of Geography.

Skinner, B. F. (1972) *Beyond Freedom and Dignity*. Nova York: Bantam Books/Vintage Books.

Solomon, M. R. (1999) *Consumer Behaviour*. New Jersey: PrenticeHall.

Stern, B. L. & Resnik, A. J. (1991) "Information content in television advertising: a replication and extension", *Journal of Advertising Research*, (jun-jul): 36-46.

Stone, G. P. (1954) "City shoppers and urban identification", *American Journal of Sociology*, 60: 36-45.

Stouffer, S. A., Guttman, L., Lazarsfeld, P. F. and Star, S. A. (1949-1950) *Studies in Social Psychology in World War II*. Princeton, NJ: Princeton University Press.

Stout, A. & Burda, B. L. (1989) "Zipped commercials: are they effective?", *Journal of Advertising*, 18 (4): 23-32.

Sudman, S. & Schwarz, N. (1989) "Contributions of cognitive psychology to advertising research", *Journal of Advertising Research*, jun-jul: 43-53.

Sutherland, M. (1993) *Advertising and the Mind of the Consumer*. St Leonards: Allen & Unwin.

Swinyards, W. R. (1998) "Shopping mall customer values: the national mall shopper and the list of values", *Journal of Retailing and Consumer Services*, 5 (3): 167-72.

Symon, C. (1998) "E-business: the inevitable future", *Market Leader*, 1 (1): 48-51.

Tajfel, H. (1981) *Human Groups and Social Categories*. Cambridge: Cambridge University Press.

Thomson, K. (1998) "Profitable relationships come from inside out", *Market Leader*, 1 (2): 58-61.

Tomkins, R. (1999) "Fading stars of the global stage", *Financial Times* 10.
Townsend, P. (1993) *The International Analysis of Poverty*, Hemel Hempstead: Harvester Wheatsheaf.

Twitchell, J. B. (1999) *Lead Us into Temptation: the Triumph of American Materialism*, Columbia University Press.

Tyrrell, B. & Westall, T. (1998) "The new service ethos, a post-brand future – and how to avoid it", *Market Leader*, 1 (2): 14-19.

Underhill, P. (1999) *Why We Buy: the Science of Shopping*. Londres: Orion.

Vandermerwe, S. (1999) *Customer Capitalism*. Londres: Nicholas Brealey Publishing.

Vanhonacker, W. R. (1993) "What does the multinomial logic model really measure?, INSEAD, Research and the Development of Pedagogical Materials Working Paper.

Wallace, P. (1999) *Agequake: Riding the Demographic Rollercoaster, Shaking Business, Finance and our World*. Londres: Nicholas Brealey Publishing.

Walton, P. & Gamble, A. (1972) *From Attention to Surplus Value*. Londres: Sheed and Ward.

Watson, J. B. (1913) "Psychology as the behaviourist views it", *Psychology Review*, (20): 158-77.

Weizenbaum, J. (1976) *Computer Power and Human Reason: From Judgement to Calculation*. Harmondsworth: Penguin.

Williamson, J. (1978) *Decoding Advertisements*. Nova York: Marion Boyars.

Willis, P. (1990) *Common Culture: Symbolic Work at Play in the Everyday Cultures of the Young*. Milton Keynes: Open University Press.

Wilson, C. (1956) *The Outsider: the Classic Study of Alienation, Creativity and the Modern Mind*. Londres: Indigo.

Wilson, J. (1993) "Mindfood – developing brands for a harder-thinking new generation of consumers", *Admap*, fevereiro (326): 17-19.

Wolf, M. J. (1999) *The Entertainment Economy*. Nova York: Times Books.

Wolfe, J. M. (1997). "In a blink of the mind's eye", Nature, 387 (19 junho): 756-7.

Wurman, R. S. (1991) *Information Anxiety*. Londres: Pan Books.

Young, H. (1990) *One of Us*. Londres, Pan Books.

Young, P. (1991) *Person to Person: the International Impact of the Telephone*. Cambridge, Granta.

Zakharova, N. N. & Avdeyev, V. N. (1982) "Functional changes in the CNS during perception of music: on the problem of studying positive emotions", *Zhurnal Vysshei Nervnoi Deyatel'nostic*, 32 (5):915-24.

Zepp, I. G. (1997) *The New Religious Image of Urban America: the Shopping Mall as Ceremonial Center*. Colorado: University Press of Colorado.

Índice Remissivo

3M 173
aceleração de negócios 43-44, 50, 53
adotantes iniciais 98, 99-100, 101, 183-184
Agarwal, Rohit 167
agentes inteligentes 108
agitação 18, 23, 84-85, 86-87, 89, 93, 97, 100-101, 184
    vs publicidade 93-97
alerta 57-58
Alexlit 79
Alienação 25-27, 39, 178-179
    controle como antídoto a 179
AllAdvantage.com 106
Allport, Gordon 26
alma do Novo Consumidor 4, 5, 9
amarras 166
Amazon.co.uk 94
Amazon.com 33, 77, 79
America Online 113, 166
American Express 66, 74, 78
amnésia de permuta 59
AngelFire 113
Apple 29, 173
Appleyard, Bryan 9, 10
Armstrong, Arthur 112
Artzt, Edwin 137
Asch, Solomon 12-13
AsSeenIn.com 155
atarimae hinshitsu (qualidade que é esperada) 10, 170
atenção
    escassez de 5, 8, 10, 18, 19, 55-59, 72, 73, 92, 103-104, 114-115, 135, 148, 168, 174-176, 180-181, 185
    tempo de 55
atrasos 120, 122-123, 125, 133
Austin, Nancy 95
autenticidade 1, 5, 9-10, 12-14, 18, 20-40, 92, 158, 170, 173-174, 178, 180-181, 183, 185

    pseudo 24
    rotas para 37-40, 180-181
auto-realização 10, 25-27
Aylott, Russell 116, 118

Bandura, Albert 177
Bank of Scotland 154
barato é chique 70
Barker, Nick 137 145
Barnes & Noble 78 107, 110
Bauman, Zygmunt 27
Benetton 62
Benton & Bowles 70
Bernoff, Josh 136
Blair Witch Project, The 22, 93-94
Blair, Brian 168
blipverts 153
Bluewater 131
Boden, Johnnie 181
Body Shop 29, 36
Bogle, Nigel 157
Borders 110
Boston Consulting Group 167
Branson, Richard 38, 80
Branthwaite, Alan 145
Bridgwater, Mike 146
British Telecom 36
Brodo, Burton 50
Brown, Mick 10
Browning, John 55
Brush and Bisque-it 109
Burke, Peter 167
Bush, Janet 61

Caldwell, John 138, 142
Camelot 3
caminhos para a autenticidade 36-40, 180-181
Campbell, Joseph 33
Capital Um 78
cartões de fidelidade 61, 75, 76, 165

Caterpillar 36
celebridades 31
ciberespaço 74
cibermanequins 108
ciclo autenticidade-*commodity* 183-184
ciclo de inovação 98-99, 100-101
ciclo de negócios 46-47
cinema vérité 142
círculos de compra 33
Citibank 113
Clairol 34-35
Clammer, John 11
Coca-Cola 4, 168
Cochrane, Peter 123
colocação de produto 156
Commercial Analysts 70
CommercialWare 167
competição social 48
compras 10-11, 39, 116-153
    24 horas 52-53
    em casa 52-53, 130-131
    estresse, superando 128-131
comunidades virtuais 111-113, 181
comunidades, virtuais 111-113, 181
confiança 100, 114, 180-181, 185
    escassez de 5, 9, 10, 60-62, 63, 174
congestionamento 120, 132-133
    causas de 125-126
    e estresse de compras 125-127
conhecedores 54, 62, 77, 85-91, 92, 97-98, 99, 100-101, 176, 183-184
    celebridade 88-89, 93
    fanáticos 88
    fontes de poder 90-91
    identificando 99-100
    profissional 87-88, 92-93
    tipos de 86-89
    vizinhança 86-87, 92-93, 99-100
conhecedores da comunidade 86, 92-93, 100
conhecedores fanáticos 88
conhecedores profissionais 86-88, 92-93
Consolidated Cigar Corporation 69
consumidores alfa 97, 100
consumidores como produtores 183-185
consumo vigilante 91
contando histórias 30, 33-36, 40, 144
controle 15, 177-185
    como antídoto à alienação 178-179

dando, a Novos Consumidores 179-183
em transações comerciais 179-180
cool hunters 77, 82-85, 91-93, 97, 99, 100, 184
    identificando 99-100
Coren, Stanley 45-46
Corten, David 27
cortes de cenas em propaganda 138-143, 157-158
cortesia espontânea 172-173
Cothrel, Joseph 112
credibilidade 30-35, 38, 40, 145-148, 157-158
crédito 52-53
Cybergold 105-106

Daewoo 79-80
Data mining 74-76
Davis, Stan 53
de Kare-Silver, Michael 53
Dean, Richard 109
débito de sono 46
Demby, Emanuel 70
descortesia 120-122
deslealdade de Novos Consumidores 161, 167
Diderot, Denis 28
difusão 97
digitalização 4
DiMassimo, Mark 29-30
dimensão de processo 103, 170-172
dimensão de resultado 103, 170-172
dimensão informação-imagem 144
Disney 29
divisão do trabalho em família 49
Dove 169
downshifting 47
Drucker, Peter 1-2
durações médias de tomadas (ASL) 138-143
Dyson, James 9

efeito Kuleshov 142
Egoísta 87
Ehrenberg, Andrew 149
entretenimento 107-110, 182
envolvimento 70, 99, 102-115, 182-183
    razões para 104-110
Erikson, Steven 94
escassez
    de atenção 5, 8, 9-10, 17, 55-59, 72, 73, 92, 103-104, 115, 135, 147-148, 168, 174, 180-181, 185
    de confiança 5, 9, 10, 60-62, 63, 174

de tempo 5, 7-8, 17, 19, 42-55, 63-64, 73, 90, 92, 103, 104-105, 115, 122, 168, 176, 180-181, 185
    na Nova Economia 36, 41-64
escolha 91, 92, 99-100, 179-180
    estresse de 127-128
especialização 61
espiritualidade 10-11, 39
Estée Lauder 182-183
estresse 7, 46, 118-119, 178
    e compras 119-131
    e congestão 125-127
    reduzindo 133
    respostas dos Velhos e Novos Consumidores a 122-123
e-trading 107
Evian 37
expectativas 9, 48, 60, 180-181
experiência, 30-31, 40, 53-55, 91

fãs na Internet 88
fator empurrão 127
FHM 62
fidelidade 161-176
    construindo on-line 167-170
    deslealdade dos Novos Consumidores 163
    pseudofidelidade 164-166, 174-176
fidelidade autêntica 170-174, 175-176
fidelidade autêntica vs pseudo fidelidade 159-176
fidelidade on-line 167-170
Firefly Network 107
flashverts 153
Fletcher, Winston 59
Forrester Research 71, 136
Freeserve 105
Freud, Sigmund 72
Friedman, Meyer 123-124
Fukuyama, Francis 111
funcionários, envolvendo 114-115
Futurekids 68

Gabriel, Yiannis 13, 28
Gardner, Howard 189
Gates, Bill 38, 47, 54
Geocities 113
Gibson, William 74
Giddens, Anthony 51-52, 56
Gilson, Peter 173
Gladwell, Malcolm 82, 83-84

Godin, Seth 62, 77, 79, 106
Godzilla 94
Gordon, DeeDee 83-84
gostar 28-31, 147-148, 163, 167
Granfalloons 31, 33
Grant, John 162
GratisTel 105
gravador de vídeo pessoal (PVR) 136
Greengross, Sally 154

H&R Block 106
Hackett, Jeremy 13
Hagel, John 76, 112
Hamel, Gary 18, 94
Handy, Charles 48
Harris, Frank 103
Hemming, Cynthia 90
Henley Centre 8, 60, 178-179
Herzog, Herta 72
Hi-Pic 108
Hochman, Larry 129
Holland, Patricia 138
home shopping 53, 130-131
Hush Puppies 84-85

Iams 96
ICL 131, 165
identidade da marca 29
If you like... 79
Ikea 14
imagens subliminares 139-140
Index of Cortical Response (ICR) 188
infomediárias 76
informação 14-15, 53, 58-59, 75-77, 90, 115, 183-184, 185
    amnésia 59
    e envolvimento 113-114
    sobrecarga 44, 46-47
inteligência burra 51
Interactive Investor 113
Internet 4, 16, 46, 52-53, 99-100, 111-113, 152, 167-170
intuição 80
Irons, Ken 114

J. C. Penney 108
Janis, Irving 128
Jensen, Rolf 35-36

Johnnie Walker 156-157
Judge, Paul 67

Kahan, Piney 83
karisuma 87
Keating, Tom 24
Keegan, Father Joseph 26
Kelloggs 4
Kelly, Kevin 183, 184

L'Oréal 35
Lancaster, Graham 151
Lands' End 108
Lang, Tim 13, 28
Leica 9
leilões on-line 185
Levi's 4
Levitt, Theodore 60
Logan, Michael 143
Logobrand 167
lojas de departamento 116-118
lugares inesperados para propaganda 151-153
Lush 14-15, 182

MacLachlan, James 143
maioria inicial 100-101
maioria tardia 97, 100
Mall of America 132
marcas de cerveja 23
Marks & Spencer 4
Martin, Chuck 112
Maslow, Abraham 26, 179
MasterLock 153
Mazlish, Bruce 27
McCracken, Grant 28
McLuhan, Marshall 138
McNamara, Keith 72
mecanismos de desprendimento 51
mecanismos de recomendação 79
Media Register 58
Meyer, Christopher 53
Meyers, William 70
micro marketing 66
Miller, Daniel 66
Mind Scan 144, 186-189
Mining Company 113
miryokuteki hinshitsu (qualidade que fascina) 10, 170
Mitchell, Vincent-Wayne 116, 118

modelo de percepção de tempo 54-57
Modern Media 168
Morton's of Chicago 69
Motorola 173
mudanças sociais, refletindo-se na propaganda 153
multitarefas 53
Murray, Hubert Jr 47
MyPoints 105

Nava, Mica 117, 118
Negroponte, Nicholas 50
NewConsumer.com.uk 100
Nikon 9-10
Nordsten, Kristina 169
Nova Economia 2, 19, 35, 36, 41, 47, 60, 176, 180, 183
Novos consumidores com poder informacional 61, 166
Novos Consumidores envolvidos 4, 5, 14-15, 19, 166, 168, 173-174
Novos Consumidores independentes 3, 5, 10, 15, 18-19, 94, 124, 166, 168, 173, 177
Novos consumidores individualistas 4, 5, 12-13, 18-19, 94, 125, 166, 168, 174, 185
Novos Consumidores informados 3-4, 5, 14-15, 18-19, 94, 178
Novos consumidores
    alma de 4, 5, 8-9, 185
    características de 3-4
    e Velhos Consumidores, comparação 16-18

O'Brien, Larry 103
O'Dell, Susan 159
Ohanian, Roobina 31
Oliver, Richard 165
originalidade 38-39, 40, 185
Outdoor Connections 57
outros locais 110-113, 115, 181

PA Consulting 169
padrões eletrônicos 184-185
padrões emergentes 74
pagando pela atenção à propaganda 62-63, 106-107, 152-153
papel eletrônico 108-109
Paulos, John Allen 180
Penney, JC 169
Personalidade Tipo A 123-124

Índice Remissivo

Personalidade Tipo B 125
personalidades conhecedoras 88-89, 93
pesquisa motivacional 72
pesquisa
    em autenticidade e gostar 28-29
    em opiniões do consumidor sobre propagandas 144, 150-151
    reduzindo o estresse das compras 129-131
    sobre cartões de fidelidade 61, 168
    sobre compras e estresse 118-119
    sobre fidelidade 161
    sobre reação à televisão
Peters, Tom 47, 52, 170, 178
Pinder, Richard 135, 154
Pittman, Bob 30
Polykoff, Shirley 34-35, 71
Popcorn, Faith 91
Potter, Harry 93-94
prazo final 56
preferências na web 76-78
presenteísmo 48
pré-vendas 77
Price, Linda 86
PriceLine.com 3
propaganda 8, 55-57, 59, 63-64, 105
    chocante 62
    focado na imagem 154-155
    focado na informação 154-155
    interativa 151-153
    interrupção 135-136, 181
    lugares inesperados para 151-153
    no lavatório 57
    pagar por atenção a 62-63, 106, 152-153
    permissão 62
    psicologicamente persuasivo 156-157
    refletindo mudanças sociais 153-155
    taxas de corte na 138-143, 157
    televisão 134-158
propaganda chocante 62
propaganda de interrupção 135, 181
Propaganda de permissão 62-63
propaganda focada em imagem 154-155
propaganda na televisão, mudanças
    defendidas 148-157
    televisuais 138-143, 157
Propaganda no lavatório 57
propaganda psicologicamente persuasiva 156-157
propagandas focadas em informação 154-155
propagandas interativas 155-156

pseudo-autenticidade 24-25
pseudofidelidade 174, 176
    gerando 162-166
    vs fidelidade autêntica 159-176
psicografia 70-72
Public Technologies Multimedia 108
publicidade/promoções 18, 22-23, 85, 89, 92-93, 100-101
    vs comentários 93-97

qualidade
    que é esperada 10, 170
    que fascina 10, 170, 174
QXL.com 168

rapidez, necessidade de 43-44
Rayns, Tony 139
Rayport, Jeffrey 76
Reichheld, Frederick F. 175
Reiss, Spencer 55
Restoration Hardware 38
retardatários 97-98, 100-101
ritmo hipercinético 139
Roddick, Anita 38
Roof, Wade Clark 11, 179
Rosenman, Ray 123-124
Roskies, Ethel 124

Sainsbury's 133, 151-152
Saks Fifth Avenue 167
Sampler, Jeff 18-19, 94
satisfação pessoal 25
Schmid, Gregory 91
Schultz, Howard 20-21, 37
Scottoline, Lisa 108
Screwdriver 8
segmentação 66-72, 81
serviço just-in-time 54
serviços e produtos gratuitos 105
Shapiro, Carl 185
Sherrington, Mark 67
Shop.org 167
Silverstein, Shel 1
Simon, Herbert 58
Simpsons, The 38-39
smartgirl.com 95
Smith Bundy and Partners 160
Smith, Mark 75
Snow, C. P. 50

Sobakaws 145
   motivacional 72
   sobre atrasos nas compras 122-123
sofisticação visual 8, 138-143, 157
Solomon, Michael 68-69
Sorrell, Martin 149
Specht, Ilon 35, 71
SRI International 70
Starbucks 20-21, 29, 37, 111
Stewart, Thomas A. 174
supermercados 117-118
supersatisfação 170-175
   barreiras a 173-175
Superstitials 152
Swatch 39
Swindells, Alan 145

TalkCity 113
tastespace (mapa de preferências pessoais) 33, 63, 64, 65-81, 99, 106, 174, 180
   explorando 77-79
taxas de corte em propaganda 138-143, 157-158
Taylor, Frederick 43, 51
tecnologia dentro da loja 129
tempo de lazer 55-56
tempo de ocasião 56
tempo fluente 55, 58
tempo
   escassez de 5, 7, 8, 14-15, 18, 19, 42-55, 63, 73, 90, 103, 104-105, 115, 122, 168, 181, 185
   mudanças 55-57, 58, 64
   para matar 55, 56-57
   percepção, modelo de 54-57
Tesarac 1-2, 4, 25-26, 27
Titanic 10, 24-25
Toffler, Alvin 11
Tripod 113
Turkle, Shelley 1

Underhill, Paco 16, 127, 128
unidade Diderot 28

varejo de entretenimento 131-133
varejo, novas tecnologias 3-4
Varian, Hal 185
Velhos Consumidores 2, 5, 12, 14, 19, 29, 38, 48, 52, 60, 63, 68, 69, 89, 92, 97-98, 127-128, 138, 164, 184
   e Novos consumidores, comparação 16-18
velocidade da vida 49
Viking Direct 7-8
Vincent, Clark 5
Virgin 29, 168, 173
Volta no tempo 49-55, 64
Vonnegut, Kurt 31

Waterman, Robert 178
Watkins, Mike 166
WebTV 67
Weiner, Joel 13
Wentworth, Mark 82-83
West Edmonton Mall 131-132
WIIFM (What's In It for Me?) O que há de interessante nisso para mim? 63, 64
Winter, Peter M. 67
Wolf, Michael 107
Woolworth 4

Xerox 170

Yahoo! 106-107
Yoyodyne Entertainments 106

Zagat Surveys 184
zonas de descompressão 128-129
Zyman, Sergio 134

CADASTRO DO LEITOR

- Vamos informar-lhe sobre nossos lançamentos e atividades
- Favor preencher todos os campos

Nome Completo (não abreviar):

Endereço para Correspondência:

Bairro: Cidade: UF: Cep:

Telefone: Celular: E-mail: Sexo: F M

Escolaridade:
☐ 1º Grau ☐ 2º Grau ☐ 3º Grau ☐ Pós-Graduação
☐ MBA ☐ Mestrado ☐ Doutorado ☐ Outros (especificar):

Obra: **A Alma do Novo Consumidor — Dr. David Lewis e Darren Bridger**

Classificação: **Marketing**

Outras áreas de interesse:

Quantos livros compra por mês?: _____ por ano? _____

Profissão:

Cargo:

Como teve conhecimento do livro?
☐ Jornal / Revista. Qual? _____
☐ Indicação. Quem? _____
☐ Internet (especificar *site*): _____
☐ Mala-Direta: _____
☐ Visitando livraria. Qual? _____
☐ Outros (especificar): _____

Enviar para os faxes: **(11) 3079-8067/(11) 3079-3147**

ou e-mail: **vendas@mbooks.com.br**

*M.*Books

M. Books do Brasil Editora Ltda.

Av. Brigadeiro Faria Lima, 1993 - 5º andar - Cj 51
01452-001 - São Paulo - SP Telefones: (11) 3168-8242/(11) 3168-9420
Fax: (11) 3079-3147 - e-mail: vendas@mbooks.com.br

DOBRE AQUI E COLE

CARTA – RESPOSTA
NÃO É NECESSÁRIO SELAR

O selo será pago por
M. BOOKS DO BRASIL EDITORA LTDA

**AC Itaim Bibi
04533-970 - São Paulo - SP**

GRÁFICA PAYM
Tel (011) 4392-3344
paym@terra.com.br